社会学理論における文化概念の変遷

――文化と社会の相互浸透をめぐるパーソンズ文化理論の今日的意義――

白石哲郎 著

佛教大学研究叢書

ミネルヴァ書房

　　　　　　　　は　じ　め　に

　人文・社会科学の歴史において，文化はさまざまに定義されてきたが，今日にいたっても統一された概念規定はみられない。社会学の理論史をふりかえったとき，黎明期の理論家達の場合，社会構造や社会関係から区別される価値，イデオロギー，道徳といった人間世界の象徴的内容——「文化的なもの（the cultural）」——を「社会」という概念のもとに包摂する傾向は否めなかった。社会学は人間生活における共同性にかかわる側面，すなわち相互行為にもとづく社会関係の構造や因果過程を分析するための学問として出発したが，行為を方向づけ，また集団を秩序づける信念，エートス，規範は，理論構成上重要な位置づけを与えられていた。にもかかわらず，それら「シンボル性の記号」としての性格を有する存在は，「文化」というかたちで明示的に概念規定されていたわけではなかった。

　本書の目的は第一に，市民革命と産業革命，二度にわたる世界大戦，公民権運動，反戦運動，ウーマンリブ，ヒッピームーヴメントに代表されるカウンターカルチャーの興隆，マルクス主義の妥当性（正当性）が相対化される重大な契機となった冷戦構造の崩壊など，19世紀後半から現代にかけて生じた人間世界の諸変容と相即不離な三つの理論的潮流に着目し，それぞれの「文化概念の特性」を明確にすることである。ここでの「文化概念の特性」とは，行為，集団・組織，制度といった「社会的なもの（the social）」との間で発現する構制的および被構制的な関係的性質を指している。

　ドイツで20世紀前半に勃興した文化社会学の先駆者達は，文化と社会の相互関係を現実主義的（反形式主義的），あるいは歴史主義的な観点に

立って追究した。「観念的要因」と「実在的要因」が互いの動態を規定しあう共働原理を解明しようとするA.ウェーバーらの取り組みは、これまで曖昧然としていた文化と社会の概念画定に先鞭をつけるものであった。

20世紀中盤には、T.パーソンズが文化と社会両概念の関係性をシステム論的な見地から多元的な機能連関というかたちで捉えなおそうとした。パーソンズの文化システム論は、たしかに一面の事実として、文化・社会の両カテゴリーをめぐる分化の不徹底や実体化に起因するドイツ文化社会学の陥穽の克服を企図して体系化がはかられたものであった。ただし、ドイツの文化社会学者達とパーソンズの間には、そもそも、前者が人類ないし民族に普遍の理念（理想）に重きをおく人文主義的見地から文化を概念規定するのに対して、後者は人間行動の客観的、体系的な研究に重きをおく社会科学的見地から文化を概念規定する立脚地において相違が認められる。

経済、政治、文化間の相互作用がもはや単一の全体社会（国民国家）の内部で完結されることなく、より高度化し複雑化する様相を呈するようになった20世紀後半からは、文化の自律性（社会構造や社会関係を「内側から」構制する原理）に照準する文化論的転回（カルチュラルターン）が社会科学の諸分野でプレゼンスを示すようになる。その背景として、所謂「グローバル化（globalization）」や「ポストモダン化（postmodernization）」といった新しい経験的状況のなかで、文化が、もはや行為やアイデンティティの安定した型を全体社会の同質的な成員に提供するだけの存在ではなく、それ自体、国家的および民族的な起源・出自において異質な主体同士の「意味づけ」のなかで不断に構築され、また、そうした多様なコンテクストを背負う行為者達との有意味的な連関のなかで社会そのものを構築していくほどの「説明力」を有するようになってきたことがあげられる。このような傾向と関連して、実際に文化論的転回では、方法論や理

論構成の面でしばしば解釈学的，構築主義的なアプローチがとられるのである。

　本書における第二の目的は，パーソンズが中期に構想した「文化の社会学（sociology of culture）」にかんして，グローバルな人間世界の変容に条件づけられた文化と社会の複合的かつ多元的な相互関係（相互浸透）の把握をめざす理論――本書ではこれを「文化の社会理論」と仮称している――の準拠モデルとしての有効性を確認するとともに，その向上のために不可欠な「再構成」の道筋を示すことにある。すなわちそれは，機能主義的社会学につきまとう「二重の現実遊離性」（日常生活世界における経験的諸事実からの遊離／異なる社会関係間で生ずる対立や葛藤からの遊離）を克服することで，より実情の分析に耐えうる枠組を導き出す試みにほかならない。未完のプロジェクトに終わったものの，パーソンズの「文化の社会学」は，初発から文化システムの規範的要因および認識的（認知的），表出的，実存的な諸要因と社会システムの条件的諸要因の多元的な相互連関性に関心がそそがれており，「再構成」の方向次第では，ややもすれば文化決定論に陥りがちな文化論的転回よりも，「実り豊かな創造性をそなえた」理論へと止揚し得る余地が残されているのである。

　パーソンズの理論，なかんずく「文化の社会学」が具有する問題点や有効性について考究していくことは，社会学における一般理論再興の可能性を模索する試みともいえる。所謂「ミニ・パラダイム」と呼ばれる行為ないし相互行為の個別的事象に焦点をあてるミクロ社会学諸派の抬頭や，その後の若い世代の研究者を中心としたJ. ハーバマスのコミュニケーション的合理性理論，P. ブルデューの象徴資本論，A. ギデンズの構造化理論，N. ルーマンのオートポイエシス的システム論への注目とともに，全体の傾向として，パーソンズを正面からあつかう社会学者の数が減少してきたことは否定しがたい事実である。この状況は，いまパーソンズを読む必要

性がどこにあるのか，換言すればパーソンズ社会学の今日的意義をどこに見出すべきなのかが，厳しく問われているということである。

　しかしながら，パーソンズの理論に代わるマクロ社会学理論の不在という現状が，理論社会学の停滞を招いていることもまた事実である。「マクロ社会学理論の再建」という難題に取り組むうえで，いまやM. ウェーバーやE. デュルケム，G. ジンメルらとともに社会学の理論史に名を刻むパーソンズの業績を再検討し，その成果を批判的に摂取していく作業が求められよう。そして，そうした「再構成」の試みは，大きな変化の波に直面している現代社会の諸相に鑑みて，日本ではさほど顧みられてこなかった中期以降の医療や民主主義（社会的マイノリティの包摂）をめぐる実質的な研究の吟味に加え，文化理論の整理とその「中範囲化」および「再モデリング」にまで射程を広げなければならない。

　本書が，社会学における文化概念の再検討や，グローバル化時代に特有ともいえる文化と社会の脱領土化された関係性の実態解明にわずかでも寄与することを願うばかりである。

目　次

はじめに

序　章　本書の目的と構成……………………………………………1

第1章　ドイツ社会学における文化概念の特徴と限界……………7
　第1節　M. ウェーバーにおける文化概念
　　　　　──文化の存立根拠（価値理念）…8
　第2節　ジンメルにおける文化概念
　　　　　──「主観」と「客観」の関係…10
　第3節　ドイツ文化社会学における文化概念
　　　　　──「観念」と「実在」の関係…12
　　1　ドイツ文化社会学の概要…12
　　2　A. ウェーバー──文化運動と社会過程…15
　　3　M. シェーラー──理念因子と実在因子…18
　　4　K. マンハイム──イデオロギーとユートピア…23
　第4節　ドイツ文化社会学が孕む限界…27

第2章　パーソンズ文化概念を特徴づける初期の統合的性格……35
　第1節　フランス社会学を源流とする機能主義的発想…37
　　1　コントおよびデュルケムの底流をなす「秩序」へのまなざし…37
　　2　ドイツ文化社会学と機能主義的社会学の社会秩序観をめぐる相違…40
　第2節　秩序問題に向けられたパーソンズの社会学的関心…43
　第3節　デュルケムからパーソンズへの継承関係──行為理論…46

第4節　デュルケムからパーソンズへの継承関係——文化理論…53
　　1　「行為システム」としての文化概念…53
　　2　「認識的・表出的記号体系」概念に看取されるデュルケムからの影響…61
　　3　「評価的記号体系」概念に看取されるデュルケムからの影響…65
　第5節　パーソンズ文化概念の統合的性格——継承関係の核…73

第3章　中期以降におけるパーソンズ文化概念の性質的変遷……81
　第1節　パーソンズ文化概念の「性質的変遷」——1950年代後半…83
　　1　「AGIL図式」が導入されるに至った経緯…83
　　2　「AGIL図式」における機能的命令の諸相…86
　　3　境界相互交換モデルの概要…90
　　4　パーソンズ文化概念の規範主義的自律性…92
　第2節　パーソンズ文化概念の「性質的変遷」——1960年代前半…97
　　1　パーソンズ文化社会学の主題——文化と社会の「相互浸透」…97
　　2　パーソンズ文化概念の規範主義的相関性…104
　第3節　パーソンズ文化概念の「性質的変遷」——1960年代後半…108
　　1　パーソンズ社会変動論に占める文化の位置性…108
　　2　パーソンズ文化概念の構成的自律性…116
　第4節　パーソンズ文化社会学の可能性と課題…120

第4章　文化論的転回と機能主義的社会学
　　　　　——パーソンズ以降の文化理論の一断面——……………127
　第1節　文化論的転回の反機能主義的側面…128
　第2節　一般的考察——文化論的転回…131
　　1　方法論上の特徴…131
　　2　概念規定上の特徴…134

3　理論構成上の特徴…136
　第3節　文化論的転回とパーソンズ社会学の相違…142
　　　1　方法論の水準…142
　　　2　文化概念の「特性」の水準…143
　第4節　文化論的転回以降の機能主義的社会学…149
　　　1　新機能主義——アメリカにおけるパーソンズ・ルネッサンス…149
　　　2　新機能主義の理論的関心——ミクロ—マクロ・リンク…150
　　　3　新機能主義の実質的関心——リサーチ・プログラム…153
　　　4　新機能主義の文化理論——文化理論的転回に対する返答…154

第5章　中期におけるパーソンズ文化理論，その潜在的有効性
　　　　——「文化の社会理論」の構築へ向けて——……………169
　第1節　文化論的転回の陥穽
　　　　　——解釈学的アプローチが孕む問題点…170
　第2節　カルチュラル・スタディーズにおける文化概念…177
　　　1　「権力性」へのまなざし…177
　　　2　カルチュラル・スタディーズの陥穽——文化概念の包摂性…182
　第3節　「文化の社会理論」の鍵概念——「脱領土性」…183
　第4節　物質論的転回の特徴と問題点
　　　　　——文化論的転回に対する反動的潮流…191
　第5節　「文化の社会理論」の準拠モデル
　　　　　——ドイツ文化社会学の検討…194
　　　1　ドイツ文化社会学における文化概念の「相対的自律性」…194
　　　2　ドイツ文化社会学が準拠モデルたり得ない根拠…197
　第6節　パーソンズ文化理論再考
　　　　　——「文化の社会理論」の構築へ向けて…201

1　中期パーソンズ社会学の理論的特徴──価値媒介的な相互作用…201
  2　中期パーソンズ社会学が「文化の社会理論」の準拠モデルたり得る根拠…205
 第7節　「文化の社会学」の再構成
　　　　　──準拠モデルとしての有効性向上のための一試論…215
  1　パーソンズ文化理論を「中範囲化」するためのリンケージ…215
  2　パーソンズ文化理論を「再モデリング」するためのリンケージ…218
 第8節　社会学説史におけるパーソンズ文化理論再検討の意義…230

 補　論　「多元的な闘争」は現代における「神々の闘争」か…235

あとがき

参考文献一覧
索　　引

凡　例

1　注意を必要とする用語については,「　」で囲んで強調している。
2　テクニカルタームについては,原則として（　）で囲んで原語を併記している。
3　引用した翻訳については,文脈の整合性などを考慮して適宜変更を加えている。
4　注釈は,各章ごとに通し番号をつけて末尾に置いた。

序　章

本書の目的と構成

　社会学の理論史をふりかえると，文化は様々に定義されてきた。その背景には，産業革命に端を発する急速な分業化と個人化，二度の世界大戦がもたらした混乱と惨禍，後期近代に新しくアジェンダ化された社会的・政治的争点をめぐる市民運動やカウンターカルチャーの興隆など，時代を画するオントロジカルな社会変動に向けられた社会学者達の研究者としての純粋な問題関心や，一生活者としての危機感が横たわっていた。

　本書の主たる目的は，その勃興あるいは抬頭において上記の諸変動を背景とするドイツ文化社会学，機能主義的社会学，文化論的転回に着目し，それぞれの「文化概念の特性」を時系列的に考察するとともに，機能主義的社会学を代表するT.パーソンズが構想した文化理論の今日的意義を明示することにある。三つの理論的潮流は，相互に一定の緊張や対立を孕みながらも，文化の果たす主要な役割や作用を社会構造との関連のうちに捉えようとする姿勢において通底しており，議論の中心軸をなす文化概念の特性とは，そのような「関係的性質」のことを指している。

　黎明期の社会学において，社会構造や社会関係から区別される価値，イデオロギー，道徳などをあつかう際，人類学で文化の主要な領域を構成しているそれら人間世界の象徴的側面を，「社会」という概念で包摂的にあ

らわす傾向が否めなかった（E. デュルケムの「社会的事実」などはその典型である）。この意味で社会学独自の専門用語として「文化」を概念化することにさほどの努力は払われていなかった。

　これまで曖昧然としていた文化と社会の概念画定に先鞭をつけるとともに，前者に社会学用語としての市民権をもたせようと尽力したのが20世紀前半のドイツにおける文化社会学者達であり，彼らは，M. ウェーバーが「社会現象と文化現象を，それらがどのように『経済によって制約され』，また『経済を制約する』のか，という特定の観点から分析することは，実り豊かな創造性をそなえた科学上の原理であったし，慎重に適用して，独断に囚われさえしなければ，今後いつまでも，そうした原理でありつづけるであろう」（Weber, M. 1904＝1998：65　傍点：原著者）と後続する研究者達に期した共働制約的な（相互規定的な）関係性を捉えようとした。

　そして20世紀中盤に入り，文化と社会両概念の関係性をシステム論的な見地に立って，より多元的な機能連関として説明しようとしたのがパーソンズであった。文化を「人間の行動を形づくる要因としての価値，観念，さらにその他のシンボル的に有意味的なシステム」，社会を「個人や集合体間の相互行為の関係システム」として区別するパーソンズ（Kroeber and Parsons 1958）の認識に即せば，前者は，「演劇の台本」であり，後者は，まさに台本をもとに芝居をする俳優によって成り立つ「上演中の演劇」としてたとえることができる（Parsons 1961b＝1991：解説）。

　さらに，台本という演劇の上演にとって不可欠な土台をなすもの，いわば「魚にとっての水」のような存在として，すなわち人びとの行為を組織化し方向づけることで社会を構成する根底的な存在として文化の概念をよりいっそう前面に打ち出したのが，社会科学の複数の分野で20世紀後半に抬頭した文化論的転回であった。

　つまりドイツ文化社会学も機能主義的社会学も文化論的転回も，文化と

社会との関係性をいかに捉え定式化するかに注力しており，まさにその一貫性こそが，本書で三つのパラダイムを主たる考察対象に選んだ理由の多くを占めている。

　本書の構成として，第1章では，社会学における文化理論の先駆的な業績を概観していく。文化の科学的認識の根拠を認識者の価値理念に求めたM. ウェーバーを皮切りに，独自の文化哲学を構想したG. ジンメル，英米のそれとは一線を画する文化社会学の発展に寄与したA. ウェーバー，M. シェーラー，K. マンハイムら20世紀前半のドイツを舞台に活躍した社会学者の学説に照準し，文化をめぐる概念規定上の特徴と限界について考察する。いずれの学説にも共通しているのは，表現や論法こそ違えど，文化を集合的な理念や精神あるいはそれらの表象（客観態）といった「観念的要因（Idealfaktoren）」として捉え，集団や制度，その他の知的技術的所産を含む「実在的要因（Realfaktoren）」の構造と動態を規定する本質的要件とみなす立場である。なかでも両要因の相互関係に着目したのがドイツ文化社会学であり，かかる共働原理を現実主義的，そして歴史主義的に把握しようと努める姿勢に独自性を認めることができる。一方でドイツ文化社会学は，分析概念における二分法の曖昧さや実体との混同といった傾向ゆえに，パーソンズが自身の文化理論で主題化した「相互浸透（inter-penetration）」や，20世紀後半以降の文化論的転回（cultural turn）の潮流で焦点化される「文化的自律性（cultural autonomy）」について説明できないといった限界を抱えているのである。

　第2章では，20世紀中盤に抬頭した機能主義的社会学なかんずくパーソンズの構造機能分析の機軸をなす文化概念の統合的性格にかんして，道徳が社会的連帯を可能ならしめると説いたデュルケムとの学説的な継承関係を跡づけることによって，その輪郭を明らかにする。かかる関係の検証作業によって浮き彫りになるのは，文化の基本的属性（あるいは基本的機

能）を社会の統合すなわち秩序維持に見出すパーソンズ社会学の均衡論的傾向であり，これは同属性（機能）を社会の変動あるいは秩序変革に見出すドイツ文化社会学との違いを決定づけるものである。

　第3章では，パーソンズの中期以降の理論展開にかんして，文化概念のさらなる性質上の推移に着目しながら概観を試みる。かかる変遷は，いずれも構成員の間で広範に分有されている価値体系が基軸となる1950年代後半の「規範主義的自律性」（社会システムの秩序化）から1960年代前半の「規範主義的相関性」（文化システムと社会システムの相互浸透関係），さらに，社会システムを含む低次の行為システムを上方から意味的に統御するものとして，文化システムをよりメタで本質的なレベルに位置づける1960年代後半の「構成的自律性」という流れで捉えることができる。考察をとおして浮き彫りとなるのは，近代社会の持続的な秩序がいかなる要件によって成り立つのかという，機能主義的社会学の伝統ともいうべき中心課題に向けられたパーソンズ畢生の学問的関心である。

　パーソンズ以降の社会科学における文化理論の動向に照準する第4章では，従来のマルクス主義および機能主義に対する反動的潮流として抬頭した文化論的転回の概括的な説明を最初に試みるが，その際，文化概念を特徴づける「内的―動的な自律性」と，パーソンズの文化概念（とくに初期）に顕著であった「外的―静的な自律性」との違いに着目する。また，同時期に興ったパーソンズ理論の批判的継承を掲げる新機能主義にかんして，とくにJ. C. アレクサンダーの提唱する「文化的社会学（cultural sociology）」が，文化をいかに再定義し，いかに社会との関係を捉えなおすべきかという問題をめぐっては，むしろ文化論的転回と近似的なアプローチをみせている事実にも言及する。

　最終章にあたる第5章では，文化システムと社会システムの相互浸透関係を究明しようとした中期パーソンズの構想――「文化の社会学（sociology of culture)」——のなかに，グローバル化という現代に特有の経験的状況下において顕現している，両システムの「脱領土的な」機能連関を説明するうえで有効な視座を読みとる。不鮮明な部分を残しているとはいえ，パーソンズは「相互浸透」について，共通の価値に媒介された「文化システムと社会システム全構成要素間のパターン化された相互依存関係」を想定しており，この事実は，ややもすれば文化決定論に陥りがちな文化論的転回を乗り越え得る可能性が，1960年代前半の立論に伏在していたことを示唆している。価値・規範，信念，イデオロギーの体系を一定不変の与件ではなく，組織・集団，市場，権力の体系との相互作用過程において構制される相対的に自律した存在と捉える視座は，文化に対する社会の実有的な影響力を分析的に担保しようと努める姿勢において，「社会的要因の説明力」を再認識しなければならないとする要請への"ひとつの回答"となり得る。論考の焦点となるのは，文化論的転回が目下抱える難題（ジレンマ）と，これを超克する余地を残す中期のパーソンズ文化理論の再検討である。

第1章

ドイツ社会学における文化概念の特徴と限界

　歴史的にみて社会科学における文化概念は,「人間の生活様式にかかわるもの」という客観的に記述可能な経験的事象全般のことを指してきたように思われる。かかる価値中立的な概念規定は, 主にイギリス, フランス, アメリカの社会科学が合理主義や実証主義の系譜に連なるという事実に鑑みれば, なるほどうなずける傾向といえよう。しかしながら, このような人類学的定義をほぼ踏襲した綜合的な文化概念には, ある種の曖昧さがつきまとう。つまりそれは,「文化(culture)」と「社会(society)」両概念の境界が明瞭でないという問題である。「文化」という用語にかんして, その指示対象は集団や慣習, 制度といった社会科学者が一義的な把握をめざす「社会的なもの(the social)」の領域に何の疑念もなく包含されてしまっており, 本来それらの構造や変化を方向づけ, 制御している価値, 観念, シンボルといった「文化的なもの(the cultural)」を説明するための枠組としては不十分であったといわざるを得ない。

　専門用語としての「文化」の確定に尽力したのは, むしろ20世紀初頭当時のドイツの社会学者達ではなかったか。論者ごとにニュアンスや程度の違いは認められるものの, 彼らに通底していたのは, 文化を「民族ないし国民に固有の理念・精神およびその表象」と捉え,「人類の物質的——知

的所産」としての「社会」または「文明」から区別する概念規定上の特色であった。このような観念的要因（Idealfaktoren）／実在的要因（Realfaktoren）の二元論的構図から，文化と社会との弁証法的あるいは共働制約的な相互関係という，ドイツ社会学の文化概念を英米のそれとは分かつ観念論的・歴史主義的特徴が浮かび上がる。また，民族的精神の至上性を素朴に同定するロマン主義的な傾向は否めないものの，共同体やそのもとでの諸制度を文化とのかかわりにおいて捉えようとする姿勢それ自体は，コント以来の実証主義の伝統に連なる機能主義的アプローチとも共通するものであった。

　本章では，社会学における文化理論の先駆的な業績を概観していくが，とくに黎明期を担ったドイツの社会学者達の学説について，いかなる性質あるいは原理が彼らの文化概念に付与されていたのかという見地から概観するとともに，20世紀中葉に機能主義の見地からパーソンズが構想した「文化の社会学（sociology of culture）」や，「文化論的転回（cultural turn）」と呼称される20世紀後半に端を発する社会科学の新たな潮流に照らして，とりわけドイツ文化社会学（Kultursoziologie）が孕むいくつかの問題点を明示したい。

第1節　M. ウェーバーにおける文化概念――文化の存立根拠（価値理念）

　M. ウェーバーの文化観は，文化科学上の方法論的問題に焦点をあてた『社会科学と社会政策にかかわる認識の「客観性」』（1904）の第二部で表明されている。彼にとって，文化科学は「価値理念」という様々な階梯からなる主観的カテゴリーとの関連において，つまり「生活現象をその文化

意義において認識しようとする学科」(Weber, M. 1904 = 1998：82 傍点：原著者) を指している。ここでいう文化意義とは，研究者自身のなかで，あるいは彼の生きた時代のなかで支配的な価値理念を付与されることによってのみ確定するような，特定の生活現象を文化科学的認識の対象ならしめる「個性的特性」である。例えば，貨幣経済が近代西欧において「大量現象」になったという歴史的事実は，経済学者や社会学者にとり，分析に値する重要な特性を示している。「個性的実在の一部分のみが，……文化価値理念に関係しているがゆえに，われわれの関心を引き，われわれにたいして意義をもつ」(Weber, M. 1904 = 1998：87 傍点：原著者) と M. ウェーバーがいうように，いかなる事象の認識もかかる意義を基礎としているのである。

　文化科学の第一義的な目標は，所与の実在を個性的な現実として立ち現せる性質すなわち文化意義を有する事象を捉えることに向けられている。文化意義の根拠あるいは前提が，客観的な法則概念からの演繹ではなく，特定の生活現象を主観的な価値理念に関係づけるという実践に帰せられる以上，文化科学は普遍的法則の把握をめざす学問にはなり得ないのである。したがって M. ウェーバーの想定する文化とは，無限に多様な経験的実在のうち，研究者個々人が抱く価値理念との「関係づけ」によって，彼らにとって意義あるもの（個性的現実）となるかぎりでの認識対象を指している。「『文化』とは，世界に起こる，意味のない，無限の出来事のうち，人間の立場から意味と意義とを与えられた有限の一片である」(Weber, M. 1904 = 1998：92 傍点：原著者)。

　文化を人間の理念と相即不離な存在として科学的に捉えようとした事実は，M. ウェーバーをしてドイツにおける文化社会学の先駆者たらしめる証左といえよう。

第2節　ジンメルにおける文化概念――「主観」と「客観」の関係

　文化概念に焦点化してドイツ社会学の諸学説を振り返るとき，G. ジンメルが構想した「文化の哲学」に触れておかないわけにはいくまい。以下，本節では『文化の哲学に寄せて』（1919）を中心とした論稿のなかで，彼が文化の様態や発展法則をどのように捉えていたのかについて言及する。
　まずもってジンメルの文化観には，生の哲学者としての思想が色濃く反映されている。それは彼にとっての文化が，絶えず「それ以上のもの」をめざして完成へ至ろうとする「主観的な生」と，その展開を制約する「客観的精神的な生の形成物」とが統一された状態を指していることからも明らかである。「文化は……そのいずれもがそれだけでは文化を含まない二つの要素，すなわち，主観的な魂と客観的精神的な産物とが合流することによって，成立するのである」（Simmel 1919 = 1994 : 258）。
　『生の超越』（1918）のなかで，ジンメルは生（Leben）の本質を「自己超越の働き」に見出している。つまり人間の生は，それ自らが源泉をなす「体験された内容と客体化されたものの一切」による制約を突破していくことで，限りなき「流動の本質的な連続性」を発現する。したがって生の自己超越とは，制限なき生とこれを制限する諸形式との矛盾を超えた止揚（Aufheben）というべき統一的作用なのである。「生というものが，中断することのない流動であると同時に，それを担うもろもろの内容のうちにまとまっているもの，中心点のまわりに形づくられたもの，個体化されたものであり，それゆえ，別の方向から見るなら，限界づけられていることをたえず踏み越えてゆくつねに限界づけられた形態のものであるというこ

と——このことこそ生の本質を形成している体制なのである」（Simmel 1918＝1994：24）。

こうした生をめぐるジンメルの認識は，「文化の体現」すなわち「主観の完成」という「文化の哲学」において基調をなす見方とほとんど同義である。その論拠は，人間が文化を体現するということが，諸個人の生としての「主観」が，その形成物たる「客観」としての多様な知識と能力——「芸術と習俗」「科学と合目的的に形成された諸対象」「宗教と法」「技術と社会的規範」——の導入によって「おのれ自身への道」を成就することと同定されている事実に尽きる。ジンメルによれば，人間の生とその所産との間には，「深い深淵あるいは敵対」が横たわっているが，かかる緊張や溝を乗り越えて現行の状態を前者が突破し続けていくためには，そうした自己超越の道程に制限をかける後者をむしろ積極的に取り入れることによって，統一へ向けた努力を永続的にはからねばならないという。

またこのとき，信仰，芸術，道徳，法，技術といった，「精神によって形成された客観物の自立性だけが意識の過程と内容とのあいだにある根本的な緊張を解決できる」（Simmel 1919＝1994：261　傍点：引用者）という。換言すれば，「客観」が「主観」の完成（文化への開花）に奉仕し得るのは，それ自体の「固有価値」のもとで，まさにそうした「純粋に内的な法則の完結性のなかで活動し」（Simmel 1919＝1994：268）ているからである。「主観」が「おのれ自身への道」を大成するためには，「客観」が自己発展のための内的論理に従うことで，いわばその独立性を保つことで逆説的に生ずる「文化価値」に，つまり「作品の専門的な意味が，人格の中心的あるいは一般的な発展に奉仕するといういわば副次的な成果をもっている，という点にすべてがかかっている」（Simmel 1919＝1994：269）。

実際にジンメルは，「主観」の発展が，独自の価値を有する生の諸形式を「宿駅」とすることなく自己準拠的に達成されたとしても，それは本当

11

の意味での「完成」(文化の体現)たりえないことを強調している。「文化の概念は，完成ということが客観的かつおのれにとって外的な手段と通過点を必要としないような自己発展としてのみ登場するところにおいても，適当ではない」「魂がおのれの領域だけにとり，おのれの本質の純粋な自己発展において……完成されるかぎり，文化は関与しないのである」(Simmel 1919＝1994：257, 267)。

　肝要なのは，人間の生が本来の自然状態から文化状態へと開花する道が，「主観」と「客観」の一度の調和的統一をもって成就するものではなく，ひとたび文化化された「主観」が，別のより彫琢された「客観」を媒介とすることで，さらなる高みをめざして不断に止揚されていく弁証法的な過程にほかならないという点にある。「文化とは，完結した統一から，発展した多様性をとおして，発展した統一へと至る道なのだ」(Simmel 1919＝1994：256) と言明するジンメルにとって，「主観から客観を通って主観に還流するこの人間形成の流れの連続性が，文化の根底を保証していた」(奥山他 1979：7　傍点：原著者) のである。

　以上のように，文化の実現過程を技術など物質的なものも含む諸客体との関係のうちに捉えようとするジンメルの視座は，後で述べるドイツ文化社会学とも通底するものである。

第3節　ドイツ文化社会学における文化概念──「観念」と「実在」の関係

1　ドイツ文化社会学の概要

　本節で焦点化するのは「ドイツ文化社会学 (Kultursoziologie)」である。その主たる特徴を三つあげるとすれば，「形式社会学 (Formalesoziologie)」に対する批判がまずあげられる。この学派の創始者たるジンメルは，社会学の分析対象を「社会化の形式」（心的相互作用の諸様式）に局限し，「社会の内容」（人びとの具体的な目的や動機の対象をなす社会関係や社会構造）については，ほかの社会科学の対象分野であるとしてこれを捨象したが，ドイツ文化社会学は第一次世界大戦後，形式社会学がその公理の厳格さゆえに陥ることになった過度の抽象性（社会の歴史的諸現実からの遊離）を克服すべく抬頭してきたという経緯がある。そもそも「文化社会学」という用語自体，いかなる学問的動向を示すものなのかについての明確な定義が成立しているわけではないものの，少なくともドイツの場合，社会の「形式」ではなく，その所産たる「内容」の把握を現実主義的に志向する点に第一の特徴を見出すことができる。ドイツ文化社会学が綜合社会学の再興という側面をもつのも，「内容」すなわち歴史的社会的実在を，文化との関連において全体的に認識することに一義的な目標を定めるためである。

　第二に，精神や思想あるいは理念といった観念的な存在として文化を捉えるという概念規定上の傾向があげられる。この点にかんしては，アメリカの文化社会学（Cultural Sociology）における概念規定（人間の生活様式一般）が文化人類学の流れを汲むのに比して，「ドイツ文化主義哲学」の伝統を継承していることを示唆している（横山 1971）。実際に哲学的，宗教的，芸術的な精神文化を，民族ないし国民が普遍的に追求すべき高次の理想とみなす立場は近世以来のドイツ思想に典型的なものである。ただドイツ文化社会学の場合，観念的領域のなかでも，とくに重視されたのが「知識（Wissen）」であったという点に独自性の一端を垣間見ることができる。文化全体のなかでも知識を主題としてあつかう姿勢については，ドイツ文化社会学の主要部門に「知識社会学（Wissenssoziologie）」が布置される傾向からも窺い知れる（Scheler 1924＝1978）。

このような理想化と主題化の背景には、いくつかのアカデミックな事情と社会的な事情がからんでいる。およそ考えられるものとして、①A. コントの『実証哲学講義』(1844)において社会学が知識の問題を探求する学問として出発したため、ドイツ文化社会学もおのずと同様の学問たらんとしたこと、②イデオロギーに対する関心が、敗戦という事実に直面したドイツ国民の危機感を背景に高揚したこと、③K. マルクスが知識の存立様態や歴史的動勢にかんする画期的な枠組を提起し、すでにこの議論の主翼を担っていたこと、④最も重要な事由として、ヘーゲル哲学以後の特殊社会学の林立（なかんずく形式社会学）に抗する動きのなかで、イデオロギーとして知識が前景化されるとともに、これを社会学独自の視点から考察すべきとする要請が強まったこと、などがあげられる（新明 1977）。

そして第三に、観念と実在両領域の間で発現する歴史的な相互関係を定式化しようとする方法論的傾向があげられる。つまりドイツ文化社会学は、文化の関係的性質を受動的なものに固定化してしまうマルクスの経済還元主義的な立場を斥け、あくまで社会との非還元的な共働性を強調するところに最大の特徴が認められるのである。なかには、累進的で不可逆的な技術的活動という純粋に物質的な知性の発現を「文明（Zivilisation）」として独立させる向きもある（Weber, A. 1921 = 1958）。とはいえ二分法であろうと三分法であろうと、観念的領域を実在的領域との対照のもとで歴史的すなわち過程的・動態的に捉えようとする姿勢においては一貫しているのである。またその際、ドイツの哲学的伝統とりわけ観念論の影響下にあることから、後者よりも前者に優位性が付与されており、当然ながら「社会」と「文明」に比して「文化」の方に概念化の努力がより多く払われる。

本節では、ドイツ文化社会学の嚮導として知られる A. ウェーバー、M. シェーラー、K. マンハイムの学説について、歴史主義的な前提のもとで文化がどのように捉えられていたのかに力点を置きながら概観していきた

い。

2 A. ウェーバー——文化運動と社会過程

　A. ウェーバーにとっての文化社会学は，西欧にかぎらず東洋や古代中近東まで射程に含む「歴史体（Geschichtskörper）」個々のたどる運命を，その内的構造の考察をとおして解明するための学問である。彼の用語法における「文化社会学」が「文化＝歴史社会学（Kultur-und Geschichtssoziologie）」とも呼称されるのはかかる目的ゆえである。A. ウェーバーのいう歴史体とは，文化的，地理的その他諸々の事象で結ばれた複合的な共同体であり，「社会過程（Gesellschaftsprozeß）」「文明過程（Zivilisationsprozeß）」「文化運動（Kulturbewegung）」からなる動態的で「巨大な統一体」を指している。

　これら歴史体を構成する三領域のうち，「社会過程」は，「それぞれ異なった運命共同体のなかで活躍している自然な（naturale），人間的な衝動力と意思力の総体」（Weber, A. 1921＝1958：9-10 傍点：原著者）としての生物的，物理的，風土的諸条件に制約された「生」の凝集たる社会形態（国家や政治的・経済的制度），「文明過程」は，世界や自己にかんする認識面での「合理的な開明」，科学・技術面での「知的な知識形成」および「高度な外的手段の道具立て」（Weber, A. 1921＝1958：20）の総体，「文化運動」は，宗教，芸術，哲学といった「霊的」＝精神的な表象形式の総体である。A. ウェーバーが解き明かそうとした「文化社会学固有の原理的な問題」（Weber, A. 1921＝1958：46）とは，社会・文明・文化という歴史的現実を統一的に織りなす三領域間の「動的な相互関係」であった。

　各時代，各地域の歴史体が，相互に類似した発展段階を経るのは「社会過程」においてであるが，同一の「精神＝文化的過程」として進歩史観の

なかで混同されてきた「文明過程」と「文化運動」——A. ウェーバーが念頭に置いていたのは,「精神」すなわち理性が自己実現（自由の確立）へと至る過程として歴史を単線的に捉えるヘーゲル流の歴史哲学である——のうち, 前者は「社会過程」に対して, その形成および変化に不可欠な「技術的手段」や「認識的宇宙」を付与し, 後者は「それぞれの歴史体のなかにいきている《魂》の表現へと変形し, 魂の本質形成たらしめ」(Weber, A. 1921 = 1958：50) ることで,「社会過程」に浸透し, その形成基盤となる。このように,「社会過程」と「文明過程」, また「社会過程」と「文化運動」との関係が互いに異なる様相を示すのは,「文明過程」も「文化運動」も, ともに「その本質が異なり, 全然ちがった形態と発展法則を有し」(Weber, A. 1921 = 1958：22) ているためである。

「文明過程」の基本原理とは「発見」であり, これを契機に, 自然界の支配という合目的的で有用な手段と方途が論理妥当なかたちで段階的に発展を遂げていく。つまりその本質は「累積性」にある。「文化運動」の場合,「創造」という基本原理に従っている以上,「突発性」と「一回性」を本質としており, その歴史的発現は, 文明のごとく累積的な過程をたどることはないとされる。「文化領域にあっては, 生産の突発的な爆発……なにか偉大なもの……なにか一回かぎりの排他的なもの, 比較を絶していて, 本質上他のものとはもっと深い内面で必然的なかかわりをもたない《創造》が, おこなわれる」(Weber, A. 1921 = 1958：44)。

もう少し踏み込んで「社会過程」と「文化運動」の相互作用にかんするA. ウェーバーの議論をみてみると, 文明の技術的・知的要素を摂取することで新たな社会的現存が形成されたとき,「文化運動」は「生産期」をむかえる。ひとたび「創造」された感得の諸領域は, そうした「新しい現存」の表現をくりかえすだけのマンネリズムに陥り, やがて「停頓期」に逢着するが,「社会過程」の刷新にともなう「生活感情」の発現とともに,

再び「霊的な新しいかたちを表現しようとし，新たに造形しようとする……文化期が生ずる」（Weber, A. 1921 = 1958 : 54）ことになる。一方で「文化運動」は，すでに現存する社会的諸形態を自らの領域に引き込み，それらを形成しなおすという逆作用を果たす（その程度は「文化運動」が一回生起的である以上，歴史体ごとに異なる）。なぜなら宗教も芸術も，各々の担う彼岸的あるいは此岸的な価値が，その集合体における生活態度全般に不可避的な影響を及ぼすためである。

　A. ウェーバーの文化社会学は，おのずと反唯物史観の立場をとる。社会・文明・文化について，いずれも相互に還元不可能な独立した一連続体（Kontinuum）とみなす彼にとって，「存在」を素朴に社会（文明の技術的部分の外化形態）と同一視し，さらに文化を文明（社会の知的所産）と混同するあまり「意識内容」として一括したうえで，上部構造たる後者を下部構造たる前者に従属せしめるマルクス主義の歴史観は承服しがたいものであった。歴史体が一つの全体である以上，その成立や変動について考察するためには，当然ながらそれを構成する諸領域を厳密に区別しなければならない。

　「歴史的全体の社会学的分析にあっては，社会関係の，したがってまた経済的関係の意義が，過小評価されはしない」（Weber, A. 1931 = 1958 : 118）と A. ウェーバーが立言するように，たしかに「文化運動」は，それがたどる運命の過程とリズムに及ぼす影響作用という点で「社会過程」に規定されているが，同時にそうした諸種の社会的現存の動態を逆に規定してもいるのである。社会および文明に対して精神文化が担う歴史的な制約性に向けられた A. ウェーバーの強いまなざしは，近代の進歩史観における「文化運動」の付帯的なあつかいについて，「19世紀が歴史過程の認識と直観にとって最後的な最深の本質領域であるこの霊的地帯，人類の霊的領域をある程度拒んだということは，19世紀の大きな罪過であった」

(Weber, A. 1931＝1958：48-49) と裁断していることからも読み取ることができよう。

　ここまでの概略からもおよそ察しがつくが，「社会過程」の具体的な様態と変動を歴史的に制約する存在として「文化運動」を強調する A. ウェーバーの一貫した立場は，G. W. F. ヘーゲルの超克を企図しながらも，精神的なものに優位な価値を見出すという点でドイツ観念論哲学の伝統のうえに立ったものなのである。

3　M. シェーラー――理念因子と実在因子

　A. ウェーバーと同じくドイツ文化社会学の旗手に数えられる M. シェーラーが追究したのは，生活内容全般の下部構造たる「実在因子」（血縁的，経済的，政治的な集団や制度の諸形態）が上部構造たる「理念因子」（宗教，哲学，芸術，科学，法といった精神あるいは理想の諸様態）に及ぼす歴史的な実現作用，および後者が前者の歴史に及ぼす指導・制御作用の双方に認められる支配的な法則性の解明であった。このような主題設定から看取できるのは，ドイツ文化社会学をドイツ文化社会学たらしめているプロブレマティークである。すなわちそれは，観念的領域と実在的領域とを分化し，両者の相互関係を均衡状態のうちにではなく，あくまで永続する動的過程のもとで捉えようとする視点である。

　非合理的かつア・プリオリな価値的本質を感情によって直観する感情的直観主義の立場をとるシェーラーは，その独特の現象学的知見を方法的基礎として文化社会学（知識社会学）の彫琢をはかったが，自身の構想が体系的に示されたのは『知識社会学の諸問題』(1924) においてであった。同著でシェーラーは，観念―物質という二元論的思考にもとづいて，社会学を文化社会学 (die Kultursoziologie) と実在社会学 (die Realsoziologie) とに区分する。このうち前者があつかうのが，人間の精神論を前提

とする「理念因子」であり，後者があつかうのが，生殖や権力への欲動といった人間の本能論を前提とする「実在因子」である。シェーラーは，文化社会学の下属的な諸分野として知識社会学とともに，宗教社会学，芸術社会学，法社会学を，実在社会学の下属的な諸分野として血縁，権力，経済集団の構造と変遷の社会学を構想したが，いずれもその内容的構成については，明確な輪郭を示すには至っていない。

　例外として知識社会学にかんしていえば，シェーラーはそれ自体の基礎づけにとって重要な形式的諸問題（ディシプリンとしての最高の公理，知識の最高の諸形態における社会的な起源と運動形式など）や実質的諸問題（宗教の社会学，形而上学の社会学，実証科学の社会学という三つの下属的分野が担う諸課題，三つの社会学的な知識に通底する規準や法則性など）にかなりの紙幅を割いて言及している。これは『知識社会学の諸問題』の第一義的な目標が，「文化社会学の一部としての知の社会学がひとつの統一性をもつことを明らかにし，さらにこの学問の諸問題を体系的に展開すること」（Scheler 1924 = 1978：19 傍点：原著者）に定められていた事実を鑑みれば，至極当然であろう。

　ただ，ドイツ社会学における文化概念の特性を把握するという本書の目的上，むしろ着目すべきは「理念因子と実在因子との作用秩序に関する法則」（Scheler 1924 = 1978：24）についての論考である。シェーラーにとってかかる「秩序法則」は，観念的領域と実在的領域が相互の持続と変化に影響を及ぼしあう「共働的な原理様式」のことを指している。社会学一般を上部構造の社会学と下部構造の社会学とに二分化しなければならないのは，観念と物質の両領域の間に双方を媒介する多種多様な「移行的・過渡的形態」が存在しているためである。例えば，技術の進歩は，同じ「理念因子」に属する国内外の法律や条約，あるいは科学的な知識のみならず，「実在因子」に属する経済構造および科学者や為政者の権力にも依

存しているし，純粋芸術たらんとして世に送り出された彫刻や音楽が，権力への衝動に駆られた宗教的指導者らに利用される場合も同様の依存関係に置かれている。いかなる「理念因子」の生成と展開も，因子それ自体の因果性（法の論理＝合理的発展や宗教史の内在的意味の論理）のみならず，「欲動構造」が本源をなす「実在因子」によって制度的に規定されている。このようなシェーラーの理解から看取されるのは，人間の精神は，これを前提に立ち現われてきた「理念因子」（精神文化）の性格や特徴を決定しているものの，その内容を新たに創造する「力」や「作用」を何ら具備しておらず，文化内容の「実現」のためには，あくまで実在的な「社会学的」規定因子による介在を必要とするということである。

シェーラーによれば，理念因子と実在因子にかんする一般的法則性が成立する範囲において，①「理念因子相互の関係」，②「実在因子相互の関係」，③「三つの実在因子の諸種の理念因子への関係」が包括的に結合されているという。①にかんしてシェーラーは，その明証がきわめて困難としながらも，単なる偶然的・現実的なもの以上の本質的な相互作用が理念的な諸因子の間に存在し，かかる関係性が人間の精神活動一般の根源的で構成的な法則と対応していることを強調する。②は畢竟するに，血縁，経済，政治のうち，各時代において，いずれか一つが他に比して優位に立つという「作用優位」，すなわち本能（欲動）に根差す三つの主要な「実在的因素の支配の交替」（新明 1977：100）の秩序法則である。そして③は，②が必然的な前提をなすところの「理念因子と実在因子との作用秩序に関する法則」に相当し，シェーラーが「文化社会学の中心的問題」に定位するものである。

実在的な諸因子が理念的な諸因子の内容を歴史的に発現せしめる秩序法則にかんして，シェーラーは，前者のうちの一つが支配的な地位に居したまま後者を規定し続けるとする見方を，「あり得ない」として否定する。

第1章　ドイツ社会学における文化概念の特徴と限界

ランケ流の歴史主義やマルクスの経済主義が陥った陥穽は，「血・権力・経済という実在因子の三つの主要グループの中には，歴史の経過を通じて変わらぬ独立変数はないが，しかしそれらが精神史の進行を阻害したり促進したりする働きをする際その時々にいずれが中心になるかを決める秩序法則は存在する」（Scheler 1924＝1978：59　傍点：原著者）ことへの認識を欠いていたがために，歴史の経過を通じて変わらぬ独立変数の存在を素朴に仮定してしまった点に集約される。

「現実の欲動に制約された生活諸関係」が，文化内容の「実現因子（Realisationsfaktor）」として作用するその仕方は，血縁的および政治的な支配関係や経済的な生産関係のいずれかが，歴史過程の各時点において交互に優位に立ちながら，あたかも水門が開閉するかのごとく，ただその時々で「精神的能力の影響の仕方や大きさを助長したり制限ないし阻害したりするだけである」（Scheler 1924＝1978：54）。

したがって，「実在因子」が精神史（文化内容の継起的な実現過程）に影響を及ぼす原理的な様式は，シェーラーからすれば，軍事→法律→産業という単線的な進歩史観に依拠したコントの（人類知の発展過程と対応した社会状態にかんする）「三段階法則」とは異なり，どの時代においても併存する三つの実在因子が，血縁，政治，経済の順で優越と従属の交替をくりかえしながら現実の精神史を規定する律動的な原理という意味での「三段階法則」なのである。[5]

「実在因子が因果関係の上で優位を占めるというわれわれの三段階法則（ファーゼ）」（Scheler 1924＝1978：63）との表現からも明らかなように，シェーラーが力点を置いているのは，精神的な文化内容に対して社会的な組織や制度，権力の諸形態が担う規定的な作用性である。なぜなら，三つの「実在因子」が内的な秩序法則のもとで「理念因子」の動態に及ぼす影響は，彼からすれば，まぎれもなく人類の精神史において「発展という進歩」を意味

21

しているためである。

　ただ，シェーラーの社会学のめざすところが観念的領域と実在的領域双方の間で発現する「共働制約」原理の解明にある以上，前者の後者に対する規定性も文化概念に付与されていなければバランスを欠くことになる。シェーラー自身，かかる側面にかんして多くを述べているわけではないが，そうした規定性の要点は，「理念因子の実在因子に対する基本的関係一般は存続」し，しかも「それは人間史において最も不変なものである」(Scheler 1924＝1978：68 傍点：原著者）という実相に見出される。むろん，「実在因子」の「作用優位」が不動の原理ではないのと同時に，「相対的に閉じられた関連する文化過程の進行の中で『指導』や『制御』が一連の現実史に対して及ぼす影響の大きさはけっしていつも等しいわけではない」(Scheler 1924＝1978：55 傍点：原著者）。

　シェーラーによれば，精神文化すなわち「理念因子」の領域は，三つの主要段階――青年期，全盛期，成熟期――を経て発展していくにつれて実在的な諸因子に対する指導制御の不可能性を増していくことになる。なんとなれば文化向上の過程――「芸術のための芸術」や「科学のための科学」などは，一連の発展段階が成熟期に到達したことを示すスローガンである――は，「精神・理想的な文化内容，また文化の個性的な担い手は，こうした終局においてはそれだけ完全に現実史を指導し制御する『任務』から解放され，自分自身のために存在し生きるようになる」過程，いわば「かつて現実の歴史にとって因果的因子――あるいは因果的因子でもあったもの（たとえ指導と制御を任務とする点だけではあっても），それがしだいに自己目的ないし自己価値となる」(Scheler 1924＝1978：56 傍点：原著者）過程にほかならないためである。

　シェーラーにとって「社会学の究極かつ本来の課題が，つねに本質的・社会的な共働制約をもつ人間の生活において理念因子と実在因子，それぞ

れ精神と欲動に条件づけられた規定因子の相互作用がいかなるあり方をし,どのような順序だった序列をなしているか,このことを発見することにあるかぎり」,文化社会学と実在社会学の区別は暫定的な境界画定にすぎなかったが,観念と実在という,ともに「人間の諸関係,関係様式,集団化に制約された諸因子の作用に関する最高の序列法則を認識すること」(Scheler 1924＝1978：24-25 傍点：原著者)をめざす姿勢そのものは,彼をしてドイツ文化社会学の主導的地位に据えらしむ最大の条件を形成しているのである。

4　K. マンハイム——イデオロギーとユートピア

マンハイムは,E. トレルチやG. ルカーチに代表される歴史主義の薫陶を受けつつも,M. ウェーバーやシェーラーの知見を容受するなかで独自の知識社会学を構想していった。本節では,『イデオロギーとユートピア』(1929)を主たる対象に,マンハイムが,彼のいう「文化的個別諸領域」において,その中心部をなす知識ないし思考をどのように捉え,またどのような見地から考究しようとしたのかを概観する。

『イデオロギーとユートピア』は,三つの論文から構成されるが,本節の目的に鑑みて重点的にあつかうのは,第一論文の「イデオロギーとユートピア」(他の二稿の序論的な位置づけとなるべく最後に執筆された)と,第三論文の「ユートピア的な意識」である。マンハイムは,イデオロギーの場合,「表象の中に示された思想内容が,事実上,けっして実現されない」(Mannheim 1929＝1968：205)という本性ゆえに,ユートピアの場合,「経験や思考や行為の中において,この『存在』を現実化したものとして含んでいないような諸要因にもとづいて方向をきめている,という事実」(Mannheim 1929＝1968：201)ゆえに,ともに存在超越的な意識形態と捉えている。

マンハイムはまずイデオロギーを，敵対者の主張の一部のみを虚偽的なものとして問題にする「部分的イデオロギー」と，敵対者の全世界観を，それを実際に表明している集合的主体との関連において虚偽的なものとして問題にする「全体的イデオロギー」とに区別した。前者は，真実の隠蔽や歪曲といった観点から相手の主張の虚偽性を暴露するとき，専ら心理学的な平面からそれが行われるのに対して，後者は，それが全面的に依拠している「歴史的・社会的に具体的なある集団」の意識構造という精神論的な平面から虚偽性の暴露が行われる。

　マンハイムが分析の比重を置くのは全体的イデオロギーであるが，彼によれば，特定の階級に対する「価値否定の武器」としてこれを用いる実践が，いまやどの陣営にも共通してみられるという。全体的イデオロギーが，党派性や階級性といった何がしかの集合的な存在の位置性と切り離し得ないことは，第二論文の「政治学は科学として成り立ち得るか」のなかで示された近代的な政治思考の理念型をみれば明らかである。官僚主義的な保守主義，保守的な歴史主義，自由主義的・民主主義的なブルジョワ的思考，社会主義的・共産主義的な観念，ファシズムの通奏低音をなしているのは，「認識そのものが政治的および社会的に拘束されているという命題」すなわち「知識の存在被拘束性（Seinsverbundenheit）」である。マンハイム独自の思想的立場である「相関主義（Relationismus）」で強調されたのも，知識を含めた「意味の一切の要素がたがいに関係し合っていること」に加え，やはり，それら政治的・社会的な性向をもつ観念や認識の諸領域——「一つの時代の内で，集団（階級や階層）毎に分化した世界観」（千葉1989：4）——が「諸個人の背後にある歴史的な存在位置に依存している」（Mannheim 1929＝1968：58）という側面であった。

　本節の主題にマンハイムのイデオロギー論を照らしてみた場合，中心概念をなす「知識の存在被拘束性」が示唆しているのは，観念的領域に対す

る実在的領域の規定性というシェーラーにも相通ずる見方といえるが，ユートピア論において基調をなしているのは，逆に実在的領域に対する観念的領域の規定性である。

　一般にユートピアは，イデオロギーと同じく現実隠蔽的で存在超越的な意識形態だが，「過去」ではなく「未来」に準拠しているという点，いわば現実を追い越しているという点でイデオロギーとは異なる。この相違が具体的な輪郭をともなって現れるのは，実際に「歴史的な現実を支配しようとして争っている諸党派の欲望や生活感情」（Mannheim 1929＝1968：207）と結びついた表象の一群に目を向けたときである。得てして支配的集団によって志向される表象は，現行の秩序の安定化と再生産のために，過去の経験や経緯から現状を正当化するようなイデオロギー性を帯びやすく，被支配的集団によって志向される表象は，現行の秩序の打破と変化のために，未来に投影した何らかのイメージから現状を批判し，変革するようなユートピア性を帯びやすい（澤井 2004）。イデオロギーとユートピアを分かつ経験的な指標の一つは，支配的集団の現状維持を承認するか，否定するかである。

　マンハイムによれば，ユートピアの概念は，完全に存在超越的な，いわば原理的な意味で実現困難な表象を指す「絶対的なユートピア」と，変革の可能性を内包しているような表象，換言すれば「いつかは歴史的・社会的な存在の形を変えるような影響を及ぼす」（Mannheim 1929＝1968：211）いっさいの表象を指す「相対的なユートピア」とに区別されるという。したがって，「現存の社会精神的な存在秩序を代表する階層」にとってはおよそ現実化し得ないように思えても，「現存秩序に反対するような方向に駆り立てられている階層」が，それをとおして自分達に望ましい生活秩序を生成発展させようと努めており，実際に新たな秩序の芽が出始めているのであれば，その表象は，相対的なユートピアとしての基準と要件

を満たしているのである。

　マンハイムは相対的なユートピアの変遷について触れ，千年王国論，自由主義的・人道主義的な観念，保守主義的な観念，社会主義的・共産主義的な思考それぞれの特徴について説明している。紙幅の都合上，個々の観念内容の詳述は避けるが，本書の主旨に鑑みて肝要なのは，どの歴史的段階における意識形態も「現実とはかけ離れた」存在超越的な方向性をもちながら，既成秩序の変革（将来的破壊）を志向していた点において，現実超越的な表象であったということである。これらの意識形態が「相対的なユートピア，すなわち特定の既存の段階からみれば現実化することができないように思われるユートピア」（Mannheim 1929＝1968：208）であることは，時間の経過とともに，旧来の秩序をその内側から打破し，新しい秩序を実現させたという歴史的事実が証明している。

　　われわれはあの『現実を超越したような』方向づけだけをユートピアと言うのであって，それが行為にうつされると，それは，その時その時に現存する存在秩序を部分的にか，または完全に破壊するのである。……存在と一致しない方向づけは，それが現存の『存在秩序』を同時に破壊するような方向において効果をあげる時にだけユートピア的となった。
　　　　　　　　　　　　　　　　（Mannheim 1929＝1968：201-202）

　生活秩序の「希望図」を，あくまで社会や歴史の此岸において（現世の枠内で）現実化する性質にユートピアの本質的特徴を見出すマンハイムの議論からは，観念的領域の実在的領域への規定的な作用すなわち表象による秩序変革作用が看取される。結果的に彼は，自身のイデオロギー論とユートピア論を通じて，ドイツ文化社会学の旗手たる所以とみなすことのできる観念的領域と実在的領域の相互関係について論考していたのである。

第4節　ドイツ文化社会学が孕む限界

　本章では最後に，ドイツの社会学なかんずく文化社会学が抱える理論的な問題点について触れておきたい。まず確認しておかなければならないのは，ドイツ文化社会学の嚆矢に数えられるといっても，A. ウェーバー，シェーラー，マンハイムがそれぞれ依拠した思想上の立ち位置の点でみれば，単純に彼らを同列には語れないということである。A. ウェーバーの場合，歴史主義的な立場から文化社会学の体系を築いたものの，知識社会学については端緒を開いたにすぎなかった。シェーラーの場合，文化社会学を体系化するにあたり現象学的な立場を採用したが，このとき知識社会学はその主要部門に定位された。マンハイムの場合，文化社会学と厳密には異なる専門科学として知識社会学を構想する際[6]，現象学ではなく，A. ウェーバーと類似的な歴史主義に基礎づけの役割を与えた（新明 1977）。

　ただ，かかる事実の一方で，「文化（Kultur）」という概念を観念的なもの（価値，精神，理念，知識など）と措定したうえで，そこから対照的に外部化された物質的なもの（集団，組織，制度，技術など）との歴史的＝動態的な相互関係を現実主義的に把握せんとする三名の不変的な姿勢のなかに，ドイツ文化社会学の独自性を見出すことができる。例えばジンメルの場合，彼の文化概念も二元論的な相互関係を前提とするものであったが，三名との違いは，文化を不可分離に構成する主観的な生とその客観態との間でたゆむことなく展開される，文化内在的ともいうべき弁証法的原理に関心が局限されていた。

　しかしながらドイツ文化社会学は，後にそうした特質に起因する陥穽が

パーソンズ（Parsons 1961b）によって問題視されることになる。畢竟するにパーソンズの批判は，分析に際してのいくつかの不備ゆえに，A. ウェーバーらの学説が観念的領域と実在的領域の関係性を，相互浸透的な原理にまで発展できなかったという論旨に尽きる。かかる不備は主に二つの側面に集約される。第一に，いかにドイツ文化社会学が歴史主義という礎石のうえで観念と実在両領域のかかわりを過程的・動態的に捉えようとしたといっても，二分法のカテゴリーの両側の分化が徹底されていないということである。たしかに実在的領域をめぐるドイツの因襲的な理解として，物理的，生物学的，心理学的な要素が社会的な要素として素朴に混同されてきたし，観念的領域の場合も，法，規範，芸術，宗教，哲学などが，一個の全体として未分化のままあつかわれている傾向は否めない。実在的─観念的という二分法の不十分さに対してパーソンズは，社会システムをパーソナリティや行動有機体，さらに物理的な外部環境から区別する必要性を強調したうえで，文化システムを四つの構成要素（認知的，表出的，評価的，実存的）に分化する。このように，二分法の両カテゴリーにおける多元的な側面に配慮することは，「相互浸透」という用語が社会と文化の両システム間のみならず，それぞれの下位システムのレベルまで及ぶ微細な結びつきを包摂している以上，かかる相互連関性を把握するうえで不可欠な手続きなのである。

　第二に，カテゴリーを「実体」としてあつかうあまり，文化概念に見出された「歴史主義的相関性」とも仮称すべき特性について不十分な認識にとどまらざるを得ないということである。これは，形式社会学に対する反動として興ったドイツ文化社会学の現実主義的な視座と切り離すことのできない問題点といえるが，パーソンズによれば，複数の単位に分化された二分法の両カテゴリーを「分析的なもの」としてあつかうことによって，「文化システムと社会システムを，完全に『具体的』なシステムとしてで

はなく，また単に『相互依存的』なものでもなく，相互浸透的なシステムとみなす考え方を発展させることが可能となる」(Parsons 1961b = 1991：117-118 傍点：原著者）という。つまり現実には不可分な文化と社会を，「分析上独立したものとして」識別する手続きをとおしてはじめて，両者の相互浸透的な規定関係を考察できるのである。

　さらにドイツ文化社会学は，20世紀後半の欧米で抬頭した「文化論的転回（cultural turn）」に特有のある視点との照合によって，また別のジレンマを露呈することになる。それは，「文化は単に社会的現実を構成する様々な要因の一つなのではない。文化が，つまり意味理解やその構造が（『記号』や『ディスコース』が），社会的現実それ自体を構成するものである」（佐藤 2010：100）との認識に達し得ないという論理構造上の制約である。

　歴史学，歴史社会学，政治経済学，人文地理学などを発火点とする文化論的転回の傾向にかんして，方法論的には，R. ウィリアムズらのカルチュラル・スタディーズや C. ギアーツの解釈人類学からの影響のもとで，記号論的な性格をもつもの――「何かについて語っている」テクスチュアルな意味体系――として文化を概念化し，そのような「広義のコトバ」とも形容すべき表象形式に特定の人びとが付与した意味を読みとる解釈学的アプローチが採用される。

　理論的には，ドイツ文化社会学のように文化と社会を相互関係のうちに捉えるのではなく，「意味をもつ象徴体系」(Geertz 1973a = 1987) としての前者が，階級，市場，組織，制度，都市といった後者の領域を，これらの内側から構制していく自律的な原理の定式化がはかられる。このような文化の決定的な説明力を強調する潮勢は，社会科学の中心的な考察対象が，社会関係と社会構造から言語や表象の体系へとシフトしてきたことを示唆している。文化論的転回の前提をなす認識として，文化（記号・シンボ

ル）はもはや社会の従属物でもなければ付帯現象でもなく，具体的な生活者に共有されている観念，感情，価値，知識の運び手（vehicle）として，経済的・政治的・社会的な現象を内的＝意味的に構制するばかりか，ときにその構造を大きく変容させるほどの有力な「説明要因」なのである（大野 2011）。かかる「文化の根源的な自律性（autonomy）」は，反唯物史観の立場から，観念的領域と実在的領域のある種「等価な」結びつきを考究するドイツ文化社会学では問えなかった突出した視点といえよう。

ドイツ文化社会学の超克を企図して構想されたパーソンズの文化社会学の具体的なフレームワークについては，彼の文化概念の性質的変遷を跡づける作業が中心となる第3章で，また文化論的転回を理論的にも実践的にも基礎づけている「文化の根源的な自律性」については，パーソンズ以降の機能主義的社会学の新たな展開や，実在的領域の再考を要請する反文化論的転回の動きにも焦点をあてた第4章で詳述したい。

次章では，機能主義的社会学とりわけパーソンズの社会学における文化概念（1950年代前半当時）に顕著な統合的性格について言及する。論考の中心をなすのは，デュルケムとの学説上の継承関係であるが，これはパーソンズの理論が，社会的連帯のための機能要件として文化的＝道徳的なものを強調したフランス社会学に源流をもつことの傍証となるものである。われわれはかかる関係の検証作業を通じて，文化が果たしている主要な役割を社会の統合すなわち秩序維持に見出す機能主義的社会学と，社会あるいは秩序の変動・変革にそれを見出すドイツ文化社会学との違いを読みとることになるであろう。

注

(1)「研究者の価値理念がなければ，素材選択の原理も，個性的実在の有意味な認識もないであろう」（Weber, M. 1904＝1998：95）と述べているように，M.

第1章　ドイツ社会学における文化概念の特徴と限界

ウェーバーが文化科学的認識の基本的な主体として想定しているのは研究者であるが，価値理念の様態という点でみれば，研究者一個人の主観的な意味や関心だけでなく，各時代，各地域のもっと多様な日常生活者達が共通して抱く共同主観的な観念内容までもが該当する。以下の発言は，文化意義を規定している価値理念の多様性および多層性について触れた箇所である。

　　ある家族の年代記にかんする「歴史的」関心と，ある国民ないし人類が長期間共有し，現に共有している，およそ考えられる最大の文化現象の発展にたいする「歴史的」関心との間には，「意義」の上で無限の階梯があり，その各段階は，われわれ各人にとってそれぞれ違った順位をもつであろう。……なにが探究の対象となり，その探究が，無限の因果連関のどこにまでおよぶか，を規定するのは，研究者およびかれの時代を支配する価値理念である。　　　　　　　　　　（Weber, M. 1904＝1998：99 傍点：原著者）

(2)　ジンメルは，「客観」に内在する論理や法則性について，芸術における「内的な規範に照らした場合の完全性」，学問における「研究結果の『真実』としての正当性」，宗教における「魂の救済の価値尺度としての完結性」などをあげている。ジンメル曰く，これらの「固有価値」は，「主観的な魂の発展に関与するかどうか，関与するとすればどのような価値をもってなのか……とはまったく関係がない」(Simmel 1919＝1994：268)。

(3)　「文化価値」が，「主観」の完成への寄与という「客観」だけが担い得る働きを指していることは，次の主張からも判明である。

　　客観的精神的な……これらの現実性は，あの魂の道程をおのれから出ておのれ自身へと，魂の自然状態と呼びうるものから出て魂の文化状態へとおのれをつうじて導くかぎりにおいてのみ文化的価値なのである。……われわれの本質のなんらかの関心あるいは能力がこの価値によって推進されるにしても，この価値は，この部分的な発展が同時にわれわれの自己全体をその完成された統一へといちだんと近づけ高めるときにのみ，文化価値という意味をもつのである。　（Simmel 1919＝1994：264-265傍点：原著者）

(4)　歴史的生起をその内的構造に立ち入って考察するうえで，「社会過程」「文

明過程」「文化運動」の三つの領域に分かつことは，A. ウェーバーにとって「歴史＝文化社会学」の方法的起点をなすものである。
(5) シェーラーは精神文化の発展の原因を，「思考実験の形」と前置きしたうえで，内的で土着なものと外的で「破局的な」もの（戦争，民族移動，自然災害など）とに区別し，一連の三つの発展段階を「内的な原因によってのみ制約されたものとして予期された過程のうちに成立する」ものと捉えている。

　①第一の段階，そこではあらゆる種類の血縁関係とそれを合理的に規制する制度（父権，母権，婚姻形態，族外婚と同族婚，氏族団体，法的ないし習俗によって定められた「障壁」を含む人種の混合と分離）が歴史的生起における独立変数を形成し，また集団が集団形成する形態を少なくとも一次的に規定する。……②次の段階。そこでは，こうした作用の優位――この言葉を活動範囲の設定という狭い意味で用いるとして――が政治権力という因子，まずもって国家の活動のほうへと移行する。③第三の段階では経済の働きが優位に立ち，他に先立って現実の生起を規定する「経済的因子」のほうが精神史に対して「水門を開閉する」ようになる。

(Scheler 1924＝1978：60)

(6) マンハイムは『社会学の現代的課題』(1932) のなかで，「三つの社会学の本質的諸形態」として，①専門科学としての社会学（社会関係や社会構造を広範にあつかう一般社会学），②個別諸学科の社会学（いわゆる連字符社会学），③文化および文化的発展の社会的性格と，文化的個別諸領域における生成物の全体的連関にかんする学としての社会学をあげるが，文化社会学と同定されているのは③であり，知識社会学自体は，経済社会学，法社会学，宗教社会学，文芸社会学，芸術社会学，言語社会学，教育社会学とともに②に含まれている。しかしながら，「一定領域を社会過程に関連づけるのではなく，文化的諸領域の総体を社会的生活との連関において観察する」(Mannheim 1932＝1976：289) ことを主題に設定し，かかる連関付け (Verklammerung) を基点として精神的な諸現象を総合的に把握しようとするマンハイム流の文化社会学の姿勢は，「相関主義」の立場を強調する知識社会学との親近性を暗に示しているともいえる。なお附言すれば，個別諸学科の社会学は，実際には社会的生活との連関において総体をなす「文化的個別諸領域」を対象とし

ている以上，文化社会学の諸部門として捉えなおす余地があろう。

第2章

パーソンズ文化概念を特徴づける初期の統合的性格

　本章の目的は，20世紀中盤に抬頭した機能主義的社会学なかんずくパーソンズの構造機能分析の機軸をなす文化概念にかんして，デュルケムとの学説的な継承関係を跡づけることによって，とくに1950年代前半当時に支配的であった秩序の「維持」あるいは「均衡」という統合的性格を明らかにすることにある。両者のかかわりを考察のメインに据える必要があるのは，行為者の主観的な志向要素が記号の体系＝シンボルシステムへと客体化されたものとして文化を概念規定するパーソンズの発想が，社会的連帯の可能性を追求し続けたデュルケムの思索，とりわけ宗教社会学の文脈で示された聖的象徴にかんする考えを発展的に受け継いだものだからである。ゆえにパーソンズの文化認識は，「秩序維持」に対する志向性という点で，秩序の「変動」あるいは「変革」の過程を射程に入れるドイツの文化社会学者達のそれとは決定的に異なるのである。

　この事実は，秩序問題の解明に焦点を定めるパーソンズの社会学が，解体の危機にある社会の再組織化に主眼を置くフランス社会学の影響下にあることを示唆している。むろんパーソンズの文化概念は，その中心的な類型の確定に与えた影響でいえばフランス社会学だけに還元することはできない。われわれはパーソンズの文化認識について，心理主義的性向という

点でアメリカ社会学の流れを汲むことや,「望ましさ」という共同体の理念にかかわる価値概念を他の諸類型よりも上位に据える点において,ドイツ観念論哲学との間に通有性が認められることにも触れておく必要があろう。

とはいえ,論考の中核をなすのはあくまでデュルケムとの理論的なつながりである。文化概念の確定をめぐる継承関係を明らかにするにあたっては,「行為の主意主義性」の見地から秩序問題が提起された1930年代の議論まで遡行しなければならない。パーソンズの文化概念が帯びる統合的性格は,先行する行為理論の文脈で受け継いだデュルケム自身の主意主義的思想を,機能主義の観点から体系的に発展させることで導出されたものであった。

近年までパーソンズの理論研究は,M. ウェーバーとの関連から行われる傾向があった。たしかに M. ウェーバーの社会学は,行為者が主観的に抱く審美的,道徳的,宗教的な理想や倫理といった価値概念(価値合理性)を媒介に,功利主義の伝統では無知や迷信,あるいは異常性の枠に押しやられていた「非合理的なものの合理的把握」に努めた点で,パーソンズに多大な影響を与えたことはいうまでもない。なぜなら彼にとって社会学とは,あくまで M. ウェーバー的意味での社会的行為——価値合理的な側面を多分にもつ——が分析基盤をなす科学として構築されるべきものだったからである。

ただ一方で,パーソンズの価値概念は,行為者の統合に寄与する「社会規範」としての側面を強くもつものであり,むしろデュルケムの「集合意識」ないし「集合表象」からの影響を感じさせるものである。

第2章　パーソンズ文化概念を特徴づける初期の統合的性格

第1節　フランス社会学を源流とする機能主義的発想

1　コントおよびデュルケムの底流をなす「秩序」へのまなざし

　パーソンズの文化概念に顕著な統合的性格に着目した場合，デュルケムの影響力を無視することはできない。そしてこの事実は，構成員に共通する「道徳的なもの」を社会の統合基盤に位置づけるパーソンズの機能主義的社会学が，コントを祖とするフランス社会学の系譜に連なるものであることを物語っている。「観察」や「合理的な予見」によって多くの現象が説明されるようになる実証的段階に近代を置くコントの人間精神にかんする進歩史観が，デュルケムの所謂「社会学主義（sociologisme）」の立場に多大な影響を与えたことは明らかである。実際にデュルケムは，社会学を経験的な法則科学として確立しようとしたことで知られる（Durkheim 1895）。彼にとって社会学の固有の認識対象は，個人の思惟や観念から独立した所与（個人の総和には還元できない独自の性質をもつ実在）としての「社会的事実」である。それは個人に対する「外在性」ゆえに「単なる心の分析手段」によってではなく，「観察に提供され」ることをとおして，まさに「物」のごとく客観的に考察することによってのみ「妥当な概念」を構築し得る，その社会に共通の行動，思考，感情の様式であった。
　ただ，コントがデュルケムに与えた影響の要所は，実証主義的な方法論それ自体というよりも，むしろ文化的な要因によって社会の統合と維持が実現される法則性を，かかる手法を通じて解き明かさんとする「秩序」に向けられた強い学問的関心にある。デュルケムにとって，社会的事実のなかでも，統合と維持のための機能要件という位置づけを与えられた分業や

宗教は，諸個人を連帯へと強制づける「社会的規制条件」ともいうべき道徳的事実であった（小川・霜野 1981）。周知のとおり，近代社会において相互に異質的＝個性的な「二人あるいは数人のあいだに連帯感を創出する」（Durkheim 1893＝1971：58）機能を担うとされたのが分業であり，前近代における未開で同質的な「集団の統合をなす」（Durkheim 1912a＝1975上：82）機能を担うとされたのが宗教であった。これらのことからも窺い知れるように，人間生活の道徳的側面にかかわる諸現象は，「社会的連帯」の紐帯としての重要な役割を果たしているのである。

　したがって，デュルケムの社会学の要諦は，社会全体の安定的・持続的存続のために，各構成要素が一定の機能を遂行しているとする機能主義的発想にあり，とくに道徳的事実をその中心に据えたところに特長が見出せる。ただ，かかる発想の嚆矢は，「社会静学（statique sociale）」を唱えたコントにまで遡行される。例えば，『社会分業論』（1893）のなかでデュルケムが究明しようとしたのは，「なぜ個人はますます自立的になるにもかかわらず，かえって社会にますます依存するようになるのか」という「個人的人格の確立と社会的連帯」との関係をめぐる問題であったが，すでにコントは，分業の進展にともなう個人の自立化とそこから生じてくる社会の再組織化の方途に関心を寄せていた。分業化がもたらす帰結について，コントは「道徳的見地からみれば」と前置きしたうえで，各個人が自身の専門的な活動を通じて社会と「緊密な依存関係」を取り結ぶようになる反面，活動の具体的内容や必要となる技能の狭隘さゆえに，利害や思考，共属感情の面でいちじるしい分散化がひきおこされたと主張する。職業活動上の専門分化に起因する「普遍的分散傾向」への防波堤としてコントが要請したのは，ほかならぬ政府であった。「政府の社会的使命は，主として人類発展の原理そのものの不可避的結果である観念，感情，利害の根本的分裂傾向という宿命を十分に抑え，できる限り防止することにある」

第2章 パーソンズ文化概念を特徴づける初期の統合的性格

(Comte 1839＝1980：272)。

　コントにとって,「全体の思想や連帯感を抹消しようとする」分散傾向が加速すればするほど, 利害対立を中和し,「社会的道徳」の確立を主導する政府の影響力は必然的に増していくものであった。ここでの「社会的道徳」とは,「人間生活の本質的な三段階」のうち最後の社会生活の秩序とかかわるものであり,「常に社会運営全般の直接的考察を任務とする十分に発達した理性の示す正しい道に従って, 共通の目的に不断に協力させることを目指す」(Comte 1839＝1980：279)。

　「政府の最高の関与」を連帯の恢復という社会の再組織化に求めたコントの議論のなかに, 道徳的諸事実の究極的な存在目的を, 社会の統合すなわち連帯に定めたデュルケムの機能主義的発想の萌芽を看取することができる。パーソンズの理論がフランス社会学の系譜に連なるものとみなせるのは, コントにせよデュルケムにせよ, 彼らの学説がシステム論的アプローチにも共通する目的論的思考や方法論的全体主義に立脚しているからである。つまり政府も宗教も, 社会という一つの全体すなわち体系を存続させるための手段的装置としての位置づけを与えられており, さらにそれらの果たす役割についても, 初発から社会全体への貢献という観点から説明しようとする姿勢が見受けられる。

　フランスの社会学者達が, いかにして社会に安定した秩序を与えるかという道徳的な問題に向きあわざるを得なかった背景として, 彼らが研究者である以前に, 革命以降の混乱と政情不安という文字通り解体の危機に直面した社会に生きるひとりの生活者であったことがあげられる。コントとデュルケムの学説が, ときとして統制や支配に与する保守的な道具とみなされたのも, 体系の構成要素は, 全体の安定のためにしかるべき機能を遂行しなければならないとする思考法を基調として組み立てられたものだからである。その立論にかんして保守主義的な傾向を批判されたパーソンズ

もまた，機能分化の進む近代社会が，主体的に考え行為する諸個人によっていかにして統合可能であるかという問題意識から，次節以降で言及する「行為理論」とこれを土台とした「文化理論」の体系化に取り組んでいった。

2　ドイツ文化社会学と機能主義的社会学の社会秩序観をめぐる相違

フランス社会学の衣鉢を継ぐパーソンズの根底には，秩序問題への関心が一貫して流れており，これは彼以前のドイツの社会学者達にはみられなかったものである。大なり小なり歴史主義という時代思潮の影響下にあった20世紀前半のドイツ文化社会学では，一回的な理念や精神の表象領域である文化（Kultur）が，累積的で即事物的な領域である社会（Gesellschaft）あるいは文明（Zivilisation）の動態に対して，その規定因子として作用する原理や法則性が重視される。実際にA. ウェーバー（Weber, A. 1921＝1958）は，精神活動の創造的所産である「文化運動」が「社会過程」――人間の自然な意志と衝動に起源をもつことから「生の凝結体」とも呼ばれる――に及ぼす逆作用として，経済，国家，階級，家族などが，その時々の歴史圏の情勢に応じて様々な程度で「文化的着色」を受けてきた事例をあげているし，シェーラー（Scheler 1924＝1978）も，人間の精神に根差す「理念因子」が本能ないし欲動に根差す「実在因子」（血縁集団，経済，権力）に及ぼす指導・制御作用について，精神文化の諸形相である前者の成熟が深まるにつれて関与の喫緊性が低くなっていくとはいえ，「人間史におけるもっとも不変的なもの」と捉えている。

とくに文化と社会の関係を，前者による後者の「秩序変革」という観点から考察したのがマンハイムであった。彼は，既成秩序を将来的に破壊し，新しい秩序を此岸（現世）において打ち立てる「革命的な可能性」をもつ観念や意識をユートピア――厳密には「相対的なユートピア」――と捉え，

既成秩序を肯定し，そのもとに統合されているような観念や意識であるイデオロギーと区別する。例えば同じキリスト教でも，中世末期までの博愛主義が，理想的秩序（神の国）を彼岸に追いやることで革命への情熱の鈍化に成功したという点において，イデオロギー的表象にとどまるのに対して，千年王国論の場合，理想的秩序がまぎれもなく「この世にあり，現在存在する」（Mannheim 1929＝1968：226）という実感を信奉者達に抱かせることで革命への情熱を湧出させたという点において，ユートピア的表象の原初形態とみなすことができる。「ユートピアは，それが反作用によって，現存の現実の歴史的存在を，ユートピアに固有の表象の方向にうまく変形することができるかぎりにおいて，またその程度に応じて，イデオロギーではない」（Mannheim 1929＝1968：206 傍点：原著者）。

　ただ，「実際の場合に，何がユートピアとみなされ，何がイデオロギーと考えられるかということは，本質的には，われわれが存在現実のどの段階に規準を置くかによってきまる事柄である」（Mannheim 1929＝1968：207 傍点：原著者）と述べられるように，ユートピアとイデオロギーの区別は，観察者（研究者）の視点から形式的に行うだけでは充分とはいえない。「歴史的な現実を支配しようと争っている諸党派」の視点に立った場合，既成秩序を代表する支配集団にとって，新興階層である被支配集団の主張する観念は，およそ実現し得ないユートピア――形式的な区別に即せば「絶対的なユートピア」――にうつるであろうし，逆に被支配集団からみれば，支配集団の主張する観念は，既成秩序を正当化し，これを支えるために利用される虚偽意識としてのイデオロギーとしかみなされないであろう。したがってユートピアとは，一つには，「特定の既存の段階からみれば現実化できないように思われる」観念のことを意味しているのである。

　さらにマンハイムは，対立する諸階層の欲望や生活感情に依拠した主観的な指標のほかに，「今日のユートピアが明日の現実になり得るという可

能性」(Mannheim 1929＝1968：208 傍点：引用者) を，より客観的な指標として呈示する。この場合，過去のある時点ではとうてい実現困難と思われていた観念のうち，その後に生起した社会秩序のいずれかの段階において実現されたことが判明なものにかぎり，ユートピアということになる。「過去の生活秩序とか現実可能な潜在的な生活秩序をただ歪曲した表象にすぎないことが，後になってわかるようになった観念は，イデオロギーであった。一方，すぐ次につづいて起こった生活秩序の中で適当に現実化された観念は，相対的なユートピアであった」(Mannheim 1929＝1968：210)。約言すればユートピアとは，秩序変革への強い志向性とその蓋然性を内包しているような，「特定の歴史的段階と結びつき，一つ一つの歴史的段階においては特定の社会階層にも結びついている」(Mannheim 1929＝1968：212) 共同主観的観念なのである。

　以上のように，ドイツ文化社会学では総じて文化の動的＝歴史的性格が強調されるが，とりわけマンハイムは社会変動に対する規定因子としての側面に焦点をあてた。これは，人間の意味や観念の体系を社会統合の主要な源泉とみなすパーソンズの立場とは対照的なものといえよう。両者の間には，片や秩序変革，片や秩序維持というように，文化概念に付与した社会との関係的性質の面で決定的な違いがある。

　次節以降，パーソンズの文化概念がもつ統合的性格の輪郭を，デュルケムからの知的継承という側面から浮き彫りにしていく。本章での取り組みをとおして，同性格が，ドイツ文化社会学から機能主義的社会学を分かつ最大の指標であることが証されるであろう。

第2章　パーソンズ文化概念を特徴づける初期の統合的性格

第2節　秩序問題に向けられたパーソンズの社会学的関心

　デュルケムからパーソンズへの継承関係を跡づける作業は，すでに指摘したように，後者の文化概念に顕著な特性を明らかにすることを企図している。かかる試みにあたっては，パーソンズが最初に体系化することを構想した「主意主義的行為理論（voluntaristic theory of action）」にまで目を向けなければならない。行為が中核をなす理論的継承関係を文化が中核をなす理論的継承関係に先立って論証する必要があるのは，パーソンズの1950年代当時の機能主義的行為＝文化理論が，1930年代当時の主意主義的行為理論の文脈においてデュルケムから受け継いだ思想を，システム論的見地から体系化させたものだからである。

　パーソンズは『社会的行為の構造』（1937）において，「実証主義（positivism）」の系譜からデュルケムのほかに A. マーシャルと V. パレートを，「理想主義（idealism）」の系譜からは M. ウェーバーを選定し，それぞれの学説を厳密に検討する。その結果，西欧の思想史を代表する「これらの人びとの仕事がある単一の理論に向かって収斂しているという事実」（Parsons 1937a ＝ 1976：126）が認められるとし，そのなかから「主意主義（voluntarism）」と呼ぶほかない新たな行為理論の立場が生起しつつあると主張した。

　パーソンズの当初の社会学的関心が，主意主義的行為理論の構想にあったことは疑いようのない事実である。彼はまず，行為が行為として成り立つための最小要件を定めるべく，「目的（end）」（行為が志向している事象の未来状態），「条件（condition）」（行為者をとりまく状況のうち，行

43

為によって自由に制御できないもの），「手段（means）」（行為者をとりまく状況のうち，行為によって自由に制御できるもの），「規範的志向（normative orientation）」（手段と目的との関係様式を規定する，最低でも一つ以上の選択基準）の四つの要素から構成される「単位行為（unit act）」（行為の図式において最少単位をなすもの）を呈示する。かかる分析枠組は，いずれの行為理論にも適用されるが，ラディカルな実証主義（行為を，本能や環境などの個人外在的な条件によって説明しようとする）においては規範的要素が排除され，同じくラディカルな理想主義（行為を，規範的要素や理念の流出あるいは自己実現の過程とみなす）においては条件的要素が排除される傾向を示す。パーソンズによれば，規範的要素と条件的要素の相互作用の過程をバランスよく内包しているのは主意主義であるという。

　単位行為の水準でみるかぎり，ともに「手段—目的図式（means-end schema）」を行為の基軸に据える点において，主意主義的行為理論は功利主義的行為理論にその原型を求めることができる（厚東 1980）。つまり両者は「分析的意味における行為の目的と，状況に属する行為要素との峻別」（Parsons 1937a = 1976：104）を前提とし，しかも規範への行為者の同調および，それによる手段—目的関係の制御という視点を含んでいるのである。

　にもかかわらず，主意主義の立場からパーソンズが批判し，超克の対象にしたのは，「少なくとも社会生活の経済的局面では，個々人が自分の自己利益と私的目標を追求していくことが，万人の欲求最大充足を帰結し，そのための自動的で自己制御的なメカニズムが作動しており，われわれはその恩恵に浴しているという信念」（Parsons 1937a = 1976：19）を標榜するスペンサー流の功利主義であった。単位行為において，主意主義と功利主義は構造的に同型である一方で，決定的に異なっているのは目的の位置

第2章 パーソンズ文化概念を特徴づける初期の統合的性格

づけと規範の性格である。功利主義の場合，行為の目的は，それが「道理にかなっているかどうか」の内在的な吟味を経ることなく，所与のものとして受容されている。さらに目的追求を行為概念の基本に置きながらも，手段─目的関係を個人主義的に考察する傾向ゆえに，目的相互の関係性について積極的な言及が何ら行われない。規範的要素についていえば，「能率の合理的規範」という特殊なタイプへの過度の偏向がみられる。つまり功利主義では，「手段─目的関係を支配する規範的要素に関して，他のいかなる積極的な観念も存在していない」（Parsons 1937a ＝ 1976：95 傍点：原著者）のである。

　パーソンズの議論に従えば，功利主義的行為理論の特性は「原子論的傾向（atomistic tendency）」「合理的な手段─目的分析（rationalistic means-ends analysis）」「目的のランダム性（ends are random）」の三つに要約されよう。行為が概念的に孤立した単位として個人主義的に捉えられるのも，目的を状況に関係づける規範的要素が，一面的な合理性の面からしか措定されないのも，統計的意味でランダムなものとして目的が前提されるのも，結局のところ個々の行為を社会関係のレベルで把握する認識や，目的同士の関係を統合的視点から問おうとする姿勢が功利主義に欠如しているためである（油井 1995）。

　パーソンズの理解において，功利主義はホッブズが示した理路を純粋にたどることになる。功利主義的人間は，自分達の「情念」──行為のばらばらでランダムに変化する目的であり，その根本をなすのは「自己保存」である──を達成すべく，手段選択の合理性という規範に従う。かかる選択的公準の仮定のもとで，「暴力と欺瞞」は入手可能な手段のうち最も有効なものと同定されるため，これらの双方あるいは一方を用いた目的追求は，競合相手を破滅させ屈服させようとする「万人の万人に対する闘争」に帰着してしまう。

パーソンズが功利主義から論理的に導出される無秩序（共同体のカオス的様態）の要因としてあげるのは，「窮極的目的としてであれ，あるいは当面の目的としてであれ，こうした〔他者からの〕承認とサーヴィスという二つのものを確保するための直接的で最も有効な手段」（Parsons 1937a = 1976：153）の際限なき使用を排斥するような規範的要素の不在である。
　ホッブズの場合，ばらばらに孤立した個人をいかにして統合するかという規範的思考を欠いていたために，「戦争状態」を克服する方途を「至上の権威」との契約（自然権の譲渡）に求めるしかなかったが，パーソンズの場合，「共通価値による統合（common value integration）」に解決の光明を見出そうとした。
　このことからも明らかなように，初期の行為理論におけるパーソンズの関心は，諸個人の自由な意志が担保された状態で社会の秩序がいかにして可能か，という「ホッブズ的秩序問題（Hobbesian problem of order）」に集約されていたのである。

第3節　デュルケムからパーソンズへの継承関係——行為理論

　主意主義的行為理論の眼目は，秩序形成の基盤を「共通価値」，すなわち目的設定と手段選択に際して行為者全員が依拠すべき一般的な規準に求める視座にある。この点において「パーソンズの主意主義は，道徳的規範に特別の位置を与えようとする努力であり，それと同時に，これまで道徳的規範がその中に投げこまれてきた決定論的枠組を拒否する努力でもある。パーソンズは，道徳の力を強調している」（Gouldner 1970 = 1978：257　傍点：原著者）。つまり共通価値を秩序形成の要諦とみなす主意主義で強調

されているのは、一つには本能や社会的下部構造による決定論の否定という性格なのである。したがって、この行為理論の第三の立場では、道徳的規範である価値へのコミットメントをとおして他者との連帯をはかり、一定のしかるべき役割を果たそうとする諸個人の意志も重視されることになる。

パーソンズが共通価値を「創発的属性（emergent property）」として捉えるのは、それが社会関係の水準でのみ生起するためである（個人行為に還元し得ない）。このように共通価値は、他者との主体的なかかわりをとおして具現化されるべき「当為（Sollen）」としての側面をもつ。これは、規範的要素を前提にしていても、その本質を個人にとっての合理性ないし能率性に還元してしまう功利主義とは決定的に異なるものである。パーソンズの想定する主意主義的人間とは、行為の共通目的を明確に設定する能動性を保持しつつ、共有された規範的要素である価値のもとで他者と協同でき、さらに状況（手段と条件）を適切に判断することにより秩序を創造していける主体を指す。

とくにパーソンズは、「共通価値による行為者の統合」という視座を打ち出すことで、功利主義のジレンマ（諸個人の合理的な目的追求によって帰結される自然状態）を克服しようとしたのである。「権力問題の解決は、……共通の価値体系——それは制度的規範の正当性、行為の共通の究極的目的、儀礼、その他さまざまな形で表出される——との関わりで諸個人が統合されているという共通の事実を指示している」（Parsons 1937c ＝ 1989：190）。

ところで、主意主義的行為理論の鍵概念ともいえる「共通価値」は、当初からその起源を、社会関係に見出していることからも窺い知れるように、デュルケムが個人の意識や心理には還元し得ない独自の社会的実在とみなした「集合意識（conscience collective）」に由来する。つまり、個人行為

を方向づける主要因として M. ウェーバーが着目した行為者の思念する「主観的意味」よりも,「こうした価値概念は,パーソンズをむしろデュルケムの伝統に結びつける」(厚東 1980：82) のである。

「主意主義」という概念が,単に「個人の主体性」として解釈されるきらいがあったのも,パーソンズの行為理論が功利主義的個人主義の克服に向けられていたという事実だけでなく,そこで重視される共通価値について,集合意識の形態をとる道徳的存在を指示していることが正確に理解されていなかったためである (油井 1995)。パーソンズも指摘するように,デュルケムの集合意識は,それが共通の「理念的規範として『社会』と呼ばれる集合体の多様な成員を道徳的に拘束しているという事実にこそ,その社会的側面の本領がある」(Parsons 1937b ＝ 1982：126)。

「共通価値統合」という主意主義的行為理論における基底的視座は,結論からいえば,行為と秩序の関係を問うデュルケムの社会学から導き出されたものであり,このことを明確にするためには,デュルケムの理論的発展 (実証主義から主意主義への行為理論の変遷) の跡づけを目的としたパーソンズの考察を振り返る必要がある。パーソンズが最初に注目するのは,デュルケムがすでに当初の理論形成期の段階において,「共有された道徳的価値が,〔人間の社会的〕行為においていかなる役割を果たすかという点に深い関心を寄せていた」(Parsons 1937b ＝ 1982：15) ことについてである。この時期を代表する『社会分業論』のなかでデュルケムは,経済的交換関係の基盤を専ら「個人的な利害」に置く H. スペンサーに批判の矛先を向ける。

デュルケムにとって,社会の凝集性を最大化し,その構造的特徴を決定づけているのは分業にほかならない。「利己主義こそ人間性の出発点」とみなすスペンサーに対し,「社会がその成員たちに課して,生存のための闘争や自然淘汰というむきだしの活動をやわらげ,中和する,あの調整力

第2章　パーソンズ文化概念を特徴づける初期の統合的性格

というものを考慮に入れていない」(Durkheim 1893＝1971：191) と論難したデュルケムは，市民による自発的な分業こそが，社会統合に不可欠な「道徳生活の本質的要素」であることを強調する。このように，「その初発から人間行為の道徳的要素が強調されていた」(Parsons 1937b ＝ 1982：14) デュルケムの理論は，パーソンズにとって，社会秩序の問題に取り組むうえで礎石となるものであった。ただ一方で，パーソンズは，後の理論的発展の基軸をなす集合意識について，『社会分業論』の時点では，無個性かつ未分化な原始社会における「機械的連帯」にのみその役割が結びつけられていた点，さらにそうした「同じ社会の成員たちの平均に共通な諸信念と諸感情の総体」(Durkheim 1893＝1971：80) を，あくまで実証主義的枠組から考究しようと企図していた点に，理論形成期におけるデュルケムの限界をみてとる。[4]

　パーソンズによれば，デュルケムが「社会規範」としての本質を集合意識に見出したのは，トーテミズムについて論じた『宗教生活の原初形態』(1912) においてである。同著でデュルケムは，「宗教的価値の共有体系」が，共同的な行為のなかで活性化されるとともに社会統合を可能にするという，近代西欧では「価値態度の共有体系」が果たすのと同一の社会学的機能をそなえている事実を看破した。彼の宗教研究をパーソンズが意義あるものとして評価するのは，「象徴がなかったなら，社会的感情は束の間しか存在しえないだろう」(Durkheim 1912a ＝ 1975上：415) との言明に集約されるように，共通の宗教的観念が，その「直接的な象徴的表現」たる儀礼をとおして再生・強化され，終極的には諸個人を統合するという理解に至ったからである。

　パーソンズも着目するように，通常の経済生活（氏族小集団に分散して営まれる狩猟，採集，漁労）のなかで衰微した宗教的観念を再び活性化する際，儀礼は参加者全員の精神を忘我的な状態にまで高揚させる。「集合

的沸騰（effervescence collective）」と祭儀生活のもつ役割や機能との関連は，デュルケムがトーテミズム研究において，とくに重視している部分である。彼にとって儀礼は，「われわれが経験する強烈な感情の発生地」(Durkheim 1912a = 1975上：397) にほかならず，またそうであるがゆえに，社会統合の象徴的媒介物として作用し得るのである。

　デュルケムは，宗教を「神聖すなわち分離され禁止された事物と関連する信念と行事との連帯的な体系，教会と呼ばれる同じ道徳的共同社会に，これに帰依するすべての者を結合させる信念と行事である」(Durkheim 1912a = 1975上：86-87 傍点：原著者) と定義する。ここでの信念とは，世界を聖なるものと俗なるものとに境界画定するところに「共通した特質」をもつ意識の状態であり，儀礼とは，聖物に対する人びとの振る舞い方を規定した行為の様式である。このうち儀礼は，禁戒（abstention）の形態をとる「消極的儀礼」と，人びとを聖物に接近・結合させる「積極的儀礼」とに区別される。したがって通常，パーソンズがデュルケムの宗教社会学を検討する際に言及する儀礼とは，所謂「コロボリー」としての後者を意味している。

　例えば，インティチュマ祭儀のなかでも食物上のコンミュニオンは，激しい所作と叫声をともなう舞踏と歌謡の只中で参加者全員の精神を膨張状態にいざなう。このときトーテム的原理（非人格的な神）の活性化は実感され，これを敬い信じる感情の再生と強化とともに「幸福の印象」（同一の目標を達成し得たという充足感）が約束される[5]。こうして人びとは，「互いに，同じ道徳的共同社会の部員であることを証明し合い，彼らを結合する親類関係の意識をもつ」(Durkheim 1912b = 1975下：222) のである。

　行為と社会秩序との関係をめぐるデュルケムの着眼点は，①儀礼が信仰上の価値態度を「強化し活性化する一つの様式として，社会的『連帯』と

の関連で極めて重要な役割を果たすものであった」こと，約言すれば「儀礼は，アノミーに向かう傾向を防御する基本的な機制の一つである」(Parsons 1937c ＝ 1989：113) こと，②儀礼の参加者達が「能動的役割」の実践というかたちで究極的価値態度，「すなわち社会構造と連帯性の基盤をなす感情」(Parsons 1937b ＝ 1982：191) を活性化すべく努力していること，③儀礼という会合の場で生じた「全般的な激昂」が契機となり，ときに新たな理念をともなって氏族共同体が創造されることという，三つの視座に集約されよう。実際にデュルケムは，聖物に対する個人意識が，他我との結束を自覚させるような「共通的感情」に至るのは，「同じ叫びを発し，同じ言葉を発し，同じ対象について同じ所作をすることによってである」(Durkheim 1912a ＝ 1975上：415) と述べているし，会合の参加者達が狂熱に駆られるがままに，新しい理念と秩序を生み出した事例としてフランス革命をあげるが，「これらの心的過程は，すべて，明白にも宗教の根本にあるのと同じもの」(Durkheim 1912a ＝ 1975上：381) だということを強調している。上記の三つの視座は，先述したパーソンズの考える主意主義的人間像にも反映されているように思われる。

ところでパーソンズ (Parsons 1937b ＝ 1982) は，デュルケムの思想的変遷を実証主義から主意主義への転換という流れで捉えている。パーソンズによれば，デュルケムがその生涯をとおして主意主義的な立場を最も明確化したのは，『宗教生活の原初形態』を著した後期——厳密には『社会分業論』に代表される第1期，『社会学的方法の規準』に代表される第2期，『道徳的教育論』に代表される第3期に続く第4期にあたる——であるという。パーソンズの主意主義的行為理論の眼目が，「共通価値による行為者の統合」にあるのであれば，当初から一貫して「連帯」とこれを可能ならしめる「道徳」——人びとの間に「連帯感を創出する」意識，感情，観念の共有体系——がキーコンセプトに据えられていたデュルケムの社会

学にかんして，後期の理論のみを「主意主義的」と画定し得る根拠はどこに見出せるのか。

　留意しなければならないのは，パーソンズの構想する主意主義的行為理論が規範的要素と条件的要素のバランスに配慮しているという点である。つまりパーソンズは，自らの意志で目的を設定し，その手段を選択していく行為者の自発的な努力という要素を担保しつつ，かかる目的―手段連関の過程が，「万人の万人に対する闘争」を招来しないように「共有された道徳的価値」によって制御される側面を重視したのである。デュルケムが着目したのも，同じ信仰上の目的のために，各成員が儀礼への参加をとおして能動的な役割を果たしており，しかも聖的存在に対する「畏敬の念」こそが，儀礼を目的に結びつける共通の規範的要素として機能しているという事実であった。いわばデュルケムは，無秩序に陥るリスクを潜在的に孕む功利主義と条件的要素への考慮が不十分な理想主義双方を克服し得る「手段―目的図式」を後期に呈示していたとみなすことができるのである。

　ただ，パーソンズが後期のデュルケムについて，「行為の主意主義的把握が示されている」と評価する最大の根拠は，条件的要素の本質を分業でも教育でもなく，聖性を付与されたシンボル群に見出したことにある。パーソンズにとって，デュルケムの宗教論の要諦は，聖的象徴の介在なくして「社会的連帯の強化と再生」は実現し得ないとするシンボリズム観にあった。むろんかかる見解は，必ずしも主意主義の核心をなすものではないが，パーソンズ自身は，儀礼を中心に複合的な体系を形成するシンボルをとおして，「究極的価値態度，つまり社会構造と連帯性の基盤をなす感情が，強化され再生されるとともに，社会関係の秩序化を可能にするよう調整される」（油井 1995：157）という認識のなかに，デュルケムの主意主義的傾向を読みとったのである。したがってパーソンズがデュルケムから継承した視座とは，厳密にいえば，シンボルに媒介された「共通価値に

よる行為者の統合」であった。

　本節でみてきたように，デュルケムが最終的に宗教社会学の文脈で示した主意主義的立場は，パーソンズの行為理論に秩序問題解決の指針となる重要な発想（シンボリズム観）をもたらした。構成員にとって共通の価値体系が特定のシンボルの存在を通じて社会的連帯の中心的な役割を果たしているとみなす考えは，『社会的行為の構造』以降，個人と社会に対する文化の制御的＝統合的性格に焦点をあてたシステム論的な考察に引き継がれることになる。次節では，パーソンズとデュルケムの継承関係を，「文化の理論的位置づけ」という見地から論考していきたい。

第4節　デュルケムからパーソンズへの継承関係――文化理論

1　「行為システム」としての文化概念

　パーソンズが主意主義的行為理論を構想した目的は，共通価値統合という「〔社会学〕建設のための正しい理論的基盤」（Parsons 1937c ＝ 1989：200）を，あくまで「社会的行為」の水準で設定することにあった。このことは，彼が社会学について，「共通価値による統合という属性によって理解することのできる社会的行為体系に関する分析的理論の展開をめざしている科学」（Parsons 1937c ＝ 1989：191）と定義していることからも判明であろう。社会的行為を基底的な分析単位に置く姿勢は，生涯をとおして一貫している。

　1950年代に入ってパーソンズは，社会秩序の問題を説明するための行為理論を，インターディシプリナリーに適用し得る「総合的な水準」へと発展させるべく，システム論的な枠組を新たに導入した（Parsons and Shils eds. 1951＝1960)。「パーソナリティシステム」「社会システム」「文化システム」という三つの行為体系概念はその最たるものである。集合体（複数の行為者からなる集団や組織）とパーソナリティ（個人行為者）という「社会と心理の二領域にあらわれた行為概念の体系」が抽き出された背景には，パーソンズ自身が「これらの諸要素を効果的に取り入れることが可能となった」(Parsons and Shils eds. 1951＝1960：87) と述べているように，フロイトに代表される精神分析学やアメリカの文化人類学への接近がある。「文化の領域にあらわれた行為概念の体系」については，フランス流の機能主義的発想に加え，やはりアメリカ流の心理主義的発想からの影響を認めることができる。

　かかる影響関係は，行為システムにかんするパーソンズの認識が，独自の綜合社会学を体系化したP. A. ソローキンの思想と照応する部分が多い事実によってある程度裏づけられる。ソローキンは「社会文化的相互作用の組織的構造」が，①相互作用の主体としての「パーソナリティ」，②相互作用するパーソナリティの総計としての「社会」，③相互作用するパーソナリティの所有する意味，価値，規範の総計，およびこれらの意味を客観化し，社会化し，伝達する媒介の総計としての「文化」という三つの部門からなると指摘する。ここでいわれる「相互作用」とは，「一当事者が他の当事者の顕在的行為 overt actions とか心の状態に何らかのはっきりとした影響をおよぼすべき作用」(Sorokin 1947＝1961：128) を指している。つまり「意味（meaning）」──「ある心情に対してある他のものの合図 sign として働く何らかのもの」──が行為者の間でいささかもともなわれないような影響関係は，単なる物理的・生物学的現象にすぎないということである。「意味的相互作用（meaningful interaction）」という認識は，パーソンズの社会システム概念の基調をなすもの──「学校の教室においては教師と学生がパーソナリティであり，彼等の総計が彼らの関係の

規範をともなって教室の社会を構成する」(Sorokin 1947＝1961：191 傍点：原著者) というソローキンの主張は,「複数の個人として行為者の相互作用の関係の体系ならばどれも社会体系 (social system) である」(Parsons and Shils eds. 1951＝1960：42 傍点：原著者) というパーソンズの認識を卑近な例で表現したものにすぎないと言い切っても大過なかろう——だが, 相互作用を社会文化現象たらしめている意味, 価値, 規範, およびその客体化の手段として文化を定義することは, 社会文化現象に共通する一般的性質の分析をめざすソローキンにとって不可欠な手続きであった。

ところで, 彼の提唱した「社会的文化的動学」において, 文化は各歴史段階に応じた優越的抬頭の原理といえる「波動 (fluctuation)」の循環として動的＝過程的に捉えられていた。(6) かかるソローキン流の社会変動論の中心概念について,「観想的 (ideational)」な文化は神に象徴される宗教的・彼岸的価値を重視する社会的所産,「感覚的 (sensate)」な文化は五感による快楽などの俗世的・此岸的価値を重視する社会的所産,「観念的 (idealistic)」な文化は彼岸的価値・此岸的価値の両面をあわせもつ観想的な文化と感覚的な文化の中間形態である。これら三つの型は「波動」の歴史法則 (観想的→観念的→感覚的) に従い, それぞれが重視する価値を基軸に社会秩序を循環的に形成しているとされる (Sorokin 1937-1941)。

一方で,「構造社会学」の文脈では, 文化は一つの「総計」として, つまり構造的＝システム的なものとして把握されている (Sorokin 1947＝1961)。このときソローキンは, 意味, 価値, 規範を伝達する媒体の「総計」にかんして言語を中心とする記号の体系を想定しており,「人間の行動を形づくる要因としての, 価値, 観念, さらにその他のシンボル的に有意味なシステム」(Kroeber and Parsons 1958) というパーソンズによる文化の定義づけと相通ずるものがある。とはいえパーソンズがパーソナリ

ティ，社会，文化を，分析のうえでは相互に独立したシステムとして区別したのに比して，ソローキンの場合，「不可分的三一体」という位置づけを，経験的レベルのみならず分析的レベルにおいても放棄しようとしなかった。

　相応する文化や社会がなくては，意味，価値，規範の協力者 Socius，担い手，創造者，使用者としてのパーソナリティは存在せず，文化や社会のない所には単なる孤立した生物学的有機体が存在するのみである。同様に相互作用的パーソナリティや文化がなくては，超有機的社会は存在せず，相互作用的パーソナリティや社会がなくては，生きた文化は存在しない。この故にこれら諸現象のどれ一つもその三一体の他の要素を考慮せずに正しく研究できない。社会文化的世界の研究でこれらのうちのただ一つを強調したり，或いはこれらの三つの局面を分離しようと試みる如何なる理論も，不完全な理論である。

(Sorokin 1947 = 1961：191-192)

　ソローキンに言及することによって，パーソンズの文化概念が，アメリカ社会学の系譜にも連なるものであるという側面がみえてくる。ソローキンもパーソンズも，「文化」を人間にとって恒常的かつ本質的な存在（意味，価値，規範の体系）として抽象化する点で共通しており，このような概念規定は，社会心理学ないし心理学的社会学の知見のもとでなされたものであった。意識されざる衝動や性向といった合理主義的には捉えがたい要素——ソローキンが，相互作用を社会文化現象たらしめる条件を行為当事者の「心情」に求めていた点に注意されたい——まで人間の本質的な条件として文化概念に包摂する傾向は，アメリカ社会学（19世紀末～20世紀前半）を他国の社会学から分かつ心理主義的特徴をあらわしている（田野

崎 1972)。パーソンズの機能主義的社会学の場合，アメリカ社会学からの影響の一端を，人間行為の意味や価値にかかわる文化が，社会システムの最も恒常的＝本質的な構成要素の地位に据えられた事実にみることができる。

　パーソンズが巨視的理論の代表者として知られるようになったのは，行為の主意主義的アプローチから機能主義的＝システム論的アプローチへと舵を切った1950年代においてである。留意すべきは，総合的すなわちインターディシプリナリーな科学として構想された当時の行為理論が，厳密には文化理論とみなすべき特徴を帯びている点である。その論拠は，パーソナリティと集合体との相互連関のメカニズムを説明する必要性から文化概念が精練されていった事実に求められる。とくにパーソンズの関心は，文化のパーソナリティへの「内面化 (internalization)」と集合体における「制度化 (institutionalization)」に向けられた。これは，心理と社会の両システムが構造的な安定性を保持するためには，「型の一貫性 (consistency of pattern) とよぶことができるような……内面的統合性」(Parsons and Shils eds. 1951＝1960：34 傍点：原著者) を具備する文化システムの要素が，それぞれの内部に摂取されねばならないと判断されたためである。約言すれば，パーソンズの文化概念は，他の二つの行為システムに対する「機能的意義」（諸個人の動機づけと社会的相互行為の方向づけ），すなわちパーソナリティと集合体の制御ないし規制という観点から措定されたのである。

　ところで文化システムは，「行為の志向 (orientation of action)」——社会的客体（他我としての個人と集合体），自然的客体（道具としての効用をもつ手段や目標物など），文化的客体（行為者が自己の外側にあるものとみなす場合に妥当する法，観念，要領）からなる行為状況に対して諸個人が意識的，あるいは無意識的に抱く「概念」（意味内容）——のなかで

も，現在または将来における欲求充足の可否にかかわる「動機志向（motivational orientation）」の三様式（行為の状況を構成している諸客体の位置づけと特色に応じて志向を選定する認識的様式，当該の客体に対してポジティブあるいはネガティブに情緒的な反応を示すカセクシス的様式，行為状況のなかからいずれかの客体を選定する際に一定の評価基準を求める評価的様式）のうち，いずれが優位を占めるかに従って「認識的記号の体系」「表出的記号の体系」「評価的記号の体系」という三つの下位体系に区別される。

　このとき行為者の欲求性向の充足は，志向の対象が社会的客体（とくに他我としての個人）であるかぎり「二重の条件依存性（double contingency）」に規定されざるを得ない。なぜなら自己による行為選択は，他我の側にとってもそうであるように，つねに相手の行為選択（状況に対する出方）に依存しているためである。自己の期待するとおりに他我が反応するか否かの不確定性は，当事者同士の出自や地位がどれだけ判明であろうと大なり小なりつきまとう問題である。

　さらに動機志向の三様式のうち評価的記号の体系は，身近に認識した客体やカセクシス的関心の将来的見地に立った吟味と比較にかかわる「価値志向（value orientation）」の三つの標準（「真理」という認識的標準，「適正」という鑑賞的標準，「正しさ」という道徳的標準）に分類される。

　パーソンズの「文化システム」の概念を認識的記号体系の水準でみた場合，そこに「主観的意味による行為の方向づけ」という M. ウェーバーの理解社会学的立場への関心を看破することができる。そもそも同文化的下位体系は，文字通り行為状況の認識にかかわっており，それゆえ状況の真実（reality）そのものの反映ではなく，真実に対する行為者の認知的志向が知識や観念としてパターン化された「事実（facts）」と呼ぶべきものである。このとき，科学的に証明可能な経験的世界のみならず，科学的に証

明困難な超自然的世界にまで志向の範囲が及ぶため,「信念体系(belief system)」とも呼ばれる (Parsons and Shils eds. 1951 = 1960;Parsons 1961 = 1991:解説)。したがって文化の認識的領域は,行為状況に対する認知的関心が優位を占める体系であり,「経験的―非経験的(empirical vs. non empirical)」「実在的―評価的(existential vs. evaluative)」という二つの分類軸に即して,経験的・実在的信念(科学,前科学),非経験的・実在的信念(哲学,前哲学),経験的・評価的信念(イデオロギー),非経験的・評価的信念(宗教的観念)という四つのカテゴリーに区分される (Parsons 1951)。

　これらのうち,イデオロギー(それに準拠することが成員資格の一側面をなしているような,集合体の目標や未来の状態にかんする経験的な信念)と宗教的観念(その受容が道徳的義務とみなされているような,超自然的実体にかんする非経験的な信念)は,科学や哲学とは対照的な「目的論的発想」と第一次的に結びついている。すなわちそれは,「欲求性向の充足と剥奪」および「行為者の統合と安定」である。イデオロギーも宗教的観念も,「状況にたいするカセクシス的水準の関心や,評価的水準の関心を含む,全体としての行為にたいする認知的な状況規定にかかわっている」(Parsons 1951 = 1974:362) ことから,行為者が自己の行為に付与する意味の源泉とは何か,という「意味の問題(problems of meaning)」への解答とされるのである。ここでの「意味の問題」とは,「主観的に思念された意味」を行為分析の出発点に据えた M. ウェーバーに倣って,パーソンズが生み出した造語と考えられるが,とくに宗教的観念の場合,イデオロギーよりも深淵なテーマや問題を孕む諸行為が認知的状況規定の対象をなしている[7]。

　一方で,パーソンズがどの文化要素についても,「個人行為者たちのパーソナリティの内面化された構成要素となり,社会体系の制度化された

パターンをなしている，いくつかのシンボルのパターン化され，または秩序づけられた体系」(Parsons 1951 = 1974：326) と捉えている点には注意を要する。シンボルシステムとしての文化の概念規定には，行為者の志向要素が，一般的な分有可能性にすぐれた共通の記号的客体に伝達されることで集合体に連帯をもたらすような他我との相互作用を可能にするという，きわめて重要な理論的視点が含まれているのである。

　このようなパーソンズの文化観は，やはり宗教研究の文脈で鮮明となったデュルケムのシンボリズム観からの影響を窺わせるものである。デュルケムは，「宗教力」（聖物への畏怖と尊厳の感情）が個人から外在化し一般化される条件を，「象徴物」との関連に求める。彼によれば，家屋の壁面，丸木船，武具，墳墓，岩肌，人体に彫られたトーテム的徽章が聖物たり得るのは，これらを聖なるものと信じる諸個人の感情（功利的計算や利害損得とはおよそ無縁の心的態度）を，集合体内に運ぶ「意味の乗り物（vehicle）」としての本質をもつためである。「宗教力は集合体がその成員に吹き込む感情にすぎないが，しかし，それを経験する意識の外に投げ出され，客観化された感情である。この感情は客観化するためにある対象に固着する。こうしてこの対象は聖となる」(Durkheim 1912a = 1975上：411)。

　パーソンズは，デュルケムが当初から，「行為におけるシンボリズムというものの果たす役割をそのいくつかの側面で明確にしたこと」——『社会分業論』のなかで，法は「心象（image）」同士の結合としての連帯を知覚し得る「可視的象徴」に位置づけられた——について，「最も重要な理論的貢献の一つ」(Parsons 1937b = 1982：15) と評価したが，かかる思考が十全に引き出されるに至ったのは，『宗教生活の原初形態』においてである。聖性にかんして，人びとが所与の事物に「尊敬の念」を意味づけする象徴的関係の所産とみなすデュルケムの発想を，パーソンズは「これまで考察してきた範囲の行為理論にとって全く新しい何者か」(Parsons 1937c = 1989：111）とみなしている。聖物と畏敬の念[9]との象徴的関係について，必然的なものでも因果的なものでもなく，慣習的すなわち社会的なものであることがデュルケムによって示されたことで，シンボリズムを社会学的に考察する余地が生まれたのである。

2　「認識的・表出的記号体系」概念に看取されるデュルケムからの影響

「個人に鼓吹された観念や感情が，シンボルと結びつくことで客観化される（諸個人の間で一般化される）」とするデュルケムの視座は，パーソンズの機能主義的行為＝文化理論のなかでも，とりわけ表出的記号体系（表出的シンボリズム）にかんする議論に反映されている。人間の非論理的な部分と切り離すことが困難な表出的記号体系は，パーソンズ自身，「文化システムの諸領域中，最も研究が遅れていた部分である。そして，実際のところ，今日でも依然として最も遅れた状態のままである」（Parsons 1961b = 1991：94）と認めるように，その考察にかんしては未成熟な面が否めない。それでもシンボルとしての一般的な伝達可能性に優れている点，相互行為諸関係の「交互的対称（reciprocal symmetry）」という文脈において作用する点など，社会科学の俎上に載せられるべき特質をもつがゆえに，パーソンズは，文化の表出的要素の議論にかなりの紙面を割いている（Parsons 1951 = 1974）。表出的記号体系とは，端的にいえばカセクシス的志向，すなわち行為者の即時的な欲求充足への関心が優位を占める文化要素である。パーソンズによれば，表出的記号体系は相互行為過程の部分として，三つの機能を果たしているという。すなわち，①相互行為当事者によるカセクシス的意味のコミュニケーションの促進，②規範的規制（表出的な関心や行為を判断する鑑賞的基準を課すこと）による相互行為過程の編成，③欲求充足の直接的な客体（対象）となる，である。

デュルケムからの影響が強く見出せるのは，「一般的な尊敬の対象とな

る客体は，文化的客体であって，それらはしばしば，認識様式の中で，非経験的な位置に置かれている」(Parsons 1961b = 1991：23) と主張されたように，表出的記号体系のなかでも宗教的意義をもつ「集合体の連帯のシンボル」(Parsons 1951 = 1974)，なかんずく芸術作品と儀礼についての考察である。例えば宗教画は，鑑賞的基準と結びついている以上，純粋な意味でカセクシス的関心の対象であるが，同時に芸術の域を超えた「現実の指示物以上の表出的意義」を呈示するからこそ，行為主体（個人と集合体）の統合という評価的関心の対象となり得る。ルネッサンス期の聖母子像は，当時の実際的な母子関係を描写しているものの，そうした経験的な社会関係には特徴的でない「含蓄（connotation）」をもつがゆえに，「一種のシンボルとしての絵画」(Parsons 1961b = 1991：27) となる。したがって，宗教画が表出しているのは，個別主義的内容よりも普遍主義的内容であり，パーソンズにとって両者の相違は，「一般性という水準」に求められる。「父なる神」という表出的意義は，キリスト像に代表される特定の文化的客体をとおして実質的に分有され，構成員の相互行為を促し活性化する。表出的記号体系を特徴づける二重の指示作用は，デュルケムが『宗教生活の原初形態』のなかですでに言及していたものであった。

　デュルケムによれば，いずれのトーテム的徴章も，実在の動植物の外観を忠実に再現することを企図して描かれるものの，それら「トーテムに対する観念」を表出する欲求こそが，本具的な動機づけをなしているという (Durkheim 1912a = 1975上)。むろんこのとき，神聖なデッサンや紋章に固着したトーテム的観念の方が，トーテム種に比して高次の分有可能性（一般性）を帯びていることはいうまでもない。普遍主義的内容，すなわち「一般化された尊敬（generalized respect）」の客体である宗教的芸術は，評価的関心と密接に結びついている。さらにパーソンズは，「集合体の連帯」に寄与する表出的シンボル群を，純粋に表出的要素が強調される

ものと評価的な要素が強調されるものとに区分する。

 デュルケムからパーソンズへの理論的影響は，とりわけ後者をめぐる議論に集約されているといっても過言ではない。評価的性格と相即不離な表出的記号体系の第一次的カテゴリーは，「集合体の成員たちの共通の道徳的な心情または欲求性向を表示し，規制している」(Parsons 1951＝1974：392) 宗教的領域である。この「情緒的調整」という機能において，儀礼は宗教画と同じく，それ単体では文化の認識的領域に属していた「超自然的なもの」にかんする観念と表出的記号体系とが融合したものである。文化の「信念体系と表出的シンボルとのあいだに，多くの箇所できわめて密接な融合がおこなわれ……つねにどんな一組のシンボルにも認知的側面と表出的側面の双方がみられる。……評価的信念のばあいを第一として，その表出的関心は大きな意義を獲得し，幾多のイデオロギー的・宗教的な信念体系のなかで特定のシンボルは大部分表出的シンボルとなる」(Parsons 1951＝1974：408　傍点：引用者)。

 つまりシンボル複合体という文化の特質上，科学的および哲学的な知識が言語化されるのと同様に，宗教的観念自体も有形的な記号のうちに伝達されるのである。なかでも，神話に登場する人物とその活躍の「戯曲的描写」のかたちをとる儀礼は，「律動的周期の発生」という特徴をもつ「卓越して感情的な緊張解放現象のいくつか」(Parsons 1951＝1974：393)，とりわけ集合的沸騰というかたちでの情緒的な調整作用を担っている。また，その営為は，構成員の感情を調整するうえで，法衣，場所，建築物といったほかの物的客体を必要とする。デュルケムの宗教論でも重視されたように，諸々の聖なる道具は，俗なる世界で蓄積された緊張を適切な仕方で解放するための手段として，儀礼という行動様式とともに表出的シンボルの「連合的複合 (associational complex)」を編成しているのである (Parsons 1951＝1974)。

パーソンズの一連の議論において，表出的記号体系の特定領域が担う感情的な調整（adjustment）は，社会システムの安定にとって重要な働きとして強調される。とくに儀礼は，宗教的な信念体系と密接に結びついた「集団の連帯の象徴的表現」に位置づけられている。「共通の道徳的な心情」がシンボル的に表出されることによって調整（活性化あるいは規制）され，当事者達の相互行為を「集団の連帯」へ方向づけるとするパーソンズの立場は，デュルケムの思想を継承することで導き出されたものといえるが，「贖罪的儀礼」についての洞察はその例証の一つであろう。

　デュルケムによれば，贖罪的儀礼とは，死や病，旱魃への悲哀と苦悩を表象する様式であり，氏族共同体が被った損失を償わなければならないという「義務」の観念に依拠している。とくに「喪」にかんする儀礼が呼び起こす感情は，親縁者の個人的悲哀（弔意）ではなく，共同体そのものの衰退に対する集合的な恐怖である。「親縁者が泣き，歎き，傷つけ合うにしても，それは，彼らが近親の死によって自ら害われたと感じているからではない……それは……個人の情的状態から，かなりの程度，独立している」（Durkheim 1912b ＝1975下：289）。

　つまりデュルケムは，ここでも聖的象徴物の運ぶ内容が，一般性を帯びた客観的意味であることを示唆しているわけだが，かかる社会的感情は，慟哭の連鎖のなかで激しさの度合を増していき，流血に至るまで互いを傷つける一連の所作のもとで親縁者全員を集合的沸騰にいざなう。このようにして放射された過剰なエネルギーは，彼らを勇気づけその精神を活性化し，生きる力を恢復させる。こうして，近しい人間の死という「不浄なる聖」は，「浄なる聖」へと終極的に転化するのである。したがって贖罪の儀礼は，明らかにパーソンズの指摘するような緊張の解放現象を招来し，そのなかで参加者達の情緒を社会秩序の調和的統合に寄与する方向へと調整しているのである。

たしかに儀礼は，連帯という「社会統制過程を支持する要素」を潜勢的にそなえているが，評価的関心と不可分な情緒的価値態度を表出するシンボルは，何も宗教的なものだけに限定されない。デュルケムの宗教論から摂取した表出的記号体系の担う情緒的調整を，パーソンズは非宗教的な領域にも見出している。実際に彼は，アメリカ独立記念日などの愛国的祭礼や大学の卒業式を例示している（Parsons 1951＝1974）。これらもまた，「超自然的なもの」にかんする信念とは結びつかないとはいえ，一定社会の内部で感情的な調整作用を果たす点において，評価的性格を有する集合的連帯のシンボルなのである。

3　「評価的記号体系」概念に看取されるデュルケムからの影響

　ここまでは，パーソンズが自身の文化概念を構築するうえで，デュルケムの宗教研究からいかに大きな示唆を受けていたかについて論考してきた。その際，とくに文化システムの認識的要素（評価的性格を有するもの）と表出的要素との関係をめぐる議論の底部に，デュルケムの主意主義的な視座――儀礼を通じて周期的に強化される情緒的価値態度（聖物に対する畏敬の念）による行為者の統合――が強く反映されている事実も確認された。

　ただ一方で，文化システムの評価的要素にかんして，パーソンズがそれ以外の要素との関連をどのように捉えていたのかまでは言及できていない。デュルケムの場合，集合意識としての道徳的な信念と感情こそが社会統合の要であったのに対し，パーソンズの場合，彼が社会統合の要に据えた共通価値は，それが「集合意識」の概念から導き出されたものであったとしても，念頭に置いていたのは道徳的な規範であった（むろんこのような導出が可能であったのは，デュルケムのいう宗教的な尊敬や畏怖の念が，氏族成員の相互行為を規制する規範的な特性を具有していたからである）。パーソンズが主意主義的行為理論の文脈で打ち出した「共通価値」の概念

は，機能主義的行為＝文化理論の文脈では，評価的記号体系（価値志向の三つの標準）のなかでも，「関連する体系が集合体かパーソナリティかに従い，集合体中心かもしくは自己中心の志向をもつ道徳的価値」(Parsons and Shils eds. 1951＝1960：269) としての相貌を帯びる「道徳的標準」の概念に相当する。ここからはパーソンズの文化概念の特性にかんして，さらに踏み込んで，かかる道徳的ないし規範的な価値の象徴的表出をめぐる議論のなかにデュルケムからの影響の痕跡を読みとることにしたい。

　諸行為（並びに行為の諸タイプ）の結果を判定するための標準すべてを総括しているような，最も広範囲に及ぶ一般化された評価基準としての道徳的標準は，集合体への「制度化」（役割期待の部分をなすことで，相互行為を安定させる）とパーソナリティへの「内面化」（欲求性向の部分をなすことで，個人行為を動機づける）の両水準で社会システムが統合されるうえで主要な焦点をなすものであり，それゆえに重要な戦略的意義を与えられている。このことは，「道徳的標準は……行為システムの最上位の統合のテクニックをあらわすもの……行為体系全体（そしてまた多くの下属体系）を限定し統合する組織者である」(Parsons and Shils eds. 1951＝1960：269　傍点：引用者) との立言が物語っているといえよう。

　そもそも，パーソンズのいう社会システムとは，「集合体行為者」（自分達が所属する集合体の目標を達成するためにかかわりあう複数の行為者）による相互作用の体系であるが，本質的には役割の体系にほかならない。「もっとも重要な単位は人間ではなく役割である」(Parsons and Shils eds. 1951＝1960：37) とされるように，構成員として果たすべき役割こそが，集合体における相互行為への参加を構成しまた規制する「組織化された部分」をなしている。社会システムが「役割の体系」ということは，それが集合体の構成員として遂行すべき一群の「役割期待のパターン」からなる「制度（institution）」であるという実態を示している。

他者との間で適切な「役割行動」が行われるための条件のうち，評価的記号体系は重要な位置を占めている。これら価値志向の諸標準のうち，上述した道徳的標準は，「制度化」のメカニズムをとおして，その集合体の構成員に対して「行為の制御要因」として機能する。つまりそれは，社会システムのうちに取り入れられることによって，相互行為を「期待の相補性（complementarity of expectations）」——行為の当事者（自我と自我が志向する社会的客体である他者）の間で期待される役割が相互に一致していること——にもとづくような統合された様式へと構造化するのである。社会システムについて「他者がいだく期待に対する自我の行為の同調性（conformity）の範囲またその反対を条件にして分析できる」（Parsons and Shils eds. 1951＝1960：24　傍点：原著者）のも，道徳的な標準すなわち価値こそが，役割期待の主要な構成要素として「制度化」されているからである。

　1950年代初頭に端を発するパーソンズの機能主義的行為＝文化理論では，そのような「制度化」された「文化による行為の規制とその結果としての社会的秩序維持という側面が強調されている」（丸山哲央 2010：29）が，同一の側面において，価値がパーソナリティに「内面化」されることの重要性についても議論が及んでいる。「内面化」とは，端的にいえば個人行為者の動機づけの機能であり，「制度化」された道徳的標準が人格の一部として取り込まれることによって，これに同調することが自己の欲求充足の直接的な様式となる状態をいう。家族から国家まで，ミクロなものであろうとマクロなものであろうと，「社会体系の〈行為者〉である……かれが社会体系内で一つの役割を演じていること」が「体系の維持に向かう方向」（Gouldner 1970＝1978：301）で安定するためには，「社会的水準における道徳的価値パターン」（Parsons 1951＝1974：492）に対して，自発的にコミットしようとする行為者自身の欲求性向が必要となるのはいうまで

もない。

　社会システムに「制度化」された価値は，パーソナリティシステムに「内面化」された価値と矛盾なく統合されている情況においてはじめて，「社会秩序の持続的な確立」に十全なかたちで寄与できる。

　文化概念を基盤とする「機能的意義」の視点は，まさにこうした「制度的統合」をめぐる議論のなかで強調されるのである。「パーソナリティ，社会体系，および文化の三重の相互的統合は完全な円環に到達する。社会構造のなかで制度化された，このような価値の型は，役割のメカニズムの作用を通じ，また，他の要素と結びついて，社会における成人の行動を組織化する」(Parsons and Shils eds. 1951＝1960：42 傍点：引用者)。

　以上のように，文化システムの中核たる評価的記号体系なかんずく価値は，「制度化」と「内面化」という集合体内の役割期待と個人の欲求性向とを繋ぎあわせる二重のメカニズムのもとで，「行為の制御要因」として第一次的に機能することから，認識的記号体系や表出的記号体系を社会システムの「秩序化（ordering）」のために規制する「至上」の文化要素なのである（大野 1998）。

　後にパーソンズ（Parsons 1961b, Parsons and Platt 1973）は，価値それ自体の意味的な源泉である実存的（existential）あるいは構成的（constitutive）なシンボリズムの存在を強調するようになるが，これら超越的ともいえる最高次の文化要素として，当初は文化の下位システムのうち認識的記号体系に属していた宗教哲学的な信念が想定されており，こうした文化観のなかにドイツ観念論哲学からの影響を読みとることはあながち的外れでもあるまい。宗教や哲学といった観念的領域の優位性を説く立場は，きわめてドイツ的なものである。かかる影響関係の証左として，学生時代に『純粋理性批判』と邂逅して以来，パーソンズが一貫してカント主義者であり続けたという事実をあげることができる（高城 1986）。例えば，自身

第2章　パーソンズ文化概念を特徴づける初期の統合的性格

の主意主義的行為理論を後年回顧した際，パーソンズは「秩序の問題への・・・・・・・・カント的アプローチをとった」と発言している。秩序問題解決の要として呈示された「共通価値」について，彼はこれを経験的な考察によって半ば導き出される概念としながらも，「実践理性」と同じく本質的には「ア・プリオリな存在」とみなしている。

　ただ，ここで重要なのはカントを契機として，パーソンズがドイツ観念論哲学ひいてはドイツ文化社会学にもその血脈が流れている集合主義の伝統に触れていたとしても特段不思議ではないということである。われわれは規範的な意味での価値と並び，「神」に代表される宗教哲学的な諸概念を広範な共有体系とみなすパーソンズの認識のなかに，文化の主体を「民族（Volk）」や「国民（Nation）」に還元するドイツの集合主義的発想から受けた影響の痕跡をみるのである。

　とはいえ，文化を集合的なものとみなすにしても，あくまで秩序維持の・・・・・・・・主要な決定要因に位置づける立場にかんしては，マンハイムのユートピア論に顕著なようにドイツとは対照的なものであり，そのような文化をめぐるパーソンズの基本的見解が，フランスの社会学なかんずくデュルケムの機能主義的発想の遺産であることは，あらためて強調しておく必要があろう。

　再び1950年代当時の議論に話を戻すが，パーソンズは認識的記号体系と評価的記号体系の違いを行為状況の言表にあたっての立論形式に見出している。前者のうち評価的関心をともなうイデオロギーと宗教的観念が，客観世界の叙述にあたり「事実命題」の形式をとるのに対して，より直接的に行為主体にとっての統合的機能を果たす後者の価値は，「何が望ましいか」についての「規範命題」として表現される（Parsons 1961b = 1991：解説）。このことは，「制度化」された価値が，社会システム（およびその下位体系）の望ましい状態や方向を規定する一方で，「内面化」されるこ

とによって，パーソナリティシステム（およびその下位体系）の望ましい状態や方向を規定している事実からも窺い知れる。

　主意主義的行為理論の頃から主要な関心事をなしていた行為者の統合という観点からみた場合，価値の「制度化」と「内面化」はともに欠くべからざる要件をなしている。「社会体系の構造とは数多くの個人の数多くの選択が蓄積されてできたバランスをもった結果であり，価値の型の制度化によって安定化され，また強められたものであるとみることもできるだろう」(Parsons and Shils eds. 1951＝1960：40 傍点：引用者) と主張されるように，「文化の型として仕上げられた価値志向は……社会的相互作用の過程のなかに底深く包み込まれている」(Parsons and Shils eds. 1951＝1960：261) との指摘が示唆しているとおり，まずもって文化システムの評価的要素は，社会システムのうちに取り入れられることで行為の当事者達が分有し，適宜遂行しなければならない役割期待を構成する。

　パーソンズによれば，「制度化」された価値とは，いわば「望ましいもの (the desirable) についての規範的概念であって，……関連する社会システムの状態に応用されるものとみなされねばならない」(Parsons 1991＝1995：46) というように，構成員の相互行為を規制する共有文化として，かつてパーソンズが「ホッブズ的秩序問題」解決への突破口を見出した共通価値と同様の統合的働きを，個人レベルでの理念や良心よりも強固に果たしているのである。「制度化されている広範な文化の価値は，その一般性のゆえに，この課せられた秩序の枠組の創造にあたって個人的価値以上に重要な働きをする」(Parsons and Shils eds. 1951＝1960：285)。むろん「制度化」されている価値は，多くのパーソナリティに「内面化」されることなくして，「行為の最高統治者」としての機能を発揮しきれない。なんとなれば社会化の過程に依拠した「内面化」は，集合体において支配的な価値志向のパターンから逸脱しないように行為者を動機づけているため

である。要するにパーソナリティシステムの「望ましい状態や方向」とは，一定の価値への同調が，各個人の欲求性向の一部として持続的に構成されることを指している。

「制度化」と「内面化」を通じて価値が相互行為の制御要因として広く機能するためには，イデオロギーや宗教的観念よりも直接的に行為者の統合機能を担う以上，これらの認識的記号体系と同様，あるいはそれにもまして「集合体の連帯」に寄与する諸種の表出的記号体系によって確実に伝達されなければならない。つまり社会的相互行為を安定的に持続させるために，「価値それ自身あるいは価値への態度は多様な仕方で『象徴的に』表出される」（Parsons 1991 = 1995：47）必要があることから，書物，法，祭式，絵画・彫刻，さらに両親や教師などの尊敬する人物の言葉あるいは態度といった有形的で複合的な記号として具象化されているのである。

本節の主題に照らして浮かび上がるのは，価値の「制度化」および「内面化」にかんするパーソンズの認識にも，デュルケムのシンボリズム観が反映されているという事実である。かつてデュルケムは，複合的な聖的シンボル——その中心に居るのはトーテム的徽章である——を通じて共有された道徳的感情が，儀礼という能動的な役割実践をともなう相互作用へと氏族社会の構成員を促していく側面を強調したが，パーソンズも，「連合的複合」をなす諸種の「集合体の連帯のシンボル」を介して「制度化」され「内面化」された道徳的規範が，近代社会の構成員を「期待の相補性」に依拠した役割実践へと方向づけていく側面を強調するのである。

実際にパーソンズは，文化システムの表出的要素が評価的要素と結びつきやすい傾向を指摘している。例えば前衛芸術のように，芸術家自身のカセクシス的関心は，しばしば「日常生活のおもな制度化されたパターンの大半の拒絶」（Parsons 1951 = 1974：405）として表出されるものだが，彼らの役割が「評価的シンボリズムの創造」という方向で社会的・政治的に

利用されるとき，芸術作品は，その集合体の中心的な価値を支える意図のもとで生み出されることがある。宗教的礼拝で流されるミサ曲のように「明示的な共通価値との関連において，芸術的シンボリズムの意味が直接に象徴化されているばあい，儀式の挙行者は評価的文脈においてその芸術的シンボリズムを操作している」(Parsons 1951 = 1974：406) し，極端な話，プロレタリア芸術は「革命の大義」という社会主義国家における主要な価値をいかに民衆に敷衍し共有させるか，という見地から第一義的に操作される。[12]

祭典やモニュメント，芸術の諸様式にみることのできる価値のシンボル的表出——その最も極端な表出の仕方が「評価的シンボリズムの創造」である——は，一般的な傾向として，いずれも集合的で協同的な役割実践としてパターン化されているがゆえに社会システムの統合を可能にするのである。

(1)共通の価値志向によって支配され，(2)共通の価値が動機づけとして行為の中に統合されている，そのような一般的行為より成る体系もしくは部分体系は，……集合体にほかならない。社会体系の部分的もしくは全体的な統合を特徴づけるものは，共通の価値によるこのような統合であり，それは連帯的な集団ないし集合体の行為にあらわれている。

(Parsons and Shils eds. 1951 = 1960：322 傍点：原著者)

本節では最後に，文化システムの評価的要素をめぐるパーソンズの理論展開について簡潔にふりかえっておきたい。まず主意主義的行為理論の文脈のなかで，「トーテム的観念」や「畏敬の念」といったデュルケムの「集合意識」からの継承をとおして示された「共通価値」——パーソンズはこれを「共通の理念的規範」「共通の価値体系」などと表現している

——の特性（行為者の統合による秩序問題の解決）は，「制度化」と「内面化」の機序に着目する機能主義的行為＝文化理論の文脈において行為システムの統合基盤として発展的に継承された。たとえそれが宗教的な信念や感情の様式に偏向していたとしても，デュルケムが社会に連帯をもたらす機能要件を，「社会規範」としての本質をもつ「集合意識」に見出していた事実に鑑みれば，共有された価値を「秩序化」の要として強調するパーソンズの認識は，直截的にはデュルケムの思想にまで連なるものなのである（小川・霜野 1981）。

第5節　パーソンズ文化概念の統合的性格——継承関係の核

　本章ではここまで，パーソンズの社会学が，行為理論と文化理論の両水準でデュルケムのシンボリズム観の影響下にあるという事実関係を検証してきた。確認しておくが，ここでのシンボリズム観とは，いかなる宗教的な信念あるいは感情も，その「象徴的な手段」としての記号の体系を通じて客観化され，構成員に分有されることによってのみ集合体を連帯へ導くという，デュルケムが最終的に到達した主意主義的思想のなかでも機軸となる存意である。
　価値概念の展開において行為理論と地続きであるとはいえ，デュルケムとの継承関係を重点的に問わなければならないのは文化理論の水準である。とくに文化システムの下位要素のうち，非経験的・評価的な認識的要素と表出的要素，および純粋な評価的要素と表出的要素との関係性をめぐるパーソンズの立論は，デュルケムの宗教社会学という基礎に深く立ち還ることで結実されたものである。「道徳的統一」を成員諸個人に実感させる

ように,「宗教力は, 象徴そのもの——その助けによって宗教力は思考された——がいかに不完全であるとしても, 実有である」(Durkheim 1912a = 1975上: 370) とするデュルケムの至言は, パーソンズの文化観にも色濃く反映されている。つまり, それがどれだけ一般性の水準を満たしていたとしても,「意味の乗り物」としてのシンボルを介して共有されないかぎり, 信念も価値も, 諸個人を統合へ促す実有的なものとして発現し得ないという認識である。また, デュルケムのシンボリズム観をパーソンズが発展的に継承したと評価できる所以の一つは, 高次の意味(集合体の連帯基盤をなす信念や価値の諸体系)を表出する記号的客体についての考察を, 国家や市民社会主導の祭典や行事など, 宗教以外の領域にまで押し広げた点にある。

例えば, パーソンズの「認識的記号体系」の概念にしても, パーソナリティの行為を主観的に方向づける知識と観念の体系として捉えられており,「意味の問題」との関連において考察する余地はたしかに大きい。ただし, 同文化的下位体系のなかでもイデオロギーと宗教的観念について, パーソンズが特定の他我だけでなく, ほかの複数の成員との間でも分有可能な意味として, 共通のシンボルによって一般化された存在と捉えている点には十分に留意する必要がある (Parsons 1951 = 1974, 1961b)。実際に国家的な祭式やモニュメント, および宗教的な儀礼, 用具, 服飾などは, 評価的な信念体系を伝達する媒介様式の中心に位置づけられている。さらに,「社会秩序の維持(maintenance of social order)」という問題(ホッブズ的秩序問題)を解決するための確証として得られた「共通価値」は, 非宗教的なものをも含む諸種のシンボルを通じてパーソナリティと集合体との機能連関を支える文化理論の中核概念——価値志向の「道徳的標準」——に位置づけなおされた。

以上のように, 文化的下位体系の関係性をめぐるパーソンズの立論から

は，やはり「集団の統一は，……その全成員がおびている……集合的な記号によってのみ感じられる」(Durkheim 1912a＝1975上：419) と道破したデュルケムの影響を強く読みとれるのである。(13) いわば1950年代に入ってからのパーソンズ社会学は，M. ウェーバーの理想主義的 (主観主義的) な行為理論やフロイトの精神分析学の成果を摂取しながらも，1930年代に標榜されて以降不変の「ホッブズ的秩序問題を，デュルケム的な視角 (『有機的連帯』をもたらすような『集合意識』への着目) を主軸として……解決することを目指し，システム論的統合をめざした」(千石 2001：111) ものであった。

　両者の学説的な継承関係を跡づける試みを経ることによって，われわれは共有された価値を中心とするパーソンズの文化概念のなかに，社会全体の秩序維持という統合的性格を見出すことができる。これは，「行為の制御要因としてのシンボルの特性に対応する文化の側面」(大野 1998：9) に相当し，行為者の統合をもって社会秩序を持続的に実現させる原理を指している。宗教的な信念に加え規範的な評価基準は，誰にとっても明瞭な記号的客体——パーソンズが「集合体の連帯のシンボル」と呼ぶもの——において象徴的に表出されることによって，各成員を集合体の標榜する理想や目標に適応的な相互行為過程へと方向づける機能をもつ。つまり，いくつかの認識的および評価的な文化要素は，「記号化」という意味作用 (signification) を介して人びとの行為を組織し，社会システムに構造的な安定性をもたらしているのである。

　本章では，パーソンズの文化概念の根底をなす統合的性格について，「集合意識」あるいは「集合表象」として言表される「道徳をば社会を説明する結論とした」(Lévi-Strauss 1945＝1959：10) デュルケム社会学の遺産としての側面をもつことが，ある程度証明できたように思う。実際に同性格は，後期デュルケムの主意主義的思想において，その柱をなすシン

ボリズム観を，宗教以外の評価的＝統合的な関心と結びついた文化領域にまで適用する試みを通じて導出されたものであった。次章では，パーソンズの文化概念の特性が，「社会的統合」（「制度化」および「内面化」を通じた行為の制御とこれによる秩序維持）という核の部分は不変のままに，1950年代後半以降の理論展開のなかでどのように推移していったのかを論考する。

注
(1) フッサールの現象学を思想的源泉とするシェーラーにしても，「人間の歴史の経過がただ一回的なものである」（Scheler 1924＝1978：24 傍点：原著者）という前提に立っており，この歴史主義に特有ともいえる認識は，宗教，芸術，科学といった理念因子について，どの時代でも一部の「少数の人格」たる「指導者，典型，先覚者」（Scheler 1924＝1978：26）の自由な行為と意志によって実現される非反復的な，したがって一回生起の精神文化とみなす立場にも反映されている。

(2) 「文化の形成は，それぞれの歴史体の社会と文明そのものを具体的に形成する主要な要素となる」（Weber, A. 1921＝1958：58-59）と指摘するA. ウェーバーによれば，その儀式的な表現と不動性において「宗教的結合」という独特の様相を呈した古代エジプトの官僚機構や，教会のもつ政治的影響力が強かった中世ヨーロッパの絶対王政などは，文化的な逆作用が比較的強固に発現したケースであるという。

(3) パーソンズとの用語法上の関連でいえば，彼は社会システム内で不可避的に生じるイデオロギー的葛藤の一つの要因として，逸脱集団の側で共有されている観念が「過度に理想化」していく傾向をあげる（Parsons 1951＝1974）。パーソンズのいう「対抗的イデオロギー（counter-ideology）」は，それがラディカルな運動を通じて関与せざるを得ない社会制度の主流派からみた場合，強固な「願望的」，すなわち「ロマンチック的―ユートピア的」要素を孕んでいることから，マンハイムのいう「絶対的なユートピア」に相当するものとみてよいだろう。

第 2 章　パーソンズ文化概念を特徴づける初期の統合的性格

(4) デュルケムは,『社会分業論』の趣旨について,「道徳生活の諸事実を, 実証諸科学の方法によってとりあつかおうとする, 一つの試み」(Durkheim 1893 = 1971：31) であると言明する。実際に分業の発展要因は, 社会の「動的密度」（人びとの接近・交流）と, その増進に不可欠な「物的密度」（人口密度, 通信・交通手段）や「容積」（人口）といった経験的諸事実に求められている。パーソンズは,「実証主義的な枠組」による道徳や倫理の考察には限界があるとの認識から, 初期のデュルケムが,「かれにとっての基本的な問題」（行為において道徳的要素が果たす役割）を, 主意主義という「明確な形で煮詰められてはいない」(Parsons 1937b = 1982：7) と論難する。

(5) 積極的儀礼では, 聖物に対して「感じられた興奮をもっと適宜的な様式で表現する」(Durkheim 1912a = 1975上：390) ために, トーテム種を象った紋章が用いられる。人びとは自分達の先祖と同じ動植物が彫られた器具や武器を振り回し, 撃ち合わせることで, その精神を狂熱的段階にまで拡充させる。このように氏族共同体における聖的感情は,「極大の聖性」をもつ象徴的な道具の存在を不可欠とするものの, パーソンズのデュルケム解釈に従えば, 聖的記号の操作という形態をとる以上, 一連の宗教的祭儀は, それ自体が「共通の価値態度の儀礼的表現」としてのシンボル機能を果たしているのである (Parsons 1937b = 1982)。

(6) ソローキンは, 20世紀における社会文化的動学を18世紀から19世紀にかけてのそれ――「進歩と進化について永続的法則」の発見とその定式化を志向した哲学者, 社会哲学者, 社会学者として, フィヒテ, カント, ヘーゲル, コンドルセ, サン・シモン, コント, スペンサーらが列挙される――から分かつ「主たる相違点」として,「社会文化的現象においていつどこでもあらわれる恒常不変なもの, または, 空間, 時間, ないしはそのいずれにおいても, 律動, 波動, 振動,『週期』, それらの週律の形式をとって繰り返えされる社会文化的な過程や関係についての研究にますます集中的に向けられてきたこと」(Sorokin 1945 = 1959：2) をあげる。「社会文化的動学」という呼称自体, 膨大な資料研究に裏づけられたソローキン自身の大著に由来していることからも容易に推察できるが, その中心には,「波動」が鍵概念をなす文化の歴史循環論が位置している。

(7) 行為者の「意味の問題」に密接に関係するという点において, 宗教的観念

はイデオロギーと同様であるが，他方それは哲学的により広範な問題（自然，人間性，社会，人生の浮沈など）を含むものとして，イデオロギーと区別しなければならない。このような認識から，パーソンズは宗教的観念について，「人間行為の道徳的問題，および人間の道徳的態度や価値志向パターンともっとも関係の深い人間的状況の諸特徴，なかでも宇宙における人間や社会の位置と関連している信念である」（Parsons 1951＝1974：363）と言明する。

(8) パーソンズによれば，このときデュルケムは，これまで「行為を倫理的に制御するといった内在的観点の下でみられていたものが，今や象徴によって表現されうるものと見なされるようになる」という「社会学的重要性の新しい観点」（Parsons 1937b＝1982：176）をもつに至ったという。

(9) デュルケムは，構成員全体を連帯へと強制づける社会の特質を「道徳的権威」と呼ぶが，かかる権威は，社会が人びとに「畏敬の念」を惹起させることによって発現されるという。連帯へと帰結するような集合的行為は，聖物に対して同じ感情が共有されていなければ不可能であり，この意味で畏怖や尊厳は，儀礼の遂行を「道徳的規準」として義務化する重要な社会的機能を果たしている。「一切の道徳的権威の特質的属性は畏敬の念を起こさせることにある。この畏敬の念によって我々の意志はこの権威の命令に服するのである。したがって社会はある行為規準に，道徳的強制の示差的な性格であるこの命令的性格を賦与するのに必要な一切のものを自己の内部に有しているのである」（Durkheim 1924＝1985：80）。

(10) パーソンズは，「集合体の連帯のシンボル」について，道徳的尊敬の態度が卓越した儀礼から，そうした評価的な考慮と直接には関係しない「祝い」を区別する必要性を説く。現代において感謝祭やクリスマスなどは，宗教的な含意を有しながらも，むしろこれを従属させている「家族的表出主義（familial expressionalism）」である。パーソンズによれば，祝いとは，集合体の連帯を確認する手段でありながら，デュルケム的意味での「誠実な生活の範疇ではなく，『リクリエーション』の範疇に属している」（Parsons 1951＝1974：392）という。

(11) パーソンズはすでに『社会的行為の構造』の時点で，社会統合がそれに依存している聖物への感情（究極的価値態度としての尊敬）が，「行為の実効的統制と社会関係の秩序化を可能にするように『調整される』のは，儀礼を媒

介にしてだからである」(Parsons 1937b = 1982：191) と言明している。
⑿　とくにパーソンズは，プロレタリア芸術のような国家主導の表出的記号体系にかんして，「宣伝家（propagandist）」の果たす役割に着目している。というのも，鑑賞者の心情に訴えることを初発から企図していない「純粋芸術家」とは異なり，いつでも宣伝家は，指導部の意向どおりに「公衆の態度を操作するために，意識的に利用できる表出的シンボリズムを用いたり，新しいシンボルを作り出したりしている」(Parsons 1951 = 1974：407) ためである。
⒀　デュルケムは，考察の中心をトーテムの紋章や儀礼といった「宗教的象徴」に置きつつも，軍隊で掲げられる国旗，古代のキリスト教徒が身体に刻んだ十字架の徴などの例をあげ，これらの「物質的記号・造形された表象」が共属感情を表出することによって集合体の統合性を高める側面を指摘していた。「記号が，あらゆる種類の集団にとって，有用な結合上の中心であることは証明するまでもない。それは社会的統一を物質的な形態で表わすことによって，これを万人にいっそう感じられるようにする」(Durkheim 1912a = 1975上：414)。
⒁　ただ，両者の継承関係にかんしては，デュルケムから受け継いだ思想のうち，当初は主意主義的行為者像に反映されていた共通の価値体系によって制御された「秩序の創造」という視座が，後景にしりぞいていく過程でもあったことを附言しておく必要があろう。このことは，社会的秩序維持のメカニズムに焦点をあてるようになった1950年代前半当時のパーソンズが，特定の認識的および評価的な文化要素と表出的シンボリズムとの関係性を捉えようと努めていた事実によって裏づけられる。このとき彼の分析的立場に色濃く反映されていたのは，デュルケムの後期思想のなかでも基幹をなす「シンボリズムとの結合を通じた価値の共有とそのことによって可能となる社会的連帯」であった。

第 3 章

中期以降におけるパーソンズ文化概念の性質的変遷

　本章では，中期から後期にかけて提示されたパーソンズの文化概念にかんして，その性質的変遷を追うことに主眼が置かれる。前章では，パーソンズがその初期の理論構成において，いかなる特性を自らの文化概念に付与していたのかについて考察した。とくに，儀礼や祭典，芸術といった「表出的記号体系」に媒介されることによって集合体の連帯に寄与するという「認識的記号体系」と「評価的記号体系」の特定領域に顕著な統合的性格が，デュルケムの影響下にあることが議論の中心をなしていた。とくに後期のデュルケムは，宗教的な諸信念・諸感情が，一群の象徴体系を通じて人びとを共通の行為へと促すというシンボリズム観を理論の核に据えていたが，かかる発想を，パーソンズは「行為の制御要因としての有意味的なシンボルシステム」という文化観へと継承発展させたのである。一連の影響関係から浮かび上がるのは，機能主義的社会学の根底に流れる「社会の持続的かつ安定的な秩序をいかにして確立するか」という問題意識であり，それは文化と社会との関係を究明するにあたり，前者が後者に対して果たす歴史的＝継起的な発現あるいは秩序変革の作用に着目するドイツ文化社会学にはみられない視点であった。

　1950年代の中盤を境として，パーソンズのシステム論的アプローチは新

たな段階に突入する。そのことを象徴するものが「AGIL 図式」である。社会システムの維持存続のために充足すべき「機能的命令」の内容を定式化した同図式のもとで，文化は「評価的記号体系」のなかでも，パーソンズが特別の意義をもたせた「道徳的標準」すなわち「制度化されている広範な価値」であることが暗々裡に想定されている。「行為体系全体（そしてまた多くの下属体系）を限定し統合する」（Parsons and Shils eds. 1951 = 1960：269-270）共通の価値の存在なくして社会的秩序維持が困難である以上，その恒常性の確保は，他の機能的命令にも増して看過できないものとみなされたのである。このとき，パーソンズの文化概念に付与された性質は，社会統合の要諦をなす価値による「秩序化」という1950年代初頭当時の位置づけをさらに純化させた，「規範主義的」と形容すべき自律性であった。

　1960年代に入り，パーソンズの理論的関心は，「文化システムと社会システムとの『相互浸透』の分析」へと向かうようになる。これまで社会システムを構造化する独立変数としての自律性が強調されてきた文化をめぐり，一方で，それと経験的に関連づけられている「特定の社会システムの一般的傾向を反映した従属変数でもある」（丸山哲央 2010：42）という側面が示唆されたのである。この時期に前景化された「相互浸透（interpenetration）」は，文化と社会両システムの全体レベルでの相互規定的な関係だけでなく，文化の下位体系と社会システムとのより多元的な結びつきまでをも射程に入れた分析概念である。かつての文化システムの三類型を，「AGIL 図式」との関連のもとで四つの下位体系に再分類したのも，「相互浸透」の把握にとって必要不可欠な手続きと判断されたためである。またパーソンズは，「相互浸透」の問題を一義的な考察対象とする自身の理論的立場を「文化の社会学」と呼称したが，同時にこれは，観念的／実在的という曖昧な二分法に終始したドイツ文化社会学（知識社会学）の陥

第3章　中期以降におけるパーソンズ文化概念の性質的変遷

窄の克服を企図していた。むろん相関的な性質といっても、1960年代前半段階においてパーソンズの文化概念を特徴づけていたのは、あくまで「社会の秩序はいかにして可能か」という根本命題に立脚した規範主義的な性格であった。相互関係のメカニズムに分析の比重を置くようになったとはいえ、パーソンズが相互浸透過程の枢要部に位置づけたのは、その集合体の「望ましい」状態と相即不離な「制度化」された価値であった。

1960年代の後半に入ると、パーソンズは「AGIL 図式」と「サイバネティック・ハイアラーキー」という二つの分析枠組を基盤に、かつて文化システムの「規範的要因」という水準で規定した自律性を、文化システムそれ自体の自律性というメタな水準で再規定する。この時期の理論構成において、文化システムは行為システム全体のなかでも最高次の地位を占めており、有機体にも個人行為者にも集合体にも還元し得ない、それらすべてを統制する「最高次のコントロール要因」としての側面が強調された。本章では、ここまでダイジェスト的に示したパーソンズ文化概念の「性質的変遷」について、紙幅の許すかぎり詳細にたどりたい。

第1節　パーソンズ文化概念の「性質的変遷」——1950年代後半

1　「AGIL 図式」が導入されるに至った経緯

1950年代の中盤以降、「AGIL 図式」の導入に代表される新たな理論展開がパーソンズの社会学にみられるようになる。これから時系列的に言及していく文化概念の「性質的変遷」は、いかなる時期においてもかかる四機能パラダイムと切り離すことができないため、まずは、どのような経緯を経て同図式が導き出されるに至ったのかについて、その経緯を簡潔にふ

りかえっておくのが賢明であろう。

　パーソンズの構造機能分析にもたらされた新局面にかんして，R. F. ベールズによる小集団の相互作用研究から得た示唆が重大な契機となったことは疑いようのない事実である。パーソンズは，社会システムの構成要素の分化的および関係的性質を説明するための包括的モデルとして「AGIL 図式」を用いたが，ベールズとの邂逅なくして，その輪郭がここまで精緻なかたちで提示されることはなかったであろう。ベールズは『相互作用過程分析』(1950) のなかで，小集団内の相互作用過程は，課題の付与からその解決へ至る各時点において，「方向づけ」「評価」「統制」「緊張処理」「決定」「再統合」という継起的に現れる六つのパターンとして示すことができると考え，このような周期的に生起する一連の展開を「位相運動 (phase movement)」と呼んだ (Bales 1950)。実際にパーソンズは，ベールズとの共著である『行為理論の作業論文』(1953) を上梓して以降，自身の理論体系のなかに，「位相運動」「次元」「機能連関」「境界交換」といった構造機能分析を前進させるための新機軸を導入するようになる（小川・霜野 1981）。ベールズからの影響は，まずもって「パターン変数 (pattern variables)」の再構築というかたちでもたらされた。

　パターン変数とは，行為者がとり得る基本的な選択の型を示した五組からなる二分法的な変数のカテゴリーである (Parsons and Shils eds. 1951 = 1960)。それは第一に，選択を迫られた行為者自身の「態度」，すなわち行為者の志向の様式（動機志向／価値志向）に応じて，①「感情性―感情中立性 (affectivity vs. affective neutrality)」（所与の客体に対して自己の欲求性向を直接的に充足するのか，集合体の道徳的標準に従ってそれを抑制するのか），②「自己志向―集合体志向 (self-orientation vs. collectivity-orientation)」（自己の目標を優先させるのか，集合体の義務を優先させるのか），③「普遍主義―個別主義 (universalism vs. particularism)」

(集合体において一般的な道徳的標準に従って客体を扱うのか，その時々における自己との個別的な関係に従って客体を扱うのか）という三つの分類がある。そして第二に，志向が向けられる行為の「状況」，とくに社会的客体の区分（他我としての個人／集合体）に応じて，④「業績本位―所属本位（achievement vs. ascription）」（客体を成就すなわち遂行の複合とみるのか，性能の複合とみるのか），⑤「限定性―無限定性（specificity vs. diffuseness）」（限られた特定の範囲にのみ反応すべきか，客体が包摂する多くの範囲に反応すべきか）という二つの分類がある。

パーソンズ（Parsons, Bales and Shils 1953）はベールズとの共同研究を通じて，志向を向ける行為者と志向の対象をなす客体との関係性のうえに行為システムが成り立つ以上，とりわけ相互行為の体系である社会システムを分析するにあたって，行為者の「態度」と行為の「状況」の両側面が考慮されなければならないと考えるようになる。かかる難題に対するパーソンズの回答は，上記した態度側の変数（志向の様式側の変数）と状況側の変数（志向の対象となる客体側の変数）を交叉させることによるパターン変数の再類型化の試みであり，①「普遍性―限定性」，②「感情性―業績性（成就）」，③「個別性―無限定性」，④「感情中立性―所属性（性能）」という新たな四つの変数の組み合わせが導き出されたのである。

さらに，これら「行為の構成要素の配置を決定する方向」を示す範疇は，ベールズによる相互作用過程の六つの範疇と統合され，「四つの機能的問題（four functional problems）」，すなわち①適応的＝手段的な対象操作（Adaptive Instrumental Object Manipulation）の次元，②手段的＝表出的なパフォーマンスと充足（Instrumental-Expressive Consummatory Performance and Gratification）の次元，③統合的＝表出的な記号操作（Integrative-Expressive Sign Manipulation）の次元，④潜在的＝受容的な意味の統合，およびエネルギーの規制，緊張の確立とその流出（Latent-Receptive

Meaning Integration and Energy Regulation Tension build-up and drain-off) の次元へと収斂されたのである。

　パーソンズとベールズは，そうしたお互いの図式の統合のうえに成り立つ機能的問題の諸次元を，「適応（adaptation）」「目標達成（goal-attainment）」「統合（integration）」「潜在性（latency）」と命名し，それぞれA・G・I・Lという頭文字で略称される四次元的な行為空間に配置した。かくして小集団だけでなく，それをも含めた行為システム全般に妥当する機能的な問題ないしは「命令」を定式化した包括的なパラダイムが創出されたのである。

　ここまでは，「AGIL 図式」が成立されるに至る思索上の経緯をやや駆け足にふりかえってきたが，これ以降は同図式の内容面についても概説したい。

2　「AGIL 図式」における機能的命令の諸相

　『行為理論の作業論文』の後半部から『経済と社会』（1956）にかけて，パーソンズは，ベールズらとともに編み出した行為システムの一般図式としての「AGIL 図式」を，専ら社会システムの分析枠組として適用するようになる。同図式においてA・G・I・Lの諸次元は，上位体系の維持存続のために下位体系が充足しなければならない「機能的命令（functional prerequisites or functional imperatives）」を示したものとして措定されたのである。

　四次元的な行為空間として定式化された社会システムにおいて，A：適応は，行為者が外部環境に適応していくうえで不可欠となる，その集合体にとって様々な目的に使用可能な富（財とサーヴィスの経済的価値の総計）を生産する機能を指しており，とくに労働は，かかる「一般化された効用」を獲得するための最大の手段をなしていることから，全体社会のレ

ベルでは「経済」という下位体系が担当する。ここで注意しなければならないのは、かかる「社会の一つの機能的な下位体系」によって生産される富を、諸個人の欲望充足のための効用ではなく、集合体の持続的な秩序維持のための効用とみなす論点である。というのも、「経済」は適応の問題の解決をうけもつことによって、上位体系が適切に機能していくように「貢献する（contribute）」ものと規定されているのである。厳密にいえば「経済」が担う適応の機能とは、消極的な意味においては、「外部的場面の緊急事態（洪水，飢餓，不作など）」を最小限にとどめることであるが、より積極的な意味においては、システムおよびその下属的単位が価値づけた何らかの目標を達成するための手段たる、「流動的な可処分資源を最大量，所有すること」にほかならない。

　パーソンズによれば、「可処分資源をあらわす一般的な概念は、静態的な観点からすれば富であり、フロウの割合という観点からすれば所得である」（Parsons and Smelser 1956a＝1958：34）という。つまり効用とは、あくまでシステムおよびその下属的単位の機能（適応）との関係において最大限，生産されるものである以上、集合体を通じてでなければ、パーソナリティに適用されることはないのである。このようなパーソンズの見解からは、主意主義的行為理論の頃より一貫した反功利主義的個人主義の姿勢を読み取ることができる（高城 1986）。実際にパーソンズは、「効用を個人に即して規定してはならない」という自己の立場とは対立する経済学の因襲的な傾向について、「欲望充足と効用をあつかうさいの、このような『個人主義的な』性格の優位は、経済学理論と、功利主義的哲学との歴史的なむすびつきの遺風であるように思われる」（Parsons and Smelser 1956a＝1958：37）と立言している。

　G：目標達成は、集合体の掲げる目標を追求し、これを達成するための「前提条件」を動員させる機能である。かかる条件には、「無数の用途を

もった手段たる，一般化された用具（generalized facilities）」——「経済」の目標は，この用具を生産することにある——としての富が不可欠なのはいうまでもないが，集合的な目標を達成するうえで看過できないその他の資源や成員の忠誠も含まれるのであり，G次元における機能的命令の本質は，有形・無形の諸条件を生産する能力，すなわち権力（power）に見出されるのである。ただし，「この機能は，政府の統治構造とむすびついたものをさすのではない」（Parsons and Smelser 1956a = 1958：74）と指摘されるように，ここでの政治（polity）が，公的な統治機関に局限されるものではなく，より広い意味での意思決定や資源動員の主体全般が想定されている点には留意を要する。

　Ⅰ：統合は，「社会の主要な構造の輪郭を規定している，価値パターンの制度化をささえるものである」（Parsons and Smelser 1956a = 1958：76）とされる。いわばそれは，1950年代前半当時の文化概念の特性（社会システムの統合）をもっとも本質的に基礎づけていた役割期待の規範的構成の機能である。統合をうけもつ下位体系——「統合的下位体系（integrative sub-system）」——は，「狭義の社会」とも形容すべき「社会的共同体（societal community）」であるが，具体的には法規範や司法組織などが相当する。いずれも「行動を統制する能力（capacity to control behaviour）」の「生産者」として，欲求性向を相互に調整することで，役割遂行という「体系単位の行動を体系の統合上の必要に一致するように『一列に並ばせ』（bring into line），逸脱行動にいたる分裂傾向を抑制ないし阻止し，調和した協力の条件をつくりだす」（Parsons and Smelser 1956a = 1958：76）。まさにこの事実は，社会システムが均衡状態を自力で維持するために必要不可欠なあらゆる条件——とくに重要なのは，システムにおける相互行為過程を「期待の相補性」にもとづく安定的なパターンとして維持する条件である——をその内部にそなえた「自己保存的体系」であ

ることを示すものといえよう。

　L：潜在性（パターン維持と緊張の処理）は，「社会の水準においては，この下位体系は制度化された文化に焦点があつまり，制度化された文化はさらに，価値志向のパターンに集中する」（Parsons and Smelser 1956a＝1958：77）とパーソンズが述べるように，とりわけその集合体で「広範囲に及ぶ価値志向のパターン」（Parsons and Shils eds. 1951＝1960：269）を，文化的変動の外的圧力に抗して安定させることである。それは個人の観点からすれば，システムの内部で生じた不満や緊張を解消ないし緩和する「動機づけの維持」にかかわる機能であり，価値志向の「恒常的なパターンの維持過程であると定義できる」（Parsons 1951＝1974：477）諸条件のうち，「社会化」のメカニズムに対応している。したがって潜在性をうけもつ下位体系は，具体的には，家族，教育機関，宗教組織といった「信託システム（fiduciary system）」に相当する。これら社会化のエージェントは，「文化的な価値パターン」を構成員に「内面化」することによって，そうした共有された価値を安定状態のうちに保っている。

　つまるところ統合と潜在性の違いは，前者が集合体における価値の「制度化」（役割期待の規範的構成）を問題にするのに対して，後者がパーソナリティにおける価値の「内面化」（社会化）を問題にする点に見出すことができる。実際に，I次元の機能的命令を担う下位体系は，諸個人の欲求性向と役割，あるいはこれらとよりマクロな集合体の役割との間に「連帯を維持する」ことに焦点をあてるが，L次元の機能的命令を担う下位体系は，動機づけによる価値の恒常性の維持に努めるのである。

　畢竟するに「AGIL図式」とは，上位体系のために下位体系が分担している相互行為の内容を示したものといえよう。そもそも同図式は，行為の機能的問題の解決をめぐって生起する周期的な「位相運動」――いかなる行為パターンも，A・G・I・Lの四つの空間的次元を一定の方向性に

沿って継起的に移動する——の分析を企図して定式化された背景をもつ。ただ，パーソンズがその適用範囲を社会システムに特化していくにつれ，「AGIL 図式」は「位相運動」のための分析枠組以上に，「機能連関」のための分析枠組として整備されていった。

「機能連関」の第一の要点は，「境界維持体系」という，「役割体系」と並ぶ社会システムのいまひとつの側面にかかわるものである。それはつまり，上述した「経済」「政治」「統合的下位体系（社会的共同体）」「信託システム」が，各自 A, G, I, L の機能的命令を分担することによって，上位体系（全体社会）を均衡状態のうちに存立させるとともに，他の下位体系との間でその境界を維持しているとする認識である。さらに「機能連関」の第二の要点として，四つの各下位体系が，それぞれの境界を越えて"インプット（投入）—アウトプット（送出）"の互酬関係を結んでいるとする認識があげられる。本章の主題に鑑みて，あまりに詳細な論考は冗長になるため，かかる機能的な互酬関係＝「境界相互交換（boundary interchange）」については，基本的な概要だけ説明するにとどめたい。

3　境界相互交換モデルの概要

当初，「境界相互交換」のモデルは，全体社会においては，A すなわち適応の機能を担う下位体系である「経済」を準拠点にして定式化がはかられた（Parsons and Smelser 1956a ＝ 1958）。「経済」自体，複数の行為者による相互作用から構成されている以上，一つの社会システムとみなすことに疑いの余地はないが，パーソンズ（および，N. J. スメルサー）によれば，「経済」はさらにその下に，A, G, I, L と略記可能な機能的命令を分担する四つの二次的な下位体系をもつという。同様の下属的ないし分化的構造は他の一次的な下位体系にも見出すことが可能であり，ここからパーソンズの想定する全体社会が，"入れ子状"とも呼ぶべき特徴（重層

性）をそなえたものであるという実態が浮き彫りとなるのである。

「経済」の次元でみれば，適応の機能をうけもつ二次的下位体系（A$_A$）は，「消費に供しうる資源を，最終的な消費と，さらに生産を継続するのに用いる用途とに配分するということ」（Parsons and Smelser 1956a ＝ 1958：66）にかかわる「資金調達と投資の下位体系（capitalization and investment sub-system）」，目標達成をうけもつ二次的下位体系（A$_G$）は，「（財・サーヴィスの）生産の下位体系（production sub-system）」，統合をうけもつ二次的下位体系（A$_I$）は，J. A. シュンペーターのいう「企業者職能（entrepreneurial function）」に相当する「組織化の下位体系（organizational sub-system）」，潜在性をうけもつ二次的下位体系（A$_L$）は，「経済上の委託（economic commitments）」（「経済」それ自体のパターン維持という緊急事態にかかわるものであり，経済学的意味での「土地要素」に加え，「技術の状態（テクノロジー）」および市場条件にかんする直観的知識や「実務経験」などが委託の対象として想定されている）である。

「経済」における一連の二次的下位体系は，「政治」「統合的下位体系」「信託システム」における各二次的下位体系から，それ自体の活動に不可欠な「生産要素」をインプットする見返りに，他の下位体系のための貢献として，ある一定の「生産物」をアウトプットしている。パーソンズは，二次的下位体系の境界領域をA$_A$, A$_G$, A$_I$, A$_L$からL$_A$, L$_G$, L$_I$, L$_L$までの16個に画定するが，A$_L$, G$_L$, I$_L$, L$_L$の四つにかんしては，「上位の体系がおなじく上位の他の体系とのあいだにパフォーマンス―サンクションという相互作用をいとなむさいに，それから『隔離』されている」（Parsons and Smelser 1956a ＝ 1958：102）という。これら潜在性をうけもつ二次的下位体系の「特殊的」ともいうべき位置づけについては後述する。かくして機能的な相互作用は12個の下位体系間で行われ，しかも照応関係にある「生産要素」と「生産物」の両方が各体系の境界をまたいで往来す

ることになるため,実際のインプット―アウトプットは計24通りに及ぶことになる。

　「AGIL図式」を社会システムの機能分析に導入するにあたって,パーソンズがその準拠点をあくまで「経済」に据えたのは,何よりも「経済学理論は行動科学の最も進歩した最も高度な部門であり,この点では断然群を抜いている」(Parsons and Smelser 1956b = 1959 : 186) ためであり,さらに,そうした「より一般的な理論図式の特殊ケース」としての経済学理論との密接な関連のうえで,これと比肩する理論図式の特殊ケースが打ち立てられた場合,同図式を隣接諸科学のあつかう非経済的現象の分析にも適用できると想定されたためであった。

　ここまで,ベールズやスメルサーらとの共同研究を通じてパーソンズが精緻化した「AGIL図式」の概略的な内容を示したことで,漸くわれわれは,1950年代後半時点における彼の文化概念に顕著なある性質的傾向について論及可能となる。

4　パーソンズ文化概念の規範主義的自律性

　パーソンズの「AGIL図式」は,文字通り図式的で抽象的な段階にとどまっているものの,境界相互交換に象徴されるように,社会システムの静的ないし動的な「均衡」――ミクロな体系であろうとマクロな体系であろうと,諸要素間の相互依存のうちに成り立つ社会システムの秩序は,それが自己維持への傾向をもつとしても,つねに静的＝安定的な状態とはかぎらず,確定したパターンに従う動的＝連続的な過程として生起する場合もあり得る――にかんする分析枠組としての可能性を提示したものと評価できる。ただ,1950年代後半当時,「AGIL図式」の有用性を示すために適合的と判断された対象領域は,前述した事由から「経済」であった。このことは,同図式における「文化システム」あるいは「文化」のあつかいが,

ややもすれば副次的なものであるかのような印象を受けがちである。これは当時のパーソンズの優先課題が、「社会システム」の機能分析に寄与し得る理論図式の体系化にあった事実に鑑みれば無理からぬことといえよう。

とはいえパーソンズが、主意主義的行為理論を提起した頃より行為者に分有された文化的な価値パターンを社会的秩序維持の要に一貫して定位してきたことは疑いようのない事実であり、「AGIL図式」の底流にあるのは、そうした規範主義的な視座にほかならない。われわれは、パーソンズ生涯の学問的関心が、あくまで「秩序の問題」（ホッブズ問題）に向けられていた事実を念頭に置いておく必要がある。

ところで、「規範主義的自律性」と呼び得る「制度化」された価値に顕著な行為および集合体の秩序維持という特性は、まさにかかる文化システムの「規範的要因」の安定に寄与する潜在性（L次元の機能的命令）によって支えられており、それは社会システムを"入れ子状に"構成している一次的下位体系と二次的下位体系いずれの水準にも見出すことができる。ここからは潜在性がどのように価値の安定に寄与しているのかについて、その機序を示したい。

パーソンズによれば、集合体に共通の価値の安定性や持続性を揺るがす事態は、それ自体の外部に起因し、とくにM.ウェーバー的意味での「合理化過程（process of rationalization）」、あるいはもっと限定的な科学や技術の累積的発展に象徴される信念体系の変動は、既存の価値に変動を強いるような圧力を生むという[2]。潜在性の第一の特徴である「パターン維持」は、何にも増して、社会システムがその「内部における重要な価値……制度化された価値を変動させようとする圧力に直面したとき、体系を安定的にたもとうとする傾向を」（Parsons 1956a = 1958：27 傍点：原著者）指している。パーソンズにとって、「社会システムの構造は制度化された規範文化の中に存在するのであるから、これらの規範的なパターンの維持は

システムの均衡を分析する基礎的な準拠点」(Parsons 1961a = 1978：20)に位置づけられるのである。

　潜在性のいま一つの特徴である「緊張の処理」は，集合体の内部に生じた「ひずみ」やパーソナリティの内部で生じた「動機づけの緊張」といった「変動の潜在的源泉」に抗して安定をたもとうとする傾向を指している。ここで留意すべきなのは，いずれも文化システムにおける評価的要素，とりわけ道徳的な「価値の統合とその制度化とを維持するということである」(Parsons and Smelser 1956a = 1958：27)。とくに「緊張の処理」は，動機づけに深くかかわる点で「価値のパターン維持」にとって重要な意義をもつ。というのも，社会システムの内部で価値が十分なかたちで機能していく過程は，パーソナリティの動機づけに依存しているのである。あらためて確認しておくが，動機づけとは，そうした道徳的ないし規範的な価値に個々の行為者が自発的に同調することにほかならない（このときパーソナリティにとって，所与の価値に同調することが，各自の欲求性向を充足することと同義となる）。

　「パターン維持」と「緊張の処理」は，具体的には「信託システム」を通じて価値の安定に寄与している。家族，大学，そして教会が同命令の充足に関与する仕方とは，集合体成員に対する社会化すなわち価値の「内面化」である。潜在性がシステム内における「単位」の状態（とりわけ価値の安定）に焦点を集中できるのも，社会化のエージェントとしての「信託システム」の果たす役割によるところが大きいのである。

　そもそもなぜ，価値を安定させることが全体社会の均衡にとって不可欠な要件たり得るかといえば，価値そのものが広範囲に「制度化」されているからにほかならない (Parsons and Shils eds. 1951 = 1960)。これも確認になるが，「制度化」とは，道徳的な意義を有する価値が社会システムに取り入れられ，行為当事者達の役割期待を規範的に構成することをいう。

集合体成員の相互行為がその時々の状況に即した役割行動としてパターン化されるのはこのためである。

　また，動機づけの維持をとおして「制度化」された価値の安定に努めるという働きの一点において，潜在性が「第一の機能的命令」（Parsons 1956a＝1958：28）とみなされるのも，その充足によって担保される「価値のパターン維持」が，他の機能的命令に比して「相互行為のパターン維持」を最も直接的に帰結するためである。分析上，社会システムのもとで営まれる相互行為は，共通の価値に基礎づけられた役割行動の諸様式として統制されているのである（第2章参照）。

　ここまで言及した潜在性は，「信託システム」が上位の体系すなわち全体社会に対して一次的下位体系としてうけもつ「制度化」された価値の安定性にかかわる機能的命令であった。ただ先述したように，「経済」「政治」「統合的下位体系」「信託システム」は，それぞれもまた四つの機能的命令（A, G, I, L）を分担する下位体系を含みもつ社会システムである。したがって，潜在性をうけもつ二次的下位体系（A_L, G_L, I_L, L_L）は，各自がそのもとに関係づけられている一次的下位体系の秩序維持に寄与する働きを担っているのである。

　一次的下位体系に対して二次的下位体系としてうけもつ「制度化」された価値の安定性にかかわる機能的命令は，いずれも「文化的価値に同調するような動機づけを維持するという，パーソナリティ要素のなかにもとめられるもの」（Parsons and Smelser 1956a＝1958：78-79）である。例えば，「経済」におけるL次元の機能的命令は，ケインズ経済学における「不況」（デフレによる生産率の低下）に対する処方箋――所謂「ポンプの呼び水政策」――とはまったく異なる位相のものである。つまりそれは，「生産に従事するという基本的な動機づけが消失することによってひきおこされた生産の極端な低下」（Parsons and Smelser 1956a＝1958：78）に

対して，まさに"文化的"と形容すべき価値パターン，それこそピューリタニズムの系譜に連なるような勤労精神への同調をパーソナリティに促す働きなのである。

ところでパーソンズは，L次元の機能的命令を担当する下位体系について，境界相互交換から隔離された「特殊ケース」であることを強調している。実際に潜在性をうけもつ二次的下位体系は，それ以外の機能的命令をうけもつ二次的下位体系がインプット―アウトプットの互酬関係を取り結ぶ「相互作用の境界」であるのとは異なり，いずれも一貫した関係や水準を有する「文化的な境界」とみなされている。こうした「特殊な」位置づけの根拠は，潜在性を担う二次的下位体系の果たしている主要な働きが，それぞれの上位体系に「制度化」された価値のパターン（体系）の維持であるという事実に見出される。つまり価値は，「制度化」というかたちで四つの一次的下位体系と関係づけられており，その相互影響しあうような関係にない各パターンは，潜在性を分担する当該の二次的下位体系を通じて維持されているのである。「あるきまった下位体系にあてはめられるべき価値パターンは，全体社会のもつ一般的な価値の，分化した価値の下位体系なのである」（Parsons and Smelser 1956a ＝ 1958：104 傍点：原著者）。

例えば，A$_L$が生産の維持に必要なものとして投入する要素のなかに，土地という物理的資源やテクノロジーと市場にかんする経験および知識といった文化的資源に加え，「はたらくという根源的な性向」（Parsons and Smelser 1956a ＝ 1958：39）を生み出す「動機づけの委託」が含まれていることは，きわめて示唆的である。事実，勤労意欲あるいは精神といった価値パターンは，「経済」にとって欠くべからざるものだが，それ自体の維持は，家族という「信託システム」の基部にゆだねられているのである。

1950年代後半におけるパーソンズ文化概念の性質的傾向にかんして，こ

れを「規範主義的自律性」と呼称し得る所以は，L次元がこのように相対的に自律的なものとして設定されているからである。「社会体系は常に，制度化された価値によって特性づけられる」(Parsons and Smelser 1956a ＝1958：26) との確言に集約されるように，文化システムの「規範的要因」が，社会化のメカニズムを通じて行為を安定的に組織化することによって，「経済」や「政治」といった社会システムの「条件的要因」の内部的統合に寄与しているところに見出されるのである。

第2節　パーソンズ文化概念の「性質的変遷」——1960年代前半

1　パーソンズ文化社会学の主題——文化と社会の「相互浸透」

　1950年代をとおしてパーソンズは，「制度化」された価値による行為の規制と社会の統合という「機能的意義」の見地から文化システムの特性を強調したが，理論構成の中心に据えていたのは，社会システムにおける下位体系の構造——「経済」「政治」「社会的共同体」「信託システム」——とそれらの相互関係——「境界相互交換」——の分析であった。1960年代に入ると，彼は新たに文化システムにおける下位体系の構造とそれらの相互関係の分析を指向するようになる。かかる取り組みは，文化システムと社会システムの「相互浸透」の問題に焦点化する文化理論にとって不可欠な条件をなしている。

　パーソンズが「文化の社会学」を独自に構想するにあたり準拠点としたのは，かつてのドイツ文化社会学なかんずくシェーラーやマンハイムに代表される知識社会学である。文化と社会との相互関係を「最重要かつ唯一の焦点」とするドイツ文化社会学が抬頭した思想的背景について，パーソ

ンズはマルクス流の史的唯物論の興隆が重大な契機となったと指摘する。ヘーゲル起源の観念論的歴史主義が同一視していた文化と社会の両領域を信念，価値，イデオロギーなどからなる「上部構造」と，これら観念的な諸要因に対して独立性と優位性を与えられた「下部構造」（生産諸関係の総体）とに境界画定したマルクス主義はしかしながら，両領域の相互規定的な結びつきについては捨象した。かくして，「観念的要因（Realfaktoren）と実在的要因（Idealfaktoren）との関係についての問題が，ドイツにおける社会学の主要な論点となったのである」（Parsons 1961b＝1991：114）。ただ，ドイツ文化社会学は，その集合主義的および現実主義的な立脚地ゆえに，「文化の社会学」を定式化するうえで看過できないいくつかの難点を抱えている。

　パーソンズは，ドイツ文化社会学にアプローチするための基本点を二つあげるが，それはそのまま，「相互浸透」に照準する文化理論の発展のためには克服されなければならない批判点を示している。第一に，二分法的なカテゴリーの分化を徹底させるということである。ドイツの文化社会学者達が，文化と社会との結びつきを単に「相互関係的なもの」としかみなせなかった要因の一つに，両カテゴリーを「未分化のまま」あつかっていたという否定しがたい事実がある。まず社会にかんしては「伝統的なドイツの考え方によると，……しばしば，物理的，生物学的，さらに心理学的要素と混同されてきた」（Parsons 1961b＝1991：117）ところに問題があり，複数の「個人や集合体間の相互行為の関係システム」（Kroeber and Parsons 1958）を，パーソナリティという個人的行為のシステムや有機体システム，およびこれらの物理的な外部環境と混同しない配慮が求められる。[3]「人間の行動を形づくる要因としての，価値，観念，さらにその他のシンボル的に有意味的なシステム」（Kroeber and Parsons 1958）である文化にかんしても，往々にしてドイツでは「一個の全体」「未分化のカテゴ

リー」としてあつかう傾向が否めなかった。実際にこの傾向は，宗教，芸術，哲学，法といった感得の基本的な諸範疇を包摂する「文化運動」（A. ウェーバー）や「理念因子」（シェーラー）などの概念に認めることができる。

　第二に，二つのカテゴリーを「分析上独立したもの」としてあつかうこと，つまり概念枠組を「実体」と混同しないように配慮することである。パーソンズは「相互浸透」の分析へ向けた道が開けるところに，カテゴリーを純粋に理念型的な道具立てとして適用する意義を見出している。マルクス主義が法の位置づけにかんして，生産関係の一部をなす物質的要因なのか，それとも規範的な意味において文化の一部をなす観念的要因なのかをめぐり不明瞭さを露呈してしまうのも，マンハイム流の知識社会学が認識論的相対主義と科学的真理の客観性との両立を困難にしてしまうのも，「分析概念を実体化してしまった」（Parsons 1961b = 1991：118）ためである。つまるところ，観念的―実在的という二分法を具体的な事象にあてはめようとしても論理的矛盾をきたしてしまうということである。

　これらの難点に言及する際にパーソンズが重視しているのは，システム論的な視点を導入する必要性である。彼が分化の徹底や分析的性質の承認を求める二分法のカテゴリーとは，「観念」と「実在」ないし「物質」ではなく「文化システム」と「社会システム」であり，「文化の社会学」の根幹をなすのは，文化と社会を具体的なシステムでもなければ全体的＝総合的水準での相互関係的なシステムでもなく，あくまで要素的＝単位的水準での「相互浸透的なシステム」とみなす考え方なのである。

　「文化の社会学」の体系化の方途として，関係するカテゴリー両側での分化を徹底させる必要性を説くパーソンズが，文化システムと社会システム双方の構造分析を行うにあたって導入したのは，「AGIL 図式」と「サイバネティック・ハイアラーキー」であった。社会システムの場合，外部

環境との関係性にもとづく「外的—内的」という縦の分析軸と，システム自体の目標性にもとづく「手段的—目的的」という横の分析軸が交差する四つの次元のうえに，A（適応）:「経済」，G（目標達成）:「政治」，I（統合）:「社会的共同体」，L（潜在性）:「信託システム」の順で各下属領域が配置される。

「相互浸透」の問題に鑑みてパーソンズが強調したのは，これら四つの下位体系間の規制関係であり，かかる要素単位での関連性についての分析を可能にすべく適用されたのが，サイバネティックなコントロールのハイアラーキーという発想であった。「サイバネティック・ハイアラーキー」とは，情報量は多いがエネルギーの少ない要素が，情報量は少ないがエネルギーの多い要素を上方からコントロールすることを指している。サイバネティックな制御の原理に従えば，社会システムの下位体系は，「システムの構造を規定する制度化された文化の安定性を維持する」（Parsons 1961a = 1978 : 23）機能を担う「信託システム」，単位および下位体系を相互に調整する「社会的共同体」，多くの目標と問題を抱える外的状況の変化に柔軟に適応する「政治」，特定の目標を達成するために処理可能な便益を提供する「経済」という順序（L→I→G→A）で配列されることになる。

社会システムの構造分析に適用された「AGIL図式」と「サイバネティック・ハイアラーキー」は，「文化の社会学」を発展させるために不可欠なまひとつの手続きとして，文化システムの構成要素の特質および要素間の相互関連性の分析にも適用される。

そもそも文化システムとは，「行為者の行為の志向（orientation of action）」，すなわち自然的，社会的，文化的な客体に向けられる主観的な観念や信念，あるいは情緒的態度がシンボル化されたものである。[4] われわれは，ここにデュルケムのシンボリズム論からの影響——成員諸個人の抱く

宗教的な感情は，聖性をもつシンボルと接合することで彼らの意識から外在化し，客観化される——を看破するわけだが，「行為理論の関心は，有機体の内面にある生理的な諸過程よりも，むしろ，行為状況に対する行為者の志向の組織にむけられている」(Parsons and Shils eds. 1951 = 1960：5) と述べられているように，もともと「文化システム」は行為分析のための枠組として開発された概念であった。

　文化システムの構成要素すなわち下位体系は，社会システムと同じく二つの分析軸の交差上に，A：「経験的認知システム」，G：「表出的システム」，I：「評価的システム」，L：「実存的システム」の順で配置される。このうち最後の「実存的システム」は，1950年代当時，一番目の信念のシステムに含まれていた非経験的および評価的な要素（哲学と宗教的観念）が，「意味志向（meaning-orientation）」の根拠にかかわる新たなカテゴリーに吸収されたものである。1960年代に入り，文化システムの構造分析に「AGIL図式」を導入するに際して，パーソンズは三つの下位体系の分類様式——「認識的記号体系」「表出的記号体系」「評価的記号体系（価値志向の体系）」——を四つの分類様式に再編成したのである。これらの様式は分析上，行為者の志向内容にかかわる内的な次元（評価的・実存的）とこれにもとづく客体の意味——志向する複数の行為者と，志向をむけられる複数の客体の双方からなる関係的な概念である点に注意されたい——にかかわる外的な次元（認知的・表出的）とに区分されるが，サイバネティックな制御的原理に従えば，「実存的システム」「評価的システム」「表出的システム」「経験的認知システム」という順序（L→I→G→A）で配列される。

　さらに，1960年代前半段階におけるパーソンズ文化概念の特徴として，文化システムの下位体系の単位にも「サイバネティック・ハイアラーキー」が適用されている点があげられる。「経験的認知システム」は，経

験的な意味での認識対象への志向にかかわる下位体系であり，かつての「認識的記号体系」における経験的・実在的な信念，すなわち科学やその機能的等価物（前科学）に相当する。この「科学的な知識体系の構成要素」は，科学的方法論の水準に従って，上方からL：理論図式が「意味をなす」ような準拠枠を構成している「本源的な概念」，I：経験的な現象についての一般化された命題群である「理論体系」，G：経験的な諸問題についての「問題解決」，A：秩序立てられ，また整理された「事実（facts）」——経験的な現象についての研究者の言明であって，現象そのものではない——にかんする知識としての「データ」の順序で組織化される。ただ，「経験的認知システム」の場合，この下向きの制御のハイアラーキー（L→I→G→A）とは逆に，上向きの条件づけにもとづくハイアラーキー（A→G→I→L）も考えられる。つまり，実証的なデータに即して解決されなければ問題は科学的に解決されたとはいえないし，理論は，そうした経験的問題の解決をとおして検証されないかぎり科学的な地位を獲得することはできない。さらに準拠枠も，経験的な科学理論やそれと関連した諸問題の枠組として有用でないのであれば，科学のなかで占めるべき位置はないのである。

　「表出的システム」は，「カセクシス（cathexis）」（客体に情緒的な意味を注ぐこと）という「動機志向」のパターンに対応した表現的記号の体系であり，カセクシス的な意味の水準に従って，上方からL：その社会の価値と規範の正当化の源泉とかかわる「文化的客体」，I：複数の行為者にとって「包摂（inclusion）」ないし「帰属（adherence）」の対象となる「社会的客体」（諸個人が共同して構成する集合体），G：パーソナリティにとって「愛着」の対象となる「目標客体（goal-object）」（相互行為の際に目標そのものとなる他者），A：「効用性」の対象となる「手段客体（means-object）」（目標達成のための手段として利用される用具）の順序

で組織化される。これらのうち最高次の「文化的客体」の典型は,「一般的な尊敬」という「現実の指示物以上の表出的な意義」(Parsons 1961b＝1991：27)を伝達する芸術作品である。例えば,前近代の宗教画は崇拝の対象――「父なる神」――への広範に共有された尊敬の念,すなわち「カセクシス的な愛着についての一般性の水準」を表出する特性において,「規範的な意味で,相互作用を制御していると考えられるような客体(または客体群)」(Parsons 1961b＝1991：21)なのである。

「評価的システム」は,行為状況への評価的判断の際に委託(commitment)の対象となる価値基準であり,「評価のパターンが示すハイアラーキー」(評価的優先の水準)に従って,上方からL：超越的な倫理や信念をも含む「現実の意味のさまざまな可能形態についての評価」,I：「相対的な優位性の観点から,先行する二つの評価的基準に適用される評価」,G：「種々の目標客体が本来的に望ましいものか否かについての,想定的な重要性の評価」,A：「手段客体がもつ効用性＝コストの評価」の順序で組織化される。このうち,日常的な意味で最も規範的な条件をなしているのは二番目の評価基準にほかならない。「評価的システム」の内部で統合の機能的命令をつかさどる同基準は,目標面および便益面での評価がそのもとに従属しているような「道徳原理」である。後述するが,文化システムと社会システムの「相互浸透」の分析にあたり,道徳原理は戦略的に最も主要な単位に位置づけられている。

「実存的システム」(意味志向のシステム)は,個々の具体的な問題に対する志向の根底にあるような,「人間的状況(human condition)」についての一般的な世界観ないし定義と関連しており,意味の基盤に即して,上方からL：「究極的実在の概念」,I：「宇宙の秩序の本質についての概念」,G：「遂行や業績達成のための場＝領域の意味」,A：「遂行あるいは業績達成の意味」の順序で組織化される。例えば,A次元にかんしては「天職

（calling）としての職業倫理」，G次元にかんしては神の意志を実現するための職業労働の舞台をなす「現世」が例示されているように，「究極的な関心」（P. ティリッヒ）という意味の根拠に本質的にかかわる「実存的システム」として主に想定されているのは，「神」を頂点とする宗教的観念の体系である。

　社会と文化両システムにかんして概念上の分化を徹底しておくことは，「相互浸透」の分析にとって欠くべからざる条件である。文化システムの統合の在り方や要素間の緊張関係と融合関係——例えば，「評価的システム」（道徳的価値）の発展が「表出的システム」（芸術様式）の革新を促したり，「実存的システム」（宗教的観念）からの激しい抵抗を惹起させる場合に顕在化する——は，社会システムの統合の在り方や要素間の緊張関係と融合関係を規定しているし，逆もまた然りである以上，より精緻なカテゴリーの分類様式が求められたのである。

　ここまでの概要から，パーソンズが自身の文化理論の中心課題に据えた「相互浸透」の輪郭もおぼろげながらみえてくる。それは文化システムと社会システム双方の下属領域，すなわち構成要素の水準での多元的な関連性を示している。パーソンズが「『文化の社会学（sociology of culture）』の発展にとって適切な研究を進めるためには，……関係する両者それぞれの側での分化についても確実に理解しておく必要がある」（Parsons 1961b ＝1991：122）と主張するのも，「相互浸透」を，そうした「複雑な相互関係」として捉えているためである。

2　パーソンズ文化概念の規範主義的相関性

　「相互浸透」の問題にアプローチするうえで，とくに重視されるのが「文化システムについての概念上の分化」である。そこでは，「経験的認知システム」と「実存的システム」および「表出的システム」と「評価的シ

ステム」という二つの重要な区別が強調される。前者の分化にかんして，パーソンズは実在界の客観的認識にかかわる科学的知識と，「救済」というM. ウェーバー的な「意味の問題」にかかわる信念とが同一視される事態を注意深く避けるよう心がけている。というのも科学の進歩は，社会システム内の科学者の地位や役割，既存の諸制度に「合理化」という不可避的な変化をもたらすだけでなく，宗教を中心とした他の文化要素に対しても主知主義化を促すためである。「現実」について科学的に証明可能な経験的観念と，行為主体（個人，集合体）の統合という評価的関心と結びついた非経験的観念は，ともに「行為状況を客観的に認識し，規定するための文化要素」（Parsons 1961b＝1991：解説）に属しながらも，厳密には異なる水準の知識体系なのである。

　後者の分化については，ミサなどで演奏される宗教音楽や社会主義社会におけるプロレタリア芸術のように，集合体内の中心的な価値を支えるために創出あるいは利用される「表出的システム」の場合，とくに価値志向の文化要素である「評価的システム」と同化する傾向を示すものの，「社会システムに対する文化の評価的側面がもつ戦略的な意義」という点に鑑みて，両要素を分析的に区別する必要性が説かれる。

　とくに「評価的システム」の統合的単位（Ⅰ次元），すなわち諸々の評価的判断に際して適用される基準それ自体を「相対的な優位性という観点から」評価する道徳原理は，行為状況をめぐる共通の評価基準として構成員の委託の対象となる「制度化」された価値とほぼ同義であり，かかる「評価上の問題解決の仕方」を提供する文化要素は，「期待の相補性」にもとづく相互依存的な役割行動へと人びとの行為を方向づけることによって，社会システムにパターン化された秩序をもたらすのである。「文化システムのうちで，社会システムに対して，最も直接に構造的ないしは構成的な意味をもっているのは，評価的要素であるが，それは社会システムにおけ

る価値と特別の関係をもっている」(Parsons 1961b = 1991：120)。

　ただ，「制度化」された「文化のこの構成要素〔価値〕が，社会システムそのものにとっても，まさに直接の構成要素となっている」(Parsons 1961b = 1991：126) との認識自体は，1950年代前半に提示された「共通の価値による社会システムの部分的および全体的な統合」(Parsons and Shils eds. 1951 = 1960) という視点を踏襲したものといえる。

　パーソンズが構想した「文化の社会学」最大の特徴は，「相互浸透」の枢要部に，文化システムの評価的要素なかんずく「社会の内に文化システム自体の統合という水準で制度化されている」(Parsons 1961b = 1991：127 傍点：原著者) 価値を定位したことにある。ここにわれわれは，中期パーソンズの文化＝価値概念に顕著な「規範主義的相関性」という特性を読み取るのである。「制度化」された価値は，それが媒介者となるかたちで，文化システムと社会システムの複雑な相互関係に一定の秩序をもたらす。つまり，それ自体「規範的な」文化要素である価値は，ほかの文化の諸要素と社会の諸要素間の多元的な結びつきを組織し統合する，一種の創発的な原理をそなえているのである。

　価値に媒介された相互関係のケースとしてパーソンズがあげるのは，宗教すなわち「実存的システム」(文化システムのL次元の下位システム) と「信託システム」(社会システムのL次元の下位システム) に属する教会との機能連関である。体系化された規範的行為基準としての教義は，宗教的志向が中心的な位置を占める信仰生活に方向づけを与えることで，教会という一つの共同体に信徒達をコミットメントさせる。一方で教会は，帰依によって成り立つ信徒達の連帯を保つ必要性から，そのもとに「制度化」されている教義の社会化を通じて宗教的志向を維持しようとする。したがって，ここで示されるような複合的な関係は，「社会の内部構造や社会統制のメカニズムという水準でのデュルケムの機械的連帯の問題と類似

しているのである」(Parsons 1961b ＝ 1991：130)。つまるところパーソンズが「教会の機能による宗教的志向の維持は，文化システムと社会システムとの相互浸透の事例と考えられよう」(Parsons 1961b ＝ 1991：7)と主張するのは，「一般化された尊敬」という「父なる神」に向けられた情緒的態度のもとで営まれる相互行為が，教会自体の統合という機能的要件を充足させる方向で組織化されるためである(5)。

かつてドイツの社会学者達が，社会との関係において文化に見出した「歴史主義的相関性」ともいうべき特性は，固有の発展原理に従う「文化運動」(宗教，芸術，哲学などの精神活動の所産)，「社会過程」(経済的，政治的な制度形態)，「文明過程」(自然科学や技術といった知的活動の所産) 三領域間の歴史的な相互作用に焦点化した A. ウェーバー (Weber, A. 1921 ＝ 1958) や，「理念因子」(精神文化) と「実在因子」(血縁集団，経済，政治) との間で作用している共働的な発現法則に焦点化したシェーラー (Scheler 1924 ＝ 1978) のように，広い意味での歴史主義——いかなる人間的事象も生成発展の絶えざる流動のうちに現れる——に基礎づけられているがために，動的性格によって規定されるものであった。一方で，パーソンズが文化に見出した社会との関係的性質は，行為状況に対する一般化された評価基準を基盤に据える規範主義的な立脚点ゆえに，おのずと均衡論的性格を帯びたものとなる。

しかしながら，文化システムと社会システムとの (下位体系まで射程に入れた) 相互関係の分析を発展させるという目的が達成されたかといえば，そうとはいいきれない部分もある。現に，社会システムの文化システムへの浸透にかんする議論が不足している感は否めないし，「価値は，文化システムと社会システムの相互浸透領域において，きわめて中心的な位置を占めている」(Parsons 1961b ＝ 1991：126) にしても，具体的にいかなる原理のもとでそうであるのかについての言及も具体性を欠く。

以上のように，未成熟な面が散見されるにしても，パーソンズが中期に理論的な体系化を試みたのは，マンハイムらの知識社会学やM. ウェーバー流の宗教社会学を下位分野に組み込むような，「より一般的な文化の社会学」であり，そこでは「文化と社会という二つのシステムの全構成要素が，互いに秩序ある相互依存関係を保持しているものとして取扱われる」(Parsons 1961b＝1991：132 傍点：引用者）ことが期待されていたのである。

第3節　パーソンズ文化概念の「性質的変遷」——1960年代後半

1　パーソンズ社会変動論に占める文化の位置性

　ここまでみてきたように，パーソンズの社会学理論は，「社会システム」の機能連関を経て「文化システム」の機能連関へと展開されたが，後期に至り，両システムを分析的に独立した下属領域として包摂する「一般行為システム（general action system）」の機能連関にその関心が向けられるようになる。本節では，パーソンズが後期の理論体系において，文化をいかに枢要な地位に据えていたかを確認することによって，彼の文化概念をめぐる「性質的変遷」の終極的な形勢を明示したい。

　パーソナリティシステム，社会システム，文化システムの三分割モデルであった「行為システム」の概念は，1960年代に入り「行動有機体」を加えた四分割モデルとして再構成された。そもそも「諸個人」は，社会システム（相互行為の体系）および文化システム（シンボル的な価値，観念，意味の体系）の参与者であると同時にパーソナリティでもあるが，それ以前に，自然環境に適応している有機生命体にほかならない。『社会類型

――進化と比較』（1966）において，「社会―文化的進化は，有機体の進化と同じように，変異と分化を通じて，単純なものから徐々に複雑な形態へと進化する」（Parsons 1966 = 1971：3）と述べるパーソンズが構想したのは，比較論的視座に立脚した彼流の社会変動論であった。それは，かつて「体系の内部の変動の特殊な部分過程の理論」と区別されながら，「現在の知識の状態では，不可能である」として定式化が見送られていた「社会体系の変動の諸過程についての一般理論」（Parsons 1951 = 1974：481 傍点：原著者）に相当するものである。

パーソンズは，古代から近代までのいかなる諸社会（非西欧圏も含む諸文明）の発展も「共通のパラダイム」によって分析できると考え，「分化」「適応能力の上昇」「再統合」「価値パターンの変形」という変動過程の図式を導入する。第一の過程である分化とは，前近代では，親族中心の世帯が居住単位であると同時に生産の重要単位でもあったが，近代以降，家族世帯と作業場，工場，事務所とがその役割において専門化されたように，社会システムの諸単位・諸下位体系が，物理的＝空間的にも機能的にも，最低でも二つのカテゴリーへと分離することをいう。

第二の適応能力の上昇とは，新たに分化した各下位体系がその第一次的な機能を達成する必要性から，以前の体系よりも環境に対する適応能力を増大させることをいう。例えば，上述した生産組織のうち，世帯内よりも工場の方が経済的生産に対する適応能力がすぐれていることはいうまでもない。さらに同じ工場でも，マニュファクチュア期の形態に比して作業工程の機械化が加速した時期の形態の方が達成できる利益率は高い。パーソンズは，このような分化にともなう一連の変異を「進化的変動サイクルの適応能力の上昇の側面」と呼ぶ。

第三の再統合とは，既存の諸下位体系がその適応能力を高めるべく，以前は排除されていた集団を新たな，しかも完全な成員として包摂すること

をいう。こうした集団は，分化に加え適応能力の上昇に寄与するだけの能力を十分にそなえているという点で，当該の下位体系がさらなる発展のために依存する「アスクリプティヴな起源から独立したもっと一般化された資源」（Parsons 1966＝1971：33 傍点：原著者）なのである。例えば，生産組織が分化にともなって生じた新たなカテゴリーの活動（複雑に専門化した分業など）を調整するためには，もはや親族に根拠をもたない権威体系へと発展しなければならず，世帯外の人間が技術者や経営者として迎え入れられる。人類史における再統合の一般的なケースは，上層階級が特権的な地位を独占しておいたうえで，下層階級を自分達に次ぐ二級市民（平民）としてあつかうような体系であるが，パーソンズによれば，分化と適応能力の上昇が進むにつれて，社会は構成員のアスクリプションにおいて，優位／劣位という単純な二分法を維持することが困難になっていくという。

　第四の価値パターンの変形とは，分化にともなって現れる社会の下位体系の新しいタイプに適合的なものへと，いままでの価値が刷新されることをいう。価値パターンの変形が「変動過程の最後の構成要素」たる理由として，政治や経済といった物理的利害と不可分な「条件的要因は，高次の規範的レベルでの独立した革新がなくては新しい具体的な秩序を創造することはできない」（Parsons 1966＝1971：170 傍点：原著者）という側面があげられる。パーソンズにとっては，「規範的要因」としての文化的な価値パターンのあり方こそが，社会変動の重大な局面（「条件的要因」の創造）を規定しているといっても過言ではないのである。ただ，ここで留意すべきなのは，価値パターンの「変形」という表現が，既知のものからの刷新に加え，その後の「普遍化」という方向性まで含有しているということである。

　実際にパーソンズは，社会の諸下位体系が新たに「制度化」する価値に

ついて，当該の下位体系やそれらの単位の目標面および機能面での多様性に対応すべく，以前のものよりもいっそう高いレベルでの一般性が保たれていることの重要性を強調する。経験的なレベルでいえば，マイノリティを各集合体の新しい単位として包摂するにあたっては，個々のアスクリプション（人種や民族）を超越した社会的アイデンティティが必要となるが，そのためには，以前よりももっと広範に「共有される共通の文化的志向の統合性（インテグリティ）を維持しなければならない」(Parsons 1966 = 1971：15)。しかしながら，新しい価値が一般化されたパターンへ至る過程は，得てして強い抵抗にあうものである。これは動機づけの委託が，往々にして集団ごとのもっとローカルな特定の単位にかかわる内容への委託として経験されるためである。パーソンズが「原理主義（fundamentalism）」と呼ぶかかる抵抗が激しい葛藤をともなって生じるのは，所謂「原理主義者」にとって，高度な一般化をともなう価値の変形の圧力が，自分達の直面する現実に準拠した「『真の』委託」の放棄を強いられているように思えるためである。

　上記の四つの局面が，「進化の方向の基準と進化の段階にかんするスキーム」と捉えられていることからも推察できるように，パーソンズの想定する社会変動とは，厳密にいえば「進化的ないし進歩的変動」なのである。

　またパーソンズによれば，「原始」「中間」「近代」に区分可能な人類社会の歴史的諸様態は，進化的変動過程の四局面が通奏低音をなしつつも，各過程における社会—文化の体系内の状況や統合の程度，あるいは諸単位の機能的位置に応じて，扇状のスペクトルのごとき多様な層を形成しているという。「あらゆる既存の社会の状態，さらには，相互に関連した諸社会の体系（古代の中近東都市国家社会によって構成された体系のような）の状態は，こうした（あるいは他の）変動の過程を含む漸進的なサイクルの複雑な結果なのである」(Parsons 1966 = 1971：34)。ここまでの議論か

ら，パーソンズの社会変動論に進化論的なフレームワークがそなわっていることは明らかである。ただ彼の素描する社会の進化が，実質上，単線的で連続的というよりもっと多様で複雑な「螺旋状」とも形容すべき過程であることも瞭然たる事実であって，このような進化観は，『宗教社会学論集』(1920)の「序言」でM.ウェーバーが示唆した文化的発展の多様性――西欧圏における「独特の合理主義」――とその比較論的視点を引き継いだものと考えられる。

実際にパーソンズは，オーストラリアの「原始」社会を皮切りに「古代」のエジプトとメソポタミア，中国やローマといった「中間」帝国などの諸制度を例示し，人類社会が分化や変異，再統合を繰り返しながら進化していくその動態を比較検討しているが，文化が社会とともにいかなる歴史的展開を経ていくのか，という問題についても強い関心を抱いている。このことは，一般行為システムレベルでの分化の過程をめぐる議論からも窺い知ることができる。パーソンズによれば，社会システムと文化システムの分化は歴史上，宗教の領域からはじまったという。原始諸社会では，デュルケム(Durkheim 1912a = 1975上)のトーテミズム研究のなかで提示されたように，「聖」対「俗」という原始諸社会における境界画定に端を発し，そうした「神と人間の状態間の『距離』が大きくなるにつれて，その分化はますますはっきりしてくる」(Parsons 1966 = 1971：36)が，所謂「歴史宗教」(R. N. ベラー)の出現を契機に，古代諸社会において新たな段階に至ったのである。

パーソンズが強調するのは，一般行為システムレベルでの分化過程が，下属領域の一つをなす社会システムの内部にも同様の展開を促すとともに，この下位体系レベルでの分化過程によっても促されるという関係である。例えば「型相維持体系(pattern-maintenance system)」――以前の用語法における「信託システム」に相当する――は，「制度化」された共通の

価値パターンの維持という機能的命令の充足において，「それが文化体系との直接的な関係の焦点であるという点で，文化的なプライマシィをもっ・・・・・・・・・・・・・・・・・・ている」(Parsons 1966 = 1971：36 傍点：原著者)。また歴史的にみて「型相維持体系」は，「政治」という他の社会的な下位体系が「王権神授説」を後ろ盾とする封建体制のように，宗教的な用語で正当化されていても，直接的には宗教体系の一部分ではない「世俗的な」領域として独立していくにつれて，そこからいっそう顕著に分化するようになる。その過程はローマ後期のキリスト教を端緒とし，近代民主主義体制の成立をもって「教会と国家の分化」として帰結した。かかる社会システムの第一次的な下位体系レベルでの分化は，社会システム自体と価値を上位の構成要素とする文化システムの分化というかたちで，一般行為システムの動態が刺激されることを意味する。

　むろん「型相維持体系」は宗教体系にのみ局限されるものではない。この社会的な下属領域には，価値の内面化を分担する他の諸組織・諸集団も該当し，一般行為システムレベルでの分化過程の進行に応じて，その内部では機能的な分化の傾向を示すようになる。ただし親族制度にかんしては，・・・・幼年期における人格形成の直接の場として，道徳的な意味での「共通価値」という「親族制度の型相維持の下位体系内に位置している社会的構成要素と，パーソナリティとのあいだの特別な統合を含んでいる」(Parsons 1966 = 1971：37) 以上，近代的な大学や教会よりも分化の程度は低いものとならざるを得ない。

　このように，パーソンズは社会の進化過程における文化的動態についても思慮しているわけだが，一連の議論は文化や価値が，当該社会を構成する他の行為システムおよびそれらの単位とのいかなる関係性のなか展開していくのか，という問題とも密接に結びついている。この問題にかんするパーソンズの議論は以下のとおりである。①文化は，シンボル化された価

値，観念の体系（象徴体系）であるが，すべての有機体と同じく「進化」を通じて出現する。②その習得と使用を規定する能力が，人間有機体固有の遺伝的素質に依存しているのは言語のみであって，その他のシンボル的に有意味的な要素は遺伝的に決定されるものではない。③人間有機体は文化的要素を創造し学習していく能力をそなえているにもかかわらず，個人は文化システムを創造することはできない。④文化システムのパターン化は，何世代もかかって変化していくものであり，本来的に比較的大きな集合体によって共有されている。⑤個人にとって，文化システムの要素はいずれも学習対象としての与件であり，個人がそれらの創造あるいは破壊に及ぼす影響はマージナルなものにすぎない。⑥文化システムは，それ自体もまた学習の所産である行為の要素に中心を付与するような，「非常に安定した構造的な係留点」である。

　われわれは以上の六つの論旨からも，パーソンズが少なくとも19世紀以来の古典的な進化論の立場に変節したとは認めがたい事由を読みとることができる。人間生活にかかわる諸要素を，社会体系存続のための要件とみなす機能主義的社会学の基本姿勢は，後期に至ってもなお，文化のもつ本質的な機能が，行為の「制御」およびそのことをとおしての社会の「秩序維持」に置かれている事実のうちに読みとることができる。例えば，上記の論旨のうち④から⑥については，文化システムのなかでも，「人間の行動を形づくる要因」として枢要な位置を占める道徳原理とパーソナリティシステムとのかかわりを，それらの用語を使わずに示したものにすぎないといえる。他にも，「人間の行為が『文化的』であるのは，行為（act）にかんする意味と意図とが，……言語を中心とした象徴体系（それを通じて行為がパターンとなって働く規則（コード）をも含めて）によって形成されているからである」との主張には，「制御要因としての文化」という認識が，行動有機体と同様に文化システムも「個人のレベルでは説明することのできな

い根本的な要素を含んでいるのである」(Parsons 1966＝1971：7‐8　傍点：原著者) との命題には,「秩序維持要因としての文化」という認識がそれぞれ反映されている。後者の「根本的な要素」とは, 学習という「社会化のメカニズム」を通じた共有財産として, 集合体成員に人格と行動様式の面で多くの共通した特徴をもたらす価値の普遍的特質を示唆している。

　たしかに文化は,「進化」の原理に従っている以上, 様々なレベルでの分化や変異を避けられない。しかしながら, パーソンズの理解にあって文化の変動は, あくまで社会の長期的な変動過程に随伴するかたちでしか, すなわち漸進的にしか起こらないとされる。社会の歴史的発展の最終局面に「価値パターンの変形 (および変形されたパターンの普遍化)」が据えられているように, とくに文化システムの「規範的要素」の場合, いついかなるときも役割期待という「行為の要素に中心を付与するような」社会構造の支軸である以上, 習得による継承をとおして「累積」されていくものであって, その変異は容易なことではない。一つの証左として, 政治的・経済的秩序の創造という重大な局面を社会にもたらす「高次の規範的レベルでの独立した革新」のためには, 既成の文化的な価値パターンの持続と安定を第一義的な機能的命令とする「型相維持体系」からの抵抗を乗り越えなければならないということがあげられる。

　ここまで, 社会の進化的変動という文脈においてパーソンズが文化をどのように捉えていたのかを中心にみてきたが, 本章の主題に鑑みた場合, 社会システムの動的な過程における文化の位置性だけでなく, 一般行為システムの全体的な機構における位置性をめぐる議論にも目を向ける必要がある。われわれはかかる議論をふりかえる作業のなかで, 帰するところパーソンズが,「ホッブズ的秩序問題」を探究し続けた社会学者であったという事実をあらためて確認することになろう。

2　パーソンズ文化概念の構成的自律性

　結論からいえば、パーソンズが後期に至って自身の文化概念に付与した新たな性質は、「構成的（constitutive）」と形容すべき、行為システム間の構造的関係にかかわる自律性であった。つまりそれは、一般行為システムの図式において、文化が有機体、パーソナリティ、集合体すべての有意味な「根拠」として位置づけられているということである。ここで本論に入る前に、後期のパーソンズ文化概念に顕著な自律性にかんして、構成的な原理とみなし得る所以がどこにあるのかを明らかにしておきたい。パーソンズ自身は「構成的」という表現を、「信託システム」（型相維持体系）の内部でも、L機能（潜在性）をうけもつ宗教体系を指す場合に用いている（Parsons and Platt 1973）。教会や市民宗教が「構成的シンボリズム（constitutive symbolism）」と呼称されたのは、その他のＩ機能（統合）をうけもつ道徳的共同体、Ｇ機能（目標達成）をうけもつ高等教育機関、Ａ機能（適応）をうけもつ親族といった非宗教的諸体系の根拠をなしているからである。「構成的」という用語の原意は「本質的」ということであり、一般行為システムレベルで文化システムがそなえる自律性は、「信託システム」のレベルで宗教体系がそなえる同特性と類比的なものであることから、「構成的自律性」と表現できるのである。考究しなければならないのは、文化システムが他の行為システムに対して行う「根拠づけ」の実際的な仕方であるが、この問題についてはこれ以降で論じる。

　パーソンズは、一般行為システムにおける諸要因の秩序づけについて言及する際、「二つの基本的な相互に関連したハイアラーキー」を区別している。一つめが「必要条件」のハイアラーキーであり、二つめが、すでに文化システム論の文脈で導入されていたサイバネティック・ハイアラーキーである。前者は、行動有機体から始まり、パーソナリティシステムと社会システムを経過して文化システムに至るという流れをたどるが、これ

はハイアラーキーを上昇していくにつれて,「必要であるが十分でない」条件がより高くなる状況を示している。一般行為システムを秩序づけている四つの要因は,「AGIL図式」と照応的に関連づけられており, この上向きのハイアラーキーは, A→G→I→Lの順序で定式化できる。後者は, 文化システムから始まり, 社会システムとパーソナリティシステムを経過して行動有機体に至るという流れをたどるが, これは高次の要因であればあるほど低次の要因の「パターンやプランやプログラムの実行を可能にする」(Parsons 1966 = 1971 : 41) コントロールの比重が大きくなる状況を示している。四機能パラダイムに照らせば, この下向きのハイアラーキーは, L→I→G→Aという順序で定式化できる。

　パーソンズ文化概念の「構成的自律性」を把握するという目的に照らして重要となるのは, 第二のサイバネティック・ハイアラーキーの方である。なんとなればサイバネティック・ハイアラーキーとは, 先述したとおり相対的に情報量の高い要因が, 相対的にエネルギーの低い要因を規制ないし統制する関係を指しているからである。したがって, かかるハイアラーキーの最高次に布置する文化システムは, 他の三つの行為システムを上方からコントロールするという性質をそなえていることになる。

　パーソンズが「文化体系は, 究極的なリアリティに対する委託を, 環境の他の部分と行為・自然界・有機体・パーソナリティの体系と社会体系とに対する有意味的な志向へと構造化する」(Parsons 1966 = 1971 : 13) と述べているように,「最高次のコントロール要因」という位置性は, 他の行為システムを統制するうえで肝要な意味の源泉を,「究極的リアリティ (ultimate reality)」に求めることによって保証されている (丸山哲央 2010)。「究極的リアリティ」とは,「自然的―有機的環境」とともに設定された一般行為システムの外部環境のうち宗教的シンボリズムの存在を通じて知覚される超経験的な環境――1960年代初頭当時, 文化システムのL

次元に布置していた「実存的システム」のなかでも，「神」に象徴される宗教的観念に相当する——を指している。文化システムが一般行為システムにおいて最も高度なコントロール要因たり得るのは，他の行為システムに対する「意味の供給源」として，至高の地位を占めているためである（文化システム自体の意味は，「究極的リアリティ」という人間的経験の超越的環境を源としている）。文化システムこそが，サイバネティック・ハイアラーキーの最上位要素であるという事実を強調するその一点にかぎり，パーソンズは「私は社会決定論者というよりもむしろ文化決定論者である」（Parsons 1966＝1971：169）と宣言してはばからない。

　ここまでを約言すれば，文化システムの「構成的自律性」とは，意味の供給にもとづく統制によって，低次の行為システムのすべてを根拠づけるという本質的な原理なのである（換言すれば，社会システム，パーソナリティシステム，行動有機体が各体系の組織化や統合にとって不可欠な意味的な要素を文化システムから取りいれているということである）。ここでの「意味」とは，厳密にいえば価値・規範，あるいはイデオロギーや哲学的な信念（知識）といった文化システムのなかでも，行為の主観的ないし間主観的な方向づけに深くかかわる要素のことを指している。

　後期の理論体系において，文化システムが他の行為システムの高次のコントロール要因に定位されたことは，とくに社会システムに対する規制的関係という水準において，パーソンズが依然として秩序の問題にまなざしを向け続けていた実態を却って浮き彫りにする。

　「一つの体系としての社会の中核」をなすのは，諸個人の行為が集合的に組織立てられた秩序にほかならない。しかもこの秩序は，価値から分化し特殊化された規範と規則をそなえた「規範的秩序」という側面を強くもつ。文化システムが社会システムを統制するというサイバネティック関係の眼目は，後者がそれ自体の規範や規則を有意味的なものとして機能させ

るために，前者という準拠を必要としている部分にある。換言すれば，文化システムが社会システムの規範的秩序を正当化しているのである。「社会と文化体系のあいだの相互連関の中心的な機能上の緊急事態は，社会の規範的秩序の正当性〈レジティメーション〉である」(Parsons 1966 = 1971：15)。このとき主軸を担っているのが「制度化」された価値であり，文化システムと社会システムとの間に最も直接的な「絆」を提供している。なぜなら価値は，社会システムがそれに依存するところの「規範的秩序に対する正当性の第一次的な源泉である超越的な文化志向体系」(Parsons 1966 = 1971：24 傍点：原著者) にほかならないためである。

　規範的秩序の維持が，様々な行動上の役割期待に充分に沿っていなければ困難である以上，社会システムは文化的な価値パターンに依拠せざるを得ない。というのも，役割期待に対する広範なコンセンサスは，かかる共通の行動基準を提供している「社会の価値と規範の内面化」をその基本的な条件としているためである。パーソンズによれば，「社会は，充分なレベルの統合あるいは連帯性と個々の成員の地位とをもっている社会的共同体を構成しなければならない」(Parsons 1966 = 1971：24-25 傍点：原著者) という。このような共同体の構成に深く関与しているのが社会化の機能を担う「信託システム」であり，規範的秩序は，そうした「充分に一般化され統合された文化体系の『担い手』」を介して，一群の期待に対する諸成員の承認と義務，あるいは忠誠が組織化されることによって可能となるのである。

　「もしも社会の成員の利益配分が連帯と内面化された忠誠と義務に根ざしていないならば，種々の緊張事態や緊張に直面したとき，どのような社会もその安定を維持することはできない」(Parsons 1966 = 1971：20) との指摘からも明らかなように，後期のパーソンズ理論は進化論的な展開をみせた一方で，根底では初期からの規範主義的なアプローチを貫いており，

一般行為システムの図式下で示された文化と社会とのサイバネティック関係は，より具体的なレベルでは，秩序の問題をいかに解決するかというプロブレマティークに収斂していく傾向がみられるのである。

第4節　パーソンズ文化社会学の可能性と課題

　1950年代後半から1960年代後半にかけてのパーソンズ理論の展開は，概して社会システム論の定式化〜文化システム論の定式化〜一般行為システム論の定式化という流れで把握されるが，文化概念の変遷という見地に立てば，社会や行為の要素に対する関係的性質の水準の推移という面からたどりなおすことができる。
　まず，社会システムの下位体系がうけもつ機能的命令に分析の焦点があてられた1950年代後半では，「信託システム」による支持（パターン維持）を要件に，社会的相互行為を組織化された役割行動として規制する働きが価値に付与された。これは，学際的な行為の一般理論が構想された1950年代前半時点において，「制度化」と「内面化」という「機能的意義」の見地から重視された価値のもつ統合的性格を，社会システムの安定的存続に寄与する諸下位体系——とりわけ家族，大学，教会などの「信託システム」——との「機能的連関」の見地から捉えなおしたものである。
　次に1960年代前半では，文化システムと社会システムの「相互浸透」の問題を解決するための手続きとして，両カテゴリーの分化を徹底させる必要性が主張された。分析の力点が置かれたのは文化システムの構成要素間の関連性や各要素の特質についてであるが，「相互浸透」の枢要部に位置づけられたのは評価的要素，すなわち「制度化」された価値であった。そ

れは，文化システムと社会システムの多様で複雑な関係を媒介し，秩序づける構造的基盤に再定位されたのである。この時期パーソンズは，その成否は措くとして，文化と社会との機能連関を両システムの内部構成に着目することによって定式化しようと努めていた。

1950年代後半段階における社会の体系存続というレベルでの自律性も，1960年代前半段階における社会との多様な相互作用というレベルでの相関性も，パーソンズが文化に看取した性向は，共有された価値の存在が基軸をなすという点で，"規範主義的"と形容するほかない特徴を有しているのである。

サイバネティック・ハイアラーキーの原理が一般行為システムレベルで適用された1960年代後半では，文化システムがほかの行為の下位体系を上方からコントロールするという構図が明確に打ち出される。「行為システムの最高次のL次元を占める文化システムが，社会システム，パーソナリティ，行動有機体に及ぼす制御力を強調する」(大野 2011：12) ことからも明らかなように，パーソンズは自身の文化概念に「特権的な位置」を与えており，1960年代までは前景化されていなかった「高次の意味の供給源」としての文化システムという観点を明示したのである。文化——シンボルシステムとして客体化された価値や信念——に付与された高度な制御力は，低次の行為要素（集合体，個人，身体）を意味的に根拠づけるという関係的性質であることから，構成的＝本質的な自律性とみなすことができる。また集合体への根拠づけに特化した場合，後期の文化概念が根底にそなえる規範主義的な性向も顕著となる。実際にパーソンズは，非西欧圏も射程に含む社会変動論に指向しながら，集合体の規範的秩序を正当化する至上の文化タイプとして価値にきわめて重要な理論的位置づけを与えていた。われわれは，社会システムの分化や変異の過程とともに秩序維持の原理を解き明かさんとする姿勢のなかに，パーソンズの生涯を貫く学問的

関心をみるのである。

　三つの時期の通奏低音をなしているのは，文化システムの「規範的要因」を「相対的に安定したパターン」として，社会システム全体およびその「条件的要因」の構制基盤——「秩序化」という水準での——とみなす姿勢である。つまりパーソンズの理論体系において，文化（価値）は社会システムの諸単位のなかでも，構造機能分析でいうところの「構造（structural）」の中心であり続けたのである。ここから浮かび上がるのは，デュルケムの影響下で初期の文化概念に付与された統合的性格が，まさに「不変の核」として中期から後期にかけての立論の根底に据えられていたという事実である。

　残された課題として，21世紀という現代の時代状況に鑑み，パーソンズが定式化した概念枠組の有効射程を冷静に見定める作業が必要となる。そのためには文化システムの内部構成や，文化システムと社会システムとの相互作用に照準した一連の分析モデルが，あくまで彼の生きた当時の国民国家，すなわち中期近代の全体社会を前提に組み立てられたものであるという点に留意しなければならない。同質性が比較的高い「閉じたシステム」を暗々裡に想定しているために，パーソンズは文化を構成員すべてに等しく「内面化」されているか，さもなくば強制的な手立て（サンクションの諸機序）を講じてでもコミットさせるべきものとして措定しているのである。いわば普遍主義的な「共通価値」によって矛盾なく統合された集合体として社会を一般化する「規範主義的―集合主義的」アプローチに対して，後期近代以降，これに抗する動きが社会科学の諸分野で抬頭しはじめる。

　その代表格といえるのが，文化の意味づけをめぐる日常的なせめぎあい（ポリティクス）を当事者性の観点から記述するカルチュラル・スタディーズであり，社会的な諸事象が文化によって，それらの内側から不断

に構制され変容される原理を説明する文化論的転回である。二つの潮流が明確化したのは,「持続的な秩序の確立」へ向けられた強いまなざしゆえに,文化の変革や社会の変動およびコンフリクトの問題を追究しきれないというパーソンズの理論が抱える硬直性であった。

　めまぐるしく変動する現代の趨勢に鑑みて求められるのは,社会編成の説明要因として文化の根底的な自律性を重視する文化論的転回や,多様な生活主体間の抗争や葛藤のなかで不断に形成され更新される存在として文化の政治性・流動性を重視するカルチュラル・スタディーズの成果を斟酌しつつ,「文化による行為の規制とその結果としての社会的秩序維持」(丸山哲央 2010：29)という視点が根幹をなすパーソンズ社会学に潜在する理論的な有効性に光をあてる取り組みである。むろんそれは,情報通信,輸送・運搬技術の革新や交易,金融取引,労働力移動にかかわる国際的レジームの確立などに支えられたグローバル化の加速とともに国民国家＝全体社会の統合力が衰退し,人,モノ,資本,イメージなどが越境化する現状も十分に加味させる必要があるため,難渋することが予測される道だといえる。

　しかしながら,社会関係や社会構造が文化によって動的に構制される立場を強調しすぎれば,コント,スペンサー,デュルケムら先人達が取り組んできた社会学の中心課題ともいえる秩序の問題が後景にしりぞいてしまうことになりはしまいか。われわれは,文化の生成基盤が,あくまで集団,組織,市場,権力といった「社会的なもの」にあること,そして文化のなかでも,とくに共有された価値や規範こそが,もはや国民(nation)という同質的な構成員を唯一の主体として安易に想定できないとしても,人びとの行為を方向づけ制御することによって,各集合体に大なり小なりパターン化された秩序を付与している実態を無視してはならない。そこから看取すべきは,個別主義的な「共通価値」のもとで統合された「多様な集

合体」という観点である。

　文化論的転回のラディカルな理路として，文化による社会構造の「無限生起」を帰結しかねないが，この歯止めとなり得る可能性は1960年代前半にパーソンズが構想した「文化の社会学」に伏在している。中期パーソンズの文化理論は，初発から文化システムの「規範的要因」と社会システムの「条件的要因」の多元的な関連性に関心を向けていたのである。肝要となるのは，パーソンズ未完のフレームワークを，今日のグローバル化状況下における「相互浸透」の分析に適したものへといかに再定式化するかである。

注

(1) パーソンズが，その均衡状態の維持のために社会システムが具備している機序の一つとして「社会統制」とともにあげた「社会化」とは，パーソナリティシステムの学習機構であり，個人が将来に出会うであろう，いくつかの主要な役割期待を遂行するために，「一般化された構え（readiness）」を促進するような欲求性向を形成させる過程である（Parsons and Shils eds. 1951＝1960）。とくに重要となるのは，幼少期における一般化，模倣，同一視である。例えば，人間社会における最も基本的な役割期待は，家族内での愛着をともなう同一視によって子供の人格の一部分となる。ただし，「社会化のメカニズムは，あまりに狭く考えすぎてはいけない」（Parsons and Shils eds. 1951＝1960：363）とパーソンズが指摘するように，役割期待へのパーソナリティの同調を促す学習機構は一つではない。かかる論点は，「社会化」をつかさどる「信託システム」の下属部門として，親族のほかに大学などの高等教育機関，教会，道徳的共同体（moral community）といった複数の制度の存在が提示されている事実からも裏づけられよう（Parsons and Platt 1973）。

(2) 社会システムの変動的要因について，パーソンズは信念体系（文化システムの認知的要素）における非経験的領域がもつ固有の要因も考慮に入れる必要性を説くものの，「科学の発達もまた，哲学，イデオロギーおよび宗教的信念にたいして，長期間の反響を呼びおこしている……この要因を斟酌すると，

合理化過程は，社会体系の変動の一般的な方向的要因であると，かなりの確信をもっていえるのである」(Parsons 1951 = 1974：493) と言明している。

(3) パーソンズが社会の側での分化の手続きを要請した背景の一つに，例えばマンハイムに顕著な傾向として，社会の構造と機能にかんするマルクス主義的な水準の実在的要因，とりわけ「社会階級」を中心概念に据えすぎるあまり，M. ウェーバーが先鞭をつけた「この分野における一層高水準の理論的分化」(Parsons 1961b = 1991：122) の研究が，ドイツ文化社会学では徹底されぬまま放置されてきたという問題を付記しておく必要があろう。

(4) 用語法上の留意点について，行為システムの要素としての「文化」と行為状況の一部をなす客体としての「文化」との混同を避ける必要がある。共通の価値ないし規範を中心とする前者は，パーソナリティに「内面化」されることによって欲求性向の一部を構成し，集合体に「制度化」されることによって役割期待を構成するように，行為システムの内在的要素である。後者（文化的客体）の場合，行為者の志向の対象をなすとともにこれを統制する法，観念，規則であり，行為システムに外在する一つの客体にすぎない。

(5) ほかにもパーソンズは，科学的な研究組織について，科学的志向の維持や創造という機能的目標のもとで組織化されていると同時に，成員間の相互行為の機能的要件（統合）にも適合しているという点で——「第一に，文化的な焦点をもっており，次いで，社会的な面も備えている」(Parsons 1961b = 1991：7) という点で——教会と同じく，文化システムと社会システムとが相互浸透しあう場と捉えている。

(6) 「社会体系内では，社会変動にとっては構成単位の『物質的利害』よりも規範的要素のほうが重要であると私は信じている」(Parsons 1966 = 1971：169) との確言からも，社会システムと最も直接的に接合されている価値（文化システムの「規範的要因」）の刷新なくして，経済的生産性や政治権力にかかわる新秩序の創造は困難とするパーソンズの立場を読みとることができる。

(7) パーソンズは，社会の進化的変動に先立って「文化の累積的発展」を問題にした際，かかる発展を純粋に単線的な過程とみなす考え方に懐疑的であった。「文化領域のどれ一つとして，発展過程が，直線的な付加性を示すものはない。芸術形式，価値体系，そして非経験的信念体系は，錯綜した連続性を示すのである」(Parsons 1961b = 1991：98) と言明するとき，M. ウェーバー

の「経済・技術・学問研究・教育・戦争・司法・行政などの……あらゆる文化圏にわたって，生の領域がさまざまに異なるに応じてきわめて多種多様の合理化が存在した」（Weber, M. 1920＝1972：22）という理解からインスパイアされていることは明らかである。パーソンズはM.ウェーバーについて，質的に多様な文化的発展の「体系的な類型論」の概要を，広範な比較的展望のもとで示そうとしていたと評価している。

(8) 「究極的リアリティ」は，最終的に，一般行為システムそのものを下位体系の一部に含む「人間の条件パラダイム」という最も包括的な図式において，L次元の下位体系にあたる「テリックシステム（telic system）」として捉えなおされた（Parsons 1978＝2002）。これは宗教的意味での「救済」，すなわち人間にとっての「究極的な関心」——M.ウェーバー的な「意味の問題」——を中心的な準拠点とする「超経験的」世界であり，その頂点には，個人レベルでの「救済」を超えた秩序自体を基礎づける「究極的基盤」としての神観念が座している。サイバネティックなコントロール・ハイアラーキーにおいては，人間存在にかかわる経験的な諸条件を上方から統制する最高次の存在に定位された（L：テリックシステム→I：一般行為システム→G：人間有機体システム→A：物理—化学システム）。

第4章

文化論的転回と機能主義的社会学
―― パーソンズ以降の文化理論の一断面 ――

　本章では、従来のマルクス主義および機能主義に対する反動的潮流として、20世紀後半以降、社会科学の諸分野で抬頭しはじめた文化論的転回の概括的な説明を最初に試みるが、その際、文化概念を特徴づける「内的―動的な自律性」と、パーソンズの文化概念（とくに初期）に顕著であった「外的―静的な自律性」との違いに着目する。文化論的転回が欧米の社会科学界を中心にプレゼンスを高めてきた背景には、地球規模での人、モノ、イメージの交流量の拡大、価値や権利の相対化と多様化など、「グローバル化（globalization）」あるいは「ポストモダニティ（postmodernity）」といった用語で表されるような、後期近代を画する急速な社会変動があった。

　また同時期、中期近代まで主導的な地位にあった構造機能分析の超克をめざす動きが、社会学理論の内部でもみられるようになる。具体的には、H. G. ブルーマー、E. ゴフマン、H. ガーフィンケルらのミクロ社会学、N. ルーマンのオートポイエシス的システム論、J. C. アレクサンダーらの新機能主義である。このような知的潮勢のなかで、「個人の主体性の復権」「主観的行為と社会構造の統合」「社会秩序の自律的形成」「コミュニケーションの再生産」といった論点が新たに打ち出され、既存の分析枠組や概

念図式の再定式化が今日に至るまで試みられてきた。とくに文化理論の再構築を直接的に志向したのは，パーソンズ社会学の批判的継承を掲げるアレクサンダーであり，本章の後半部では，彼の提唱する「文化的社会学（cultural sociology）」が，文化をいかに再定義し，いかに社会との関係を捉えなおすべきかという問題をめぐり，文化論的転回と近似的なアプローチをみせている事実にも言及する。

第1節　文化論的転回の反機能主義的側面

　1960年代に入り，パーソンズの構造機能分析の立場は，象徴的相互作用論や現象学的社会学，エスノメソドロジーなどから公然と批判されるようになる。これらミクロ社会学の諸派が問題視したパーソンズ社会学の理論的傾向は，社会構造の均衡を重視する「規範的パラダイム（normative paradigms）」（T. P. ウィルソン）および，「誇大理論（grand theory）」（C. W. ミルズ）とも揶揄される「概念図式のスコラ的精緻化」（高坂 1986：351）であった。

　たしかにパーソンズは，文化とりわけ規範ないし価値の体系を初発から社会秩序の説明要因に位置づけており，行為者の統合基盤として社会的に編成済みの存在と仮定している。こうした目的論的な文化認識に対して，ミクロ社会学は「人間を文化的価値に従属させることになる」（丸山哲央 1986：34）として，「個人の主体性の復権」を掲げたのである。例えば，ブルーマーら象徴的相互作用論者は，「持続的な秩序の確立」過程を規範の共有による行為の規制という観点から強調したパーソンズに抗し，行為にそなわるコンティンジェントな部分，すなわち個人（パーソナリティ）

の自発的な解釈に依拠した相互作用＝コミュニケーションをとおして，既成の社会的な機構や制度，ルールが修正あるいは変革されていく側面を重視した（船津・宝月 1995）。つまりミクロ社会学の文脈において，人間は，すでに確定された規範や役割をただ受容するだけの機械的存在ではなく，むしろ不断の「選択」や「意味付与」過程をとおして，それらを積極的に再形成していく主体的存在として捉えなおされたのである[1]。

また，概念図式のスコラ的精緻化という点にかんして，パーソンズの用いる枠組は，研究者という権威的＝外在的な視点から導出されたものであり，その過度に複雑で抽象的な理論構成に対しては，日常生活を営む人びとの主観性ないし相互主観性の分析に有効ではないとする声が新しい世代の社会学者から寄せられるようになる[2]。とくにミクロ社会学は，研究者の頭のなかで仮構された説明図式を特定の事例に適用する演繹法的アプローチにかんして，経験的現実から遊離してしまうことへの懸念を示す一方で，日常生活者が思念している意味を本人達の内側に立ち入って理解しようと努めた。ミクロ社会学の立場が「解釈的パラダイム（interpretive paradigms）」（ウィルソン）と呼ばれるのも，かかる了解的アプローチによるところが大きい。日常的な生活世界の当事者を観察対象として第一義化する社会学者達にとって，あくまで「概念は活動に対する道具的な有効性を持つ」（Blumer 1969＝1991：216）ものでなければならず，参与観察やライフヒストリー研究といった了解的アプローチの指針をなすとともに，そうした具体的なフィールドをともなう個別の実践を通じて帰納的に体系化されるべきものであった。

1960年代における客観主義と主観主義との対立の構図は，同時期に相次いだ既存のシステムや体制への異議申し立ての風潮を背景に表面化したといっても過言ではない。かの５月革命を皮切りとする公民権運動や反戦運動，ウーマンリブ，ヒッピームーブメントに代表されるカウンターカル

チャーなど，名もなき市民による抵抗の意思表示として顕現した時代のうねりは，捉え方次第では，体制を支えるためのイデオロギー装置ともなり得る「知」のあり方の問い直しをアカデミズムに要請したのであり，その返答の一つが，いずれも行為者のミクロな主観的視点を重視する象徴的相互作用論であり，現象学的社会学であり，エスノメソドロジーあった。

また，各種の市民・社会運動を導火線とする「知の地殻変動」は，欧米における社会科学界全体に及ぶものであった。とくに1970年代から1980年代にかけて，歴史学，歴史社会学，政治経済学，人文地理学などを中心に影響力を拡大してきたのが文化論的転回である。それは，文化を階級や生産システム，さらには国家に従属させる暗黙裡の前提に抗し，これら「社会的なもの」が，ほかならぬ文化によって根底から構制される状況を理論的・実践的に把握しようと努めるところに最大の特徴がある。いわば文化論的転回派とは，R. ロバートソンの表現を借りれば，「非文化的な事象を文化が説明するものだと証明する努力を行うことに同意している」(Robertson 1992＝1997：93) 社会科学者達の総称といえよう。

もともと文化論的転回は，文化を付帯的な現象としてしかあつかわない支配的傾向へのカウンターパワーという側面が強く，この立場に与する社会科学者の多くが，当初から経済決定論的な旧態依然のマルクス主義を超克の対象に据えていた。V. E. ボネルとL. ハントが指摘するように，1980年代後半以降，文化の自律的な説明力を強調する社会理論家からの批判に直面したマルクス主義は，東欧やソ連における共産主義体制の崩壊も相まって，その権威の相対化を余儀なくされたのである (Bonnell and Hunt 1999)。また L. レイと A. セイヤーも，文化論的転回がマルクス主義の衰退と歩を一にしており，とくにそれは，これまでの政治経済学などが依拠してきた史的唯物論から「言説 (discourse)」への転換を志向する急進的な社会科学や歴史研究の分野で強くみられると主張する (Ray and Sayer

1999)。

　さらに反マルクス主義とともに，文化論的転回に共通する姿勢として反機能主義があげられる。かかる姿勢は，主観を排した抽象モデルによる説明よりも，社会的歴史的出来事の意味理解を重視する方法論的特色のなかに読みとることができる。したがって文化論的転回は，機能主義的説明ではなく解釈学的説明を志向するという全般的傾向において，パーソンズの理論的陥穽を「意味の欠落」に見出したミクロ社会学——「意味学派」とも総称されていることに留意されたい——と親和的な関係にあるといえよう。ただ，現象学的社会学など一部をのぞき，対面的な相互行為過程の観察と記述に徹するミクロ社会学の場合，意味の社会性・公共性にかんする理論化が適切になされておらず，「社会全体の編成原理」については何ら明らかにされていないという現実がある（今田 1990）。

　後述するが，「記号」「テクスト」「ナラティヴ」など，人文科学と馴染み深いメタファーにもとづいて全体社会＝国民国家をも含む社会構造の意味的編成を説明することに重点を置く文化論的転回の理論的傾向は，機能主義との間に横たわる埋めがたい溝を示している。本章では次節以降，多様な思想的・理論的背景をもつ文化論的転回の特徴について，「方法論」「文化の概念規定」「理論構成」の三つの見地からできるかぎり整理して概説する。

第2節　一般的考察——文化論的転回

1　方法論上の特徴

　20世紀後半以降，社会科学における文化の研究手法が，モデルによる因

果的説明から「事例の解釈」へシフトしてきたことは，文化論的転回の抬頭と機能主義の衰退とが表裏一体であったことを物語っている。ボネルとハントによると，ともに1973年に出版されたH. ホワイトの『メタヒストリー』とC. ギアーツの『文化の解釈学』が実証主義的な文化研究から解釈学的な文化研究への移行を決定づけたという（Bonnell and Hunt 1999）。とくにギアーツが提唱した「解釈人類学（interpretive anthropology）」は，文化的な事象や実践の因果連関をいかに説明するかよりも，そこに付与されている意味をいかに理解するかに関心を寄せる社会科学者にとって橋頭堡となるものであり，その重大な影響力は，アメリカ社会学会発行の『現代社会学』（*Contemporary Sociology*, 1996）において，過去四半世紀の社会学に最も影響を与えた10冊の一つに『文化の解釈学』が選出されている事実からも窺い知ることができる。

　後期近代の社会科学に及ぼしたギアーツの最たる影響は，「尋ねるべきことは，それらの意味なのであり，それが嘲笑，挑戦，皮肉，怒り，へつらい，あるいは誇りなのか，それらの行為において，またそれらが行われるものを通じて表現されるものは何かということなのである」（Geertz 1973＝1987Ⅰ：17）という立言に象徴されるように，文化を分析するにあたっての解釈学的スタンス（interpretive stance）である。エティック（etic）な法則定立的アプローチを「文化の分析を損なう図式主義の欠陥」と論難するギアーツにとって，人類学とは，ある習俗に特有の「複雑な概念的構造の多重性」（Geertz 1973＝1987Ⅰ：16）を読み解く「厚い記述」の学問でなければならなかった。つまりそれは，階層の異なる複数のインフォーマント（現地人）が解釈している習俗に対し，当該の行動や儀礼を観察するエスノグラファーが二次的に行う解釈，いわば「解釈についての解釈」なのである。

　ギアーツのあげた事例に倣えば，北フランスのシャルトル大聖堂は，建

築にたずさわった当時の人びとによって（一次的に）解釈されていたものである。この荘厳なゴシック式寺院を対象とした「厚い記述」とは，複雑に絡みあった「神・人間・建築の関係に関する特殊な概念」の網を解きほぐすことである。このように文化の解釈は，何重もの意味が刻印され，記憶されている歴史的ドキュメントに対して行われる。聖母マリアやキリスト教の世界観にかかわる「概念が寺院の建設を統御したのだから，その結果，寺院がそれらの概念を具体的に表現しているのである」（Geertz 1973 ＝ 1987Ⅰ：87）。

意味の厚み（重層性）に焦点をあてる文化の解釈学的アプローチは，インフォーマントの視点から，つまり「彼らが身近に感じられ，彼らを彼ら自身の日常的状態の中におくことによって」（Geertz 1973 ＝ 1987Ⅰ：24）行われる以上，エミック（emic）な性質をもつ。ただ，そこで問われるのは，特定の時代と地域における習俗にかんして，当事者達が「いかなる意味づけを行っているか（行っていたか）」だけでなく，彼らと彼らの集合体に対して当該の事例が「何を意味しているか（意味していたか）」である。

ギアーツがインドネシアやモロッコでのフィールドワークを中心に実践した文化の意味論的研究は，「解釈学的転回（interpretive turn）」と呼ばれる潮流をもたらした。かかる方法論的革新は，W. ディルタイ以来，西洋思想史の一翼を担ってきた解釈学の手法が，人類学を経由して歴史学や社会学，地理学などの諸分野に導入されるようになったこと，いうなれば，人文科学と社会科学のジャンルの壁が大きく揺らぎはじめていることを示唆している。実際にギアーツの薫陶を受けた研究者の間で，「文化現象は理解の問題を提起する意味体系として扱われるべき」（Geertz 1983 ＝ 1999：2）という共通認識が形成され，現代の社会科学は，数量主義に固執する一部の経済学や心理学を除き，あたかも「広い解釈学の一分野」

(Bonnell and Hunt 1999) であるかのごとき様相を呈している。

例えば1980年代以降，地理学では，アメリカとイギリスを中心に，歴史的・政治的な意味が刻印された空間的表象，すなわち「社会的ドキュメントとして読まれ，解釈されるべきテクストとして」（森 2009：3）都市景観が研究されるようになっている。J. ダンカンらが，中世スリランカのキャンディ王国に存在した首都プランや，カナダのバンクーバーに建ち並ぶ集合住宅といった事例から読みとろうとしたのも，景観のもつ意味の厚みであった。つまり同じ建物やモニュメントでも，生活者達の社会的な立場（ヒエラルキー上の地位）や利害関係に応じて，複数の異なるイデオロギー（思想や価値観）が幾重にも折り重なるように付与されており，そのために「国王のもつ権力の正当性」や「高級住宅街としての本来のイメージ」をめぐり，まさに景観そのものが政治的な闘争の場となっているのである（今里 2006）。

むろん文化論的転回は，単一のアプローチのみに帰されるわけではないものの，「森は解釈を求める人々で満ちている」（Geertz 1983＝1999：36）とも形容されるように，第一義的には，「解釈学的転回を受けながら，現代の社会理論のなかに浮上してきた『文化』への新しいまなざしを指している」（吉見 2003：13）のである。

2　概念規定上の特徴

文化論的転回は，方法論の転換に加え，現象を説明するための語彙そのものに重大な変化をもたらした。われわれ人間はホモソシオロジクスであると同時に，経験的諸事実を言語のような記号に置き換えて捉え，それを自己の内部で再現前化することで意味的，象徴的な世界を創りだす「アニマル・シンボリクム（シンボルを操る動物）」（E. カッシーラー）でもある。そうした社会的な行為と不可分の表象界に社会科学が積極的に介入す

るようになるなかで，文化は解釈可能なテクストの集合あるいはシンボルの体系として概念化されはじめている。

　実際にボネルとハントは，文化論的転回についての見解が統一されていないことを認めながらも，「社会的なもの」の地位に対する疑問，方法論的・認識論的ジレンマの不可避性，説明的パラダイムの解体といった傾向とともに，「象徴的，言語的，表象的体系（symbolic, linguistic, and representational system）としての文化の描出」をあげている（Bonnell and Hunt 1999）。とくに文化を記号や意味の体系として指定する試みは，社会科学における中心的想定に対する挑戦という側面が強く，理論から厳密に切り離された「生の事実（brute fact）」「理想的言語（ideal language）」のごとき主観性を取り払った形式的な分析概念，実在主義の系譜に連なる「絶対真理（God's truth）」といった諸前提は，もはや「行動をその決定要因に結びつけるよりは，行為をその意味に結びつけることこそ説明であるという考えのもとでは，有力なものとしてとどまりえない」（Geertz 1983 ＝ 1999：56-57）。

　このような一連の流れは，解釈人類学が後期近代の社会科学にもたらした影響力の大きさを裏づけるものといえる。ギアーツは，人間自らが哲学的，科学的，芸術的，宗教的な諸営為のなかではりめぐらした「意味の網」を読みほどくためには，「文化の概念は……本質的に記号論的（セミオティック）なものである」（Geertz 1973＝1987Ⅰ：6）必要性をいち早く強調していた。

　たしかに，意味論的手法とともにギアーツが採用した記号論的な道具立ては，今日の人文・社会系の理論家達に，人びとの観念や情調の世界へアクセスするうえで有効な枠組を提供した。ただ，「有意味的なテクストないしシンボルの体系」というギアーツの文化認識は，S. K. ランガーの著した『シンボルの哲学』（1957）から多大な示唆を受けたものであり，

様々な思想的・理論的出自を背景にもつ文化論的転回にとって，数ある「文化の記号論的概念」の有力な候補の一つにすぎないということにも留意しなければならない。例えば，文学論や景観論の文脈における「記号」や「テクスト」は，ギアーツよりもむしろカルチュラル・スタディーズのパイオニアのひとりに数えられる R. ウィリアムズや，フランスの構造主義的記号論を代表する R. バルトの用語法に準拠したものである。

とはいえギアーツが，行為，言語，芸術，儀式，信仰，その他の歴史的所産を「解釈できる記号の互いに絡みあった体系」(Geertz 1973 = 1987 Ⅰ：24) として概念規定したことが，文化研究の再編——因果的な説明から重厚な解釈へ——を促したことは疑いようもない事実であり，これは社会科学の内部でも，「象徴の意味（意義，趣旨，意味されたもの，ベドイトゥング……）を把握しなければならないとする動きは，今や強大なものとなった」(Geertz 1983 = 1999：36) ことが何よりの証左である。つまりギアーツの用語法に直接準拠しようとしまいと，多くの社会理論家にとって，「文化」という概念をテクストや記号の体系として措定する目的は，あくまで「厚い記述」の実践に向けられているのである。

3　理論構成上の特徴

文化論的転回は，その理論構成の水準においても，従来の社会科学にはみられなかった二つの特徴をそなえている。第一に，ギアーツが「ジャンルの混淆」と呼ぶ人文科学との境界消滅である。この傾向は，社会科学の直面している今日的状況として，集団，組織，制度，さらには身体やジェンダーをめぐる問題を，政治，経済，家族といった単一の社会的要因に還元して説明することの困難さを物語るものである。「哲学者の見解や……文芸批評家の見解，またフーコー，ハーバマス，バルト，クーンら分野不問の反逆者たちの見解が社会科学の領域に入り込んだために，社会科学を

専門技術として捉える見方への単純な回帰はほとんどありえないことになった」(Geertz 1983＝1999：3)。

　知の領域で急速に進むジャンルの揺らぎについては，芸術や文学などの審美的領域と相似する傾向として，ジェイムソンも次のように指摘している。

> 一世代前までには，まだプロフェッショナルな哲学に固有のディスクールが存在していた——サルトルや現象学者たちの偉大な体系，ウィトゲンシュタインや分析哲学のあるいは日常言語学派の著作がそうであり，例えば政治学，社会学，文学批評といったアカデミーにおける他の学科のまったく異なったディスクールと判別することができたものである。今日では私たちは，すべてを一緒くたにしてただ単に「理論（セオリー）」とだけ呼ばれるようなある種の著述を手にするようになった。……例えば，ミシェル・フーコーの著作は哲学，歴史学，社会理論それとも政治学と呼ばれるべきなのか。……このような「理論的ディスクール（セオレティカル・ディスコース）」もまたポストモダニズムの表明のうちに数え入れておくべきだと私は考える。
> (Jameson 1998＝2006：13-14)

　どのディシプリンでも難解な事象の認識に際しては，他分野の表現をメタファーとして用いるものだが，近年の社会科学では，文化への関心の高まりを背景に，人文諸科学からのアナロジーが顕著にみられる。この一連の流れは，社会理論に対する省察の喫緊性を人文科学者に促すものであると同時に，彼らが大なり小なり自負してきた「〈文化の番犬〉的な考え方」(Geertz 1983＝1999：58) に内省を迫るものでもある。とりわけ文化論的転回では，社会科学における文化概念の根拠を，シンボルやテクストなど

の「意味の乗り物（vehicle）」に求める兆しにともない，その理論構成は，おのずと「言語的なもの（the linguistic）」が洞察の要に位置する哲学や思想との遭逢をとおしてなされるようになる。

　第二の特徴として，広い意味でのコトバとして前景化された文化，すなわち「そのようなシンボル体系がこの世で起こることにいかに関わるかという問題」（Geertz 1983＝1999：57）にかんする定式化があげられる。第一の特徴との関連でいえば，われわれの社会生活を文化が絶え間なく構制していく自律的な原理の描出は，所謂「言語論的転回（linguistic turn）」からのアナロジーという様相を呈する。かかるリンケージを昨今の社会科学者達が積極的に試みるようになったのは，ギアーツが先鞭をつけた概念規定，すなわち文化とは「記号論的概念が適切に用いられる性格のものである」（Geertz 1973＝1987Ⅰ：24）との提言が，言語をめぐる難題に正面から向き合う理論家や思想家の力を借りることへの抵抗感を薄らげたためである。

　言語論的転回とは，言語学，記号論，構造主義（ポスト構造主義）の抬頭に象徴される「知の地殻変動」の総称であり，文化論的転回の「理論的ディスクール」は，まさにこの社会理論上のパラダイム転換に多くを負っている（吉見 2003）。「転回」（ターン）という場合，既存の世界や物事に対する見方が相対化され，反転していく状況を示しているわけだが，言語論的転回の革新性は，所与の現実を忠実に指示し，また表現する「道具」もしくは「外被」としてコトバを位置づける反映的言語観（言語衣裳観）を批判し，むしろコトバにこそ社会的現実形成の契機としての特質を見出したところにある。

　言語論的転回において基底をなす視座（コトバによる現実の構制）は，F. ソシュールの提唱した「ランガージュ（langage）」に由来するものとみてよい。ランガージュとは，人類に普遍の潜在的なシンボル化能力およ

びその諸活動（言語，所作，音楽，絵画，彫刻），いわば「広義のコトバ」を意味している（丸山圭三郎 1985, 1994）。むろん普遍的な能力といっても，社会生活を一定期間営まなければランガージュは獲得不可能であり，最も基本的な「分節言語（langage articulé）」ですら集合体とのかかわりなくして何ら行使し得ない。

　ランガージュをめぐるソシュール言語学の要諦は，言語以前に判然と識別可能なものなど何一つ存在し得ないという考えにある。一般に「指示対象（référent）」と呼ばれる経験的な事物ないし事象は，あくまで言語記号（signe linguistique）という「形相」としての「関係の網」が，未分節な音（son）と意味（sens）のカオス状の連続体に投影されることで，それらについての思考（pensée）と物理音（son matériel）——両者はあくまで「実質」であり，いずれも語る主体の脳裡にのみ座するシニフィアン（聴覚映像）およびシニフィエ（概念）と混同してはならない——が同時に切り出された瞬間に生じるのである。ソシュールが「思考の中には，言語記号なしに明らかなものなどまったくないのです。……音においても，事前にはっきりと区別された単位など存在しません」(Saussure 1910-1911 = 2007：172) とジュネーヴ大学の講義（一般言語学）で強調したのも，音と意味ひいてはこれによって指し示される事物のア・プリオリ性を否定するためであった。

　ランガージュによる指示対象の分節的な生起にかんして，格好の事例となるのが太陽光線のスペクトルである。日本語では紫，藍，青，緑，黄，橙，赤の七色で虹を区切るが，英語では purple, blue, green, yellow, orange, red の六色，ショナ語では cipswuka, citema, cicena の三色，サンゴ語では vuko と bengwbwa の二色，バッサ語でも hui と zīza の二色に区切る。つまり，われわれをとりまく事物・事象は，各国語体に属するコトバをとおして世界から恣意的に分節されたア・ポステリオリなもの

——コトバ以前は混沌とした連続体にすぎない——であって，即自存在というわけではないのである（丸山圭三郎 1984, 1985）。

　言語論的転回がソシュールを嚆矢とするとはいえ，後期近代以降の社会科学者達に与えた影響という見地からこのパラダイム転換に言及するとなれば，やはり L. ウィトゲンシュタインと M. フーコーの両存在は無視できまい。

　ウィトゲンシュタインの場合，何より「言語ゲーム（Sprachspiel）」（命令，報告，ジョーク，虚言といったコトバを用いて営まれる活動の総体）にかんする思想に言語論的転回のエッセンスが凝縮されている。彼によれば，コトバというものが「生の形式」として人びとの日常に入りこんでいる以上，それがどのように機能するかは，対話の個別的状況に依拠しているという。「単語は，文のなかに置かれたときだけ，意味がある」（Wittgenstein 1953＝2013：48）と説く G. フレーゲに同意したのも，対話の脈絡に沿った実際的な使用，すなわち一定の規則に従ったゲームのなかでのみ，コトバの内容が確定されることを強調するためであった。ウィトゲンシュタインが言語論的転回の嚆矢のひとりとみなされるのは，誰かに何かを語るという日常的で「プリミティブな使用法」（Wittgenstein 1953＝2013：10）のもとでのみ，つまり語る主体＝聞く主体同士のコミュニケーションの個別的文脈においてのみ，コトバの意味が確定されるという見方を呈示したからであった。

　フーコーの場合，言説の統一性を保証する特定共時的（idiosynchronique）な諸規則の「発掘」に関心が向けられている。彼がめざした言説の「考古学（archéologie）」とは，ある時代，ある社会における「言説の存在の諸条件」，つまり「語る主体の意図，かれの意識的活動，かれが言おうとしたこと，あるいはまた，かれが述べたことやかれの顕在的な言葉のほとんど知覚しえない割れ目のなかに姿をあらわした無意識の作用などを

第4章　文化論的転回と機能主義的社会学

見いだそうとするやり方なのである」(Foucault 1968＝2006：161)。実際にフーコーは,「外側から行使され,排除のシステムとして働き,疑いなく,力と欲望とを働かす言説の持ち分にかかわる」(Foucault 1971＝1981：22) 原理や,言説空間の内側で作用する「分類,排列,配分などの原理」(Foucault 1971＝1981：23) のなかに,真理や狂気の発生的契機を看取した。彼にとって現実世界の諸観念は,様々な歴史的主体や制度のもとで不均衡に分布し排列された言説の所産にすぎず,この意味で言語的＝文化的な「構築物」なのである。

　ソシュール,ウィトゲンシュタイン,フーコーが今日の社会科学にもたらした最たる功績は,行為,知識,権力,制度などの存立にコトバが不可避的に関与しているとする認識を敷衍させた点であろう。彼らの影響のもとで,「社会的なもの」は言説的に構築される存在として捉え返される。かかる認識は,「社会生活を象徴(記号,表象,意味するもの,ダールシュテルンゲン……用語は多様である)により組織されるものとして概念化し,そのような組織を理解しその組織原理を定式化する」(Geertz 1983＝1991：35-36) 潮流の契機となったのである。文化を社会の自律的な「説明要因」として強調する理論構成は,従来における付帯的・従属的な文化の捉え方に対する挑戦というラディカルな側面をもつ。この点にかんして,ボネルとハントの次の指摘はまさに正鵠を射たものといえよう。「社会的な分析枠組は,意識や文化または言語に先行するものとしてではなく,それらに依存するものとしてイメージされるようになったのである。そうした枠組は,社会についての表現 (expressions) あるいは表象 (representations) をとおしてのみ定式化されるのである」(Bonnell and Hunt 1999)。

　本節での論考を通じて,少なくとも解釈人類学,構造主義言語学,ポスト構造主義的な言説分析,「形而上学的な使用から日常的な使用へとコト

バを連れ戻す」ことを企図した言語哲学が文化論的転回の知的源流をなしていることが確認された。さらに，これらの分野が影響を受けたディルタイ以来の哲学的解釈学，G. ライルらのアメリカ・プラグマティズム，ランガーやカッシーラーの哲学に代表される表象主義的アプローチ，フレーゲと B. ラッセルに端を発する分析哲学まで含めれば，文化論的転回の出自にかんして，きわめて多岐にわたるものであるという側面が浮かび上がる。こうした事実に鑑みれば，文化論的転回は後期近代に特有のパラダイム転換というよりも，「現実世界の意味構制」を問う20世紀西洋思想全体の動向を指しているとさえいえるのである（佐藤成基 2010）。

第3節　文化論的転回とパーソンズ社会学の相違

1　方法論の水準

けっして少なくない数の社会科学者——その多くは，1970年代から1980年代にかけて抬頭した欧米の研究者によって占められる——が，ギアーツの姿勢に倣って「抽象的な概念を統合したパターンにまとめあげること」（Geertz 1973 = 1987 I : 30）を拒否し，「諸象徴に具体的に表されている意味の体系の分析」（Geertz 1973 = 1987 II : 208）を志向するようになった事実は，文化論的転回とパーソンズ社会学との第一の相違が，方法論にあることを示唆している。そもそも文化論的転回の登場は，19世紀末以来，ディシプリンとしての社会科学の確立を主導してきた実証主義的パラダイムへの全体的な不満に起因しており，その批判の矛先は，自然科学的な法則定立をめざす数量主義や機能主義に向けられたのである（Bonnell and Hunt 1999）。

文化論的転回とパーソンズ社会学の方法論をめぐる相違は，目的と実践の両面から示すことができる。文化論的転回の場合，具体的なシンボル体系に重層的に付与された観念，思想，情調の理解に主眼が置かれるため，特定社会における文化の質的特殊性（意味の厚み）を描き出す個性記述的アプローチがとられる。パーソンズ社会学の場合，ともに純粋な（非実体的な）分析概念として仮構された「人間の行動を形づくる要因としての，価値，観念，さらにその他のシンボル的に有意味的なシステム」である文化と，「個人や集合体間の相互行為の関係システム」（Kroeber and Parsons 1958）である社会の因果連関の説明に主眼が置かれるため，論理的に整序された公理（科学的モデル）を組み立てる法則定立的アプローチがとられる。

　したがって，前者の解釈学的説明と後者の機能主義的説明との間に横たわる懸隔は，文化的事象に対して日常生活者の視点から主観主義的に接近するか，研究者の視点から客観主義的に接近するかという対立に帰される。つまり，文化論的転回では「普通の人びと」が営む日常的な意味付与活動（一次的な解釈）を，パーソンズ社会学では（研究者の）客観的見地からのみ正確に記述可能な科学的枠組を，それぞれ分析に際しての立脚点に据えるのである。

2　文化概念の「特性」の水準

　文化論的転回とパーソンズ社会学との間に横たわる第二の，そしてより重要な相違は，文化概念に付与された特性であり，したがってそれは，双方が掲げる理論的主題と相即不離な，社会との関係的性質をめぐる懸隔を指している。一般に文化論的転回の立場に立つ社会科学では，「文化は，すなわち有意味的な記号や言説は，社会的現実それ自体を根底から構制する存在である」との見地から理論的な定式化がはかられるが，このとき意

味や表象の体系として概念規定された文化には，政治的，経済的，社会的な諸現実に奥深く入り込み，これらを根底的に成り立たせる内的な説明要因という位置づけが与えられている。そこでは，ドイツ文化社会学のように，観念的要因としての文化に対して物質的要因としての社会が存在し，両者が互いの歴史的な発現と展開を規定しあっているとする二元論的な構図が否定される。文化論的転回の前提をなしているのは，共有された記号，言説，テクストが独立変数のごとく社会に作用し，その内側から集団，組織，制度を不断に構築するという文化観なのである。

さらに文化論的転回では，単に「社会の構制要因」としてだけでなく，能動的再編の基盤としても文化が措定される。「文化は，……社会的なるものそのものを『構成』し，『変容』させ『有意味化』させるほどの，『自律性』をもつようになったのである」（大野 1998：3）。つまりそれは，既成の市場，官僚機構，法制度，都市政策などを再帰的に構制しなおす「内破（implode）」の原理にほかならない。したがって文化のもつ特性として強調されているのは，「内的でかつ動的な自律性」といえるものなのである。これらと同様の原理を自身の文化理論の基部に据えたことによって，1990年代以降における文化論的転回の嚮導と目されるようになった人物がF. ジェイムソンである。その名をタイトルに冠する論文集（*The Cultural Turn*, 1998）を刊行した際，彼は「文化論的転回」の用語を，社会とりわけ資本主義システムの「文化的構制」という観点から呈示している（吉見 2003）。

ジェイムソンの文化理論の根幹をなす主題は，第二次世界大戦後に興隆した芸術様式とポスト産業社会との構造的関係である。審美的な表象形式の変遷を資本主義の発展過程に還元する論理からも明らかなように，彼にとって文化は，あくまで上部構造の範域で起こる現象として想定されている（Featherstone 1991＝2003）。ただその一方で，芸術様式を下部構造の

駆動要件に定位させることで，旧来のマルクス主義批評家が陥った安直な経済決定論を回避することにも成功している。文化をめぐる議論の中心を占めているのは，文化産業のコングロマリット化と切り離すことのできないポストモダニズム（postmodernism）にかんするものである。ポストモダニズムとは，高級モダニズム（high modernism）への反動として興った芸術実践の総称であり，パスティーシュ（理念なきスタイルの模倣），個人主義の終焉，ジャンルの消滅などの形式的特徴をもつ。

　ジェイムソンの関心は，以前の様式にはみられなかった特殊な鑑賞上の体験をもたらすポストモダニズムが，「後期資本主義における深層の論理」をただ反映するだけでなく，むしろこれを積極的に再生産し，強化する「内破」の原理に向けられている。映画や広告，ポピュラーミュージックに代表される「コンピューターやサイバースペースによって変貌させられた文化」（Jameson 1998 = 2006：155）が現代の社会空間に根深く浸透している状況は，電子メディアの進歩と密接な関係にある。「今日資本が時空を撤廃しつつある国家圏からべつの国家圏までたちどころに移転されるほどの通信技術の発達」（Jameson 1998 = 2006：199）は，高度に記号化された電子マネーが実体経済を支配する動きにみられる「現実のイメージへの変容」と情報の間断なき更新と氾濫による「歴史感覚の消失（永続する現在への時間の断片化）」をもたらすが，いずれもフィギュラルなものにせよ，コンテキスチュアルなものにせよ「ハイテク混合芸術」をとおして日常化されている空間的・時間的な体験と類比的なものであり，国境を越えた資本の展開と金融経済の優位性に特徴づけられる後期資本主義――ジェイムソンはこれを「多国籍資本主義」とも「金融資本主義」とも呼ぶ――に人びとを馴化させるかたちで，そのシステムを内側から駆動させている。したがってポストモダニズムは，社会生活のいっさいをハイパーリアルなイメージとして間隙なく可視的に表象するばかりか，その瞬間にお

ける鑑賞体験を圧倒的に鮮明化し，ときに幻覚的に強めることで「歴史的健忘症に奉仕するエージェントでありメカニズムなのである」(Jameson 1998＝2006：35)。

「文化の圧倒あるいは優勢」(Featherstone 1991＝2003) にポスト近代の本質を看破したジェイムソンの議論からは，(文化の) 内的な自律性に加え，動的な自律性の視点を読みとることができる。実際に，「醜い産業社会のただなかにおける個人・社会の変容への熱望を生み出すものとして……今日，同様の……種類の美や芸術—宗教を，おなじくらい転覆的に動員する可能性をのこしておいて何が悪いのか」(Jameson 1998＝2006：186) との主張に象徴されるように，ジェイムソンはポストモダニズムが孕む「内破」のポテンシャルを，後期資本主義の変革という地平にまで押し広げようとしているのである。

一方のパーソンズ社会学なかんずく初期の立論にかんしては，文化論的転回と同じく文化の自律的な説明力を強調しているものの，社会の内部的な構制あるいは変容 (再編) といった観点についてはそれほど考慮されていない。実際にパーソンズは，文化をパーソナリティの一貫性と集合体の構造的特質を支えるような，「相対的に安定したパターン」として捉えている (丸山哲央 2010)。そこでは分析上，「文化システム」の概念が，機能的なシステムである「パーソナリティシステム」と「社会システム」に外在する意味的に一貫したシンボルシステムとして定義づけられている。

デュルケムの集合表象論や宗教的シンボリズム論を発展的に継承したパーソンズの社会学理論において，文化は社会生活や社会関係からの高度な独立性をそなえた「行為の制御要因」としての位置づけを与えられている。例えば，表出的記号体系 (表出的システム) のなかでも，評価的な関心 (行為主体の統合) と密接に結びついた宗教芸術などの「集合体の連帯のシンボル」の場合，信仰にかかわる志向の様式 (聖的な客体に対する尊

第4章 文化論的転回と機能主義的社会学

敬の念）が，絵画や彫刻といった有形的な記号として客観化されているために，構成員間の伝達と分有が可能でありコミュニケーションの共通の基盤となる。

パーソンズは「記号化の作用」――志向の諸様式がシンボルとして客体化されること――のなかに，「個人間の一般化」という文化の本質的能力を見出している。ここでの一般化とは，「同じ（自我もしくは他者のどちらかによって立てられた一組の規準の見地から見ての同じ）形態の行為が異なった状況において，同じ状況の異なった状態において，もしくは異なった人々のあいだで生ずる」（Parsons and Shils eds. 1951＝1960：256 傍点：原著者）ことを指しており，この点において文化は，デュルケム（Durkheim 1893＝1971）のいう「契約の前契約的要素」のごとく，複数の行為者を共通の仕方で外側から半ば強制的に（拘束的に）規制しているのである。さらに，記号化の作用が可能にする「『個人間にまたがる』一般化の……能力はまた，行為体系のなかで文化が決定的に重要な役目を演ずるにあたっての必要条件である」（Parsons and Shils eds. 1951＝1960：257）のは，相互行為過程の規制という同能力が社会システムの安定に寄与しているからにほかならない。

社会システムの統合的機能という観点に特化すれば，「規範的観念」とも「規制的記号」とも表現される文化システムの「評価的記号体系」のうち，価値志向の諸標準の最上位に布置される道徳的標準は，かかる機能を最も直接的に果たしている。というのも，そうした社会的に共通の価値は，行為状況に対する行為者の志向をいかなる場面においても方向づける，まさに「行為の最高統治者」（Parsons and Shils eds. 1951＝1960：271）の地位を特別に与えられているためである。[8] 道徳的標準すなわち価値による行為システムなかんずく社会システムの統合は，具体的には「制度化」を通じて可能となる。このメカニズムによって集合体内の行為は，他者の期待

に対して相互に同調的な役割行動として規制される（社会システムが「役割の体系」とみなされるのは，そのような「社会規範」としての側面をもつ共有された価値のもとで，人びとの役割期待が規範的に構成されているからにほかならない）。

　むろん，社会的相互行為が期待の相補性にともなう役割遂行のパターンとして十全なかたちで規制されるためには，パーソナリティへの動機づけ（相互行為への参加を促す価値への主体的なコミットメント）が「内面化」（社会化のメカニズム）によって担保されていなければならない（第2章参照）。ただ，「制度化」されるときにせよ「内面化」されるときにせよ価値は，現実的には，様々な表出的記号（愛着や尊敬の対象となる言動，芸術，儀礼，祭典，綱領その他の物的客体）のうちに具象化されている点に留意する必要があろう。

　畢竟するに，文化システムの諸要素のなかでも社会規範としての性格が強い価値は，「制度化」および「内面化」をとおして「複数の行為者に共通する行動基準を与え，彼らの相互作用を安定させ，社会（体系）に統合をもたらす重責をせおわされているのである」（小川・霜野 1981：93）。したがって，パーソンズが文化にどれだけ自律的な説明力——むろんそれは経験的なレベルというよりも，純粋に分析的なレベルに属している——を付与していたとしても，行為の規制による社会的統合という「秩序化」の原理が想定されていることは明らかである。いわばパーソンズ社会学における文化概念の特性とは，「外的でかつ静的な自律性」と呼び得るものであり，そこで強調されているのは，あくまで社会秩序の説明力なのである。

　つまり文化論的転回との対比で鮮明となる同特性は，パーソンズの1950年代をとおした理論展開（行為システムの三分割モデルに依拠した機能主義的な文化理論〜AGIL 図式に依拠した社会システム論）のなかでも，と

くに「道徳的標準」あるいは「文化的な価値パターン」の概念をめぐる議論で強調された「統合的性格」ないし「規範主義的自律性」と等置されるものである（第2章及び第3章参照）。

本節では最後に，パーソンズ文化概念を特徴づける「外的―静的な自律性」が，直接的には，「社会生活はあらゆるその部面において，またその歴史のあらゆる時期において，広汎なシンボリズムによってのみ可能である」（Durkheim 1912a = 1975：417）と道破したデュルケムにまで遡行されるものであることを附言しておきたい。

第4節　文化論的転回以降の機能主義的社会学

1　新機能主義――アメリカにおけるパーソンズ・ルネッサンス

パーソンズの死後，機能主義再評価の気運とともに「新機能主義（neo-functionalism）」と呼ばれる理論運動が，文化論的転回と時をほぼ同じくしてアメリカで抬頭する。その登場は，1970年代末から1980年代初頭にかけてドイツで最初に興った所謂「パーソンズ・ルネッサンス」に端を発している。ドイツにおける機能主義再考の象徴的な動きとして，パーソンズ社会学の体系的な検討をとおしてN. ルーマンが「オートポイエシス的システム論」，J. ハーバマスが「コミュニケーション的行為論」を相次いで提唱したこと，さらに『社会学雑誌』（*Zeitschrift für Soziologie*, 1980）においてパーソンズ特集が組まれたことは，「反パーソンズ」「脱パーソンズ」の風潮を背景に機能主義の凋落期にあったアメリカの社会学界に衝撃を与えた。事実，新機能主義は，「パーソンズ理論のなかで正当に評価すべき箇所とそうでない箇所との腑分け作業……パーソンズ理論のなかで受

け止められるべき遺産の探究」（佐藤勉 1997：250）に着手したルーマン，ハーバマス，W. シュルフター，R. ミュンヒらドイツの社会学者を中心とする新たな理論的動向を受けてアメリカで勃興した，第二のパーソンズ・ルネッサンスといえる現象であった。

　パーソンズ社会学の継承発展を標榜する新機能主義の担い手は，主にパーソンズの孫弟子達であるが，若い世代に触発され，師の理論体系の再検討を試みるようになった M. グールドやスメルサーらかつての直弟子の参入も認められる。彼らの多くはパーソンズの業績について，前期の行為論的パラダイムを評価する一方で，「サイバネティック・コントロール・ハイアラーキー」の発想に支えられた後期にかんしては，概念図式の抽象化精錬や価値・規範への還元論的傾向ゆえに，むしろ後退とみなすきらいがある。

　こうした動きは，パーソンズ社会学の再編の企図と密接にかかわっており，このことは新機能主義のパイオニアとして知られる J. C. アレクサンダーの議論の変遷をたどることで，かなりの程度裏づけられるであろう。「新機能主義」という用語が耳目を集めるきっかけとなったのは，1984年のアメリカ社会学会（於：テキサス州サンアントニオ）で開催されたミニ・カンファレンスにおいてであり，この討論会を主導した人物こそ，ほかならぬアレクサンダーであった。彼は自らの立場を新機能主義と自称することによって，主流派社会学としてのパーソンズ理論の地位を継承せんとする意気込みを示したのである（高坂 1986）。

2　新機能主義の理論的関心——ミクロ—マクロ・リンク

　アレクサンダーをして，新機能主義のリーダーの地位に据えらしめるきっかけとなったのが『社会学の理論論法』（1982-1983）である[9]。彼はこの四巻からなる大著のなかで，マルクス，デュルケム，M. ウェーバー，

パーソンズの徹底した再検討を試みるが，とくにパーソンズの『社会的行為の構造』（1937）を「理論前提的議論（presuppositional arguments）」の先駆的業績に位置づけている（Alexander 1983）。前期パーソンズに対する新機能主義の強いコミットの証左といえる理論前提的議論とは，行為や社会秩序の認識をめぐって対立あるいは競合関係にある社会学諸理論の間に「対話」の経路を開くことによって，リンケージすなわち連携・連合を可能にすることを指している。

　かつてパーソンズは，西欧思想における二大潮流をなす実証主義（マーシャル，パレート，デュルケム）と理念主義（M.ウェーバー）双方が抱えるジレンマ——規範的要素の排除／条件的要素の排除——を解決する方途として主意主義的行為理論を提唱した（第2章参照）。このときパーソンズが企図していたのは，相互に排他的な実証主義と理念主義のリンケージであり，両者の対話を導く「媒介者」としての役割を主意主義に付与していた。アレクサンダーは，パーソンズの「古典的な」理論前提的議論を継承し，1960年代から1980年代初頭にかけて専門分化した社会学諸理論に共通の「対話」の場を提供することに関心をそそぐようになる。新機能主義が「パーソンズの見直しをはずみとして現代社会学理論の新展開をはかる理論革新運動」（佐藤勉 1997：253）たり得る最大の根拠は，ダイバージェンス（相違）の戦略，つまりは理論前提的議論の積極的な採用にあるといっても過言ではない。

　アレクサンダー自身によるリンケージの目的は，「行為と秩序の多次元的な認識を可能にする理論枠組」（鈴木 1997：46）の獲得にあり，国家や権力といった社会構造の条件的要素，あるいは行為の個人主義的要素（主観的な意味や内発的な努力）などパーソンズ社会学に不足していた知見を異質な理論的諸伝統から摂取することは当然の要請といえた。また同時に，かかる多次元化の取り組みは，パラダイムの濫立によって加速した還元的

な理論化傾向に歯止めをかけることを企図したものであった[10]。

具体的には，社会秩序の問題に重点を置く規範主義的パラダイムと行為のコンティンジェンシー問題に重点を置く解釈学的パラダイムおよびその他のミニ・パラダイムとの「ミクロ―マクロ・リンク」の道が探求される。アレクサンダーが，かかるリンケージの先に見据える「多次元的な」社会学理論とは，行為＝秩序問題についての多層的な言説を可能にするような理論のことを意味している。一般的に，行為へのアプローチは「規範的」か「条件的」か，秩序へのアプローチは「個人主義的」か「集合主義的」かによって区別されるが，社会学の理論分野では，これらの組み合わせに応じて機能主義（規範的―集合主義的），構造主義（条件的―集合主義的），象徴的相互作用論（規範的―個人主義的），交換理論（条件的―個人主義的）に領域化される。

実際にアレクサンダー（Alexander 1988a ＝ 1998）は，「『現実の個人 actual individuals』の行動は規範という条件とは完全に分離されている」とみなすG. ホマンズの交換理論と「意味は個別行為と他者の反応とによって決定される」とみなすブルーマーの象徴的相互作用論をとりあげ，これら「反集合的なミクロ社会学」と，「行為を規範的なものとしてとらえようとする傾向」ゆえにコンティンジェンシー（既成秩序にとって不確定要素をなす行為を通じた価値・規範の創造あるいは変革）を残余範疇としてあつかう「集合主義的なマクロ社会学（主にパーソンズ社会学）」との理論的な総合の可能性を追究する。このように還元でも融合でもなく，あくまで多次元的な理論編成のために，社会学の独自の理論分野としての機能主義と他の理論分野との対話的関係を論証することに初期のアレクサンダーの関心は集約されている（鈴木 2014）。つまり新機能主義は，「ほかのどんな理論化よりも総合をめざす理論化の一形態となること」（Alexander 1990＝1996：48 傍点：引用者）に自覚的な運動として出発し

第4章　文化論的転回と機能主義的社会学

たのである。

3　新機能主義の実質的関心——リサーチ・プログラム

　新機能主義のもう一つの特徴として，「リサーチ・プログラム」と呼ばれる経験的な調査研究があげられる。これは，抽象度の高さと難解さゆえに「誇大理論」の代名詞にあげられてきたパーソンズ社会学に，第二次世界大戦後のアメリカが直面する市民的統合や民主主義の危機といった実質的な内容を与え，それら現実的な諸問題への応用可能性を証明する試みである。アレクサンダーにとって，パーソンズの機能主義は「『集合主義的で規範主義的な理論』を意味しており，そのモデルは，普遍主義的価値・規範の制度化・内面化の過程を図式化するために考案された比較的単純な因果連鎖モデルとなっている」(鈴木 1997：6)。つまりそれは，人間行為の学際的＝総合的な把握を企図して1950年代前半に定式化されたシステム三分割モデルであり，道徳的な価値体系（文化システムの「規範的要因」）の社会システムへの「制度化」（役割期待の構成）とパーソナリティシステムへの「内面化」（欲求性向の構成）の分析が一義的に志向された。新機能主義では同モデルを発展的に引き継ぎ，これを理論的な基礎（フレームワーク）に据えたフィールドリサーチを展開していく。

　当初アレクサンダーの実質的関心は，分裂傾向にある多様な民族集団が，各々の「原初性」（人種，言語，信仰，領土的起源）を維持した状態でいかに包摂され得るかに向けられていた。ここでの「包摂」とは，「個人がターミナル・コミュニティの完全な成員であると感じられる」（Alexander 1980 = 1996：101）一体感を獲得する現象学的経験として捉えられている。またその進展は，「原初的なもの」（コア集団＝ホスト社会成員の中核的なエスニシティを基盤とする同化主義的なもの）から「市民的なもの」（外集団＝エスニックマイノリティの政治的，文化的な諸権利を保証

し尊重する多元主義的なもの）へとターミナル・コミュニティ——「個人が統合を意義あるものと感じる場合のもっとも広い意味での連帯集団」（Alexander 1980＝1996：101）——が移行していく程度によって測られるという。

パーソンズが社会的マイノリティの単線的な包摂過程を想定していたのに対して，アレクサンダーはより複雑で多様な包摂過程に着目しており，システム分化の程度に応じた連帯の変異パターンや，国民的コミュニティの連帯とその他のコミュニティの連帯とのコンフリクトについて議論する。「もっとも重要なことは，すべての国民社会が歴史的コアを持つがゆえに，市民的統合が一様に進まないという点である。……コア連帯と市民的連帯とのあいだの緊張こそが現代の包摂理論の前提とならねばならないのである」（Alexander 1980＝1996：104-105）。

アレクサンダーによれば，エスニック外集団の包摂は，「外的・環境的な要因」（社会における経済システム，政治システム，統合システム，宗教システム）の分化が進めば進むほど，またパーソンズがあまり考慮に入れなかった「内的・意志的な要因」（コア集団と外集団双方の原初性をめぐる関係）が相補的なものであればあるほど，「市民的な」水準に至るという。

リサーチ・プログラムが，あくまで新機能主義の見地に立った実証的な市民社会研究である以上，その批判的なまなざしは，パーソンズのアメリカ論が孕むオプティミズムに向けられているのである。

4　新機能主義の文化理論——文化論的転回に対する返答

2000年代に入ってからのアレクサンダーの関心は，専ら「文化」それ自体の理論化に向けられている。彼の提唱する「文化的社会学」とは，社会における無意識的な「生の意味」を探る「ある種の社会精神分析学」

（Alexander 2003）である。つまりそれは，文化の内的コードを解読しようとするところに方法論的な特徴がみられ，パーソンズ社会学よりもむしろ文化論的転回に近い相貌を帯びている。

実際に，文化の解釈学を志向するアレクサンダーが導入したのは，ソシュール流の記号論やギアーツ流の解釈人類学といった，文化論的転回を語るうえで不可欠なパラダイムであった。われわれはここに，社会学の理論化はつねに実証的なものであらねばならない以上，人文学の理論化とは一線を画すべきという当初の姿勢から離れ，自ら人文系領域へ越境していこうとする＝「ジャンルの混淆」（Geertz 1983＝1999）を実践しようとするアレクサンダーのスタイルの変化をみるのである。

アレクサンダーの社会学は，①行為＝秩序問題をめぐる理論的統合，②人種・エスニシティの「包摂」にかんする調査研究，③解釈学的見地に立った文化の理論化という流れで展開されてきた。①と②の段階（1980年代～1990年代）までは，パーソンズの行為システム論の継承発展が企図されていたが，③の時点（2000年代）では，そうした新機能主義を旗揚げした当初のテーマが後景にしりぞき，文化論的転回の潮流を意識したかのようなアプローチがとられている。

本節で着目すべきなのは，②と③をつなぐ一連のウォーターゲート論である（Alexander 1984＝1996, 1986, 1988b）。そこで強調されたのは，事件の発覚によっていったんは分裂の危機に直面したアメリカ社会が，真相究明のための公聴会を転機として再統合へと収束していく過程であった。アレクサンダーは同過程を，「文化─社会統合」の三つのモデルをもとに考察しようとする。これらは「価値と社会構造との関係を分析するための理念型」であり，彼によればウォーターゲート事件は，「文化的特定化（cultural specification）」でも「文化的コラム化（cultural columnization）」でもなく「文化的屈折化（cultural refraction）」を経たからこそ，最終的

にアメリカの政治的文化を確固たるものにし得たという。

「文化的特定化」は，多様な価値が様々な集団の間で分有され，かつそれらが広い合意のもとで対立することなく調和されている状態を指す。これは，パーソンズとG. M. プラット（Parsons and Platt 1973）が展開した議論のなかにその典型を認めることができる。両名によれば，「合理性」というアメリカ社会に支配的な価値が，四つの下位システムに調和的なかたちで「制度化」されているという（適応：A＝経済的合理性，目標達成：G＝政治的合理性，統合：I＝シチズンシップ／連帯的合理性，パターン維持：L＝価値合理性）。「文化的コラム化」は，何ら共通の価値をもたない複数の社会集団の間で生ずる恒常的な対立状態を指す（「コラム」と表現するのは，各集団が自分達のコミュニティの囲いのなかで垂直的に統合されているためである）。「文化的屈折化」は，先にあげた二つのモデルの中間形態といえるものであり，複数の社会集団の間で対立が生じているにしても，「依然として統合された価値システムに基礎を置いている」ケースが該当する。

アレクサンダーによるウォーターゲート論の眼目は，公聴会の場で民主党本部への侵入事件やそのもみ消し工作に政府高官が関与していた事実が白日のもとにさらされたことで，ニクソン派と反ニクソン派との対立は深刻なものとなった——両陣営ともにアメリカ国民として，すぐ後で述べる普遍主義的な価値を信奉していたことは，事件が「文化的屈折化」の経験的事例であることの証左といえる——ものの，結果的にアメリカの民主主義の根幹を支えてきた文化的価値——立憲政の自由や「公正」「平等」の理念——とともに，社会的連帯の再生と強化がなされたという事実にある。

アレクサンダーは当初，システム論的な枠組を用いて事件の経緯（文化的屈折化～再統合）を記述分析することに重点を置いていたが，途中からは後期デュルケムの宗教研究を足掛かりとして，ウォーターゲート事件を

第4章　文化論的転回と機能主義的社会学

「意味あるシンボルのパターン」として読み解く解釈学的アプローチを志向するようになる。そして彼は，同事件の意味論的研究を端緒に，人文科学を中心にアカデミック・シーンを席巻していた「西欧の文化論」（解釈学的および構造主義的な人類学や記号論）の知見を，自身の「文化的社会学」を構築するための理論的および方法論的武器として積極的に導入していくのである（鈴木 2006）。

　パーソンズも終始，文化を前提に据えた社会学理論化をめざしていたといえるが，後期になるにつれ規範決定論的な色彩を濃くしていったこともあり，文化それ自体の「意味」を追究する方向に向かうことはなかった。「AGIL」という「理論モデルにかんして言えば，機能とシステムは，相互に関係しているが，相対的に独立している部分からなる社会を記述するために採用されている。……しかし，パーソンズがこのモデルをサイバネティック・システムとして組みかえたとき，社会システムの諸要素のなかの一組にすぎない『規範』の方に傾いていった。パーソンズは規範的要素をサイバネティック・ハイアラーキーの上位に置き，物質的要素を下位に置いたのである」（Alexander 1990＝1996：56）。1980年代の後半を契機に，アレクサンダーが儀礼という物質性や身体性に基礎づけられた「デュルケムのシンボル的・文化的要素を強調する」（Alexander 1990＝1996：65）ようになったのは，文化のなかでも規範を偏重するパーソンズ社会学に限界をみたからである。

　パーソンズ流のシステム論からデュルケム流の儀礼論への転換を機に，アレクサンダーはアメリカ市民社会における「象徴体系」の社会学的解読を試みるようになる。とくに中盤以降のウォーターゲート論では，（アメリカ至上初めて現職大統領が辞任に追いやられたという意味で）「道徳的なシンボルパターン」に再定位された事件全体のうち，ニクソンはアメリカ的価値を体現する「聖なる存在」から市民社会と敵対する「俗なる存

157

在」へと成り下がる「シンボリックな人物」として，また公聴会は汚されたアメリカ的価値を再び神聖なものとして浄化する「儀礼」として描出された。

　こうしてアレクサンダーは，「社会界」における「実在を作っている」観念（idée）＝意味の乗り物（vehicle）としてシンボルを捉えたデュルケム（Durkheim 1912a＝1975）に立ち還ることによって，「解釈と説明の枠組」を提供するような，すなわち「より正確な理解を提供する文化社会学的な理論モデル」（Alexander 1992＝1996：130）の定式化に向かうのである。かかる取り組みにあたり彼が第一次的な立脚地としたのは，認識，感情，道徳を含む思考一般の運び手（vehicle）としてシンボルを捉え，この複雑に絡みあう「意味の網の目」を解きほぐすことに照準する解釈科学を提唱したギアーツであった。

　アレクサンダーによる「文化理論の再構成」の企ては，文化論的転回を十分に意識したものと思われる。彼の構想する「文化的社会学」が，"Strong Program" の文化理論を指していることはその有力な証左といえよう。ここでの Strong Program とは，「社会生活の形成」という文化の果たす能動的な役割や文化自体の意味を強調する理論的・方法論的なコミットメントの総称である（Alexander 2003）。このプログラムにおける最優先課題は，「文化的自律性（cultural autonomy）」の把握に置かれているが，かかる特性を明らかにするうえで求められるのは，社会構造から分析的に切り離された「独立変数としての文化概念」である。

　アレクサンダーによれば，「意味生産行為のパターン（pattern of sense-making activity）」に最大の関心を寄せる科学研究の新しい諸分野が，Strong Program の社会学的発想から影響を受けており，実際にそれらは，文化的・言語的な枠組と法則にいっそう依拠するようになっているという。例えば，ソシュールに代表される構造主義的な記号概念（Signe）

はその一つである。たしかに，記号をバイナリーな「価値体系（système de valeurs）」とみなすソシュールの発想——言語の価値すなわちシニフィエ（概念）は，相互に類似した音のイメージとしてのシニフィアンとシニフィアンの対立関係によって規定されており，この二項間の示差的構造は，同じ言語共同体に所属する構成員の脳裡の記憶に共通に貯蔵されている——がもつ有効性は，C. レヴィ＝ストロースによる一連の神話研究によって証明されている。この事実は，言語ほど明確に組織されていなくても，その他の文化的事象も同じく無意識的な記号のシステムに基礎づけられた存在であるということを示唆している。

　ただアレクサンダー自身は，類似と差異にもとづく記号のシステムが社会的環境と文化的環境の双方と密接に関係しているという立場から，記号論の限界を乗り越えるための鍵概念として，「社会システムの関係に対して明確なレファレンスを具体化するシンボルのセットである」（Alexander 1992＝1996：136）「言説」を呈示する。これは，記号（厳密にはシニフィアン）同士の「連合的配列（coordination associative）」（Saussure 1910-1911＝2007）を構成員に社会化し，具体的な集団や制度に結びつける「社会的言語」として機能する。いずれにせよ，「解釈と説明の枠組」を社会学の文化理論に導入するという目的からすれば，「言語的なもの」として文化を捉えなおすことは，戦略的にきわめて重要な手続きなのである。

　一方でアレクサンダーは，「文化的社会学」によって乗り越えられるべき旧態依然のアプローチとして，「文化についての社会学（sociology of culture）」を対置させる（Alexander 2003）。これは，「疎外」や「ハビトゥス」といったコードに因襲的な "Weak Program" の文化理論を指している。かかるプログラムは，文化を従属的でアンヴィバレントな変数とみなす従来の社会科学におけるコミットメントの総称である。つまり「文

化についての社会学」は，階級，権力，市場といった「社会的なもの」によって規定される受動的存在として，文化を所謂「上部構造」の地位に限定してしまうのである。

　アレクサンダーは，二つのプログラムの間に横たわる（文化の）定義づけをめぐる相違が，方法論的に記述できると指摘する。Weak Program の場合，文化は，実証主義的コミットメントの文脈において，単純に社会構造の付帯現象としてあつかわれるか，実体的な価値，規範，イデオロギー，あるいは物神性（fetishism）の抽象的記述に還元されるのに対して，Strong Program の場合，文化は，解釈学的コミットメントの文脈において，社会的テクスト（social texts）として措定される。かかる概念規定によって，文化は，社会関係の広大な領域を有意味的に構制するシンボリックな存在として描き出すことが可能となる。Strong Program において最も重要な原理に位置づけられている「文化的自律性」とは，アレクサンダーの表現に倣えば，それら自体は空虚な器にすぎない社会構造，価値，イデオロギーが，「象徴的意味（symbolic significance）」という豊かなワインで満たされることなのである。

　自著のなかで，わざわざ一章を割いてまでギアーツの思索について論述している事実からも，「文化の分析は解釈と再構成からなる」（Alexander 1992＝1996：133）と言明するアレクサンダーが，解釈人類学に強くインスパイアされていることは明らかである。実際に彼は，「複雑に絡みあう意味を構造的にそなえたシンボル」という文化の捉え方について，それがギアーツに従ったものであることを認めている（Alexander 1987）。Strong Program の実践にあたっては，ギアーツ流の「厚い記述（thick description）」のための文化的・言語的コードが求められるが，そのコードこそ，社会的な意味の網を紡ぎ出す「ナラティヴ（narrative）」であり，そして「シンボル（symbol）」なのである（Alexander 2003）。

アレクサンダーが，ギアーツの解釈人類学をディルタイの哲学的解釈学の「最も強力な現代へのアプリケーション」と評価するのは，後者が，「含蓄（connotation）」（S. K. ランガー）ないし「共示義（connotation）」（R. バルト）の次元で幾重にも絡みあう象徴的意味を理解する手法としては不十分だからである。ディルタイ（とくに前期）にとっての解釈（Auslegung）とは，文学的な「生の表示」を対象に，著者の「体験」を「自己移入（Hineinversetzen）」によって追構成していく過程である。作品に個性をもたらしているのは，そうした創作活動としての「体験」にほかならず，「言葉が確固たる基盤を提供し，偉大な，いつまでも貴重な創造」（Dilthey 1900＝1973：47）を遡行していくことで最終的に了解がめざされる意味こそ，天才的な著者の意識されざる精神であった。翻ってギアーツにとっての解釈（interpretation）とは，民族誌的な「生の表示」——後期ディルタイの用語法における「客観的精神（精神の客観態）」のごとき，特定社会の共同主観性が書かれたもの，語られたもの，為されたものの諸形式として客体化された象徴群——を対象に，多様な読み手（日常生活者達）が付与した精神内容の重層性を，固有の歴史的および社会的脈絡と結びつけることで紐解いていく過程である。いわばそれは，「その作品の著者の精神のうちなる作品間のつながりの，技巧的解釈」（Dilthey 1900＝1973：33-34）ではなく，名も無き読者達の精神のうちなるテクスト間のつながりの，技巧的解釈とみなせよう。

　旧来のマルクス主義者や機能主義者が巨視的抽象的な概念図式の彫琢と混同してきた社会の歴史的・構造的メカニズムの説明は，いまや実質的＝経験的具体的な「有意味的象徴体系」（Geertz 1973＝1987Ⅰ）と関連づけて行わなければならない。「行為者が意味あるものとして理解しているシンボルのパターンとその組織されたセットに入っていくこと」によって「文化を徹底的に理解してはじめて，シンボルシステムと伝統的な社会学

的レファレンスとの関係が現実的多次元的に理解できるのである」(Alexander 1992＝1996：133)。

　以上の文化をめぐる一連の議論からも明らかなように，1990年代以降のアレクサンダーは，当初のシステム論的枠組を放棄するかわりに解釈学的・記号論的枠組を積極的に導入するようになっており，この点で彼の文化理論は，もはや機能主義の域を超えているのである。

　「内破」の契機として作用する文化の「内的―動的な自律性」を強調し，さらにそうした「象徴に表現される意味のパターン」(Geertz 1973＝1987 I)の重厚な解釈をめざすアレクサンダーの「文化的社会学」は，その理論的・方法論的コミットメントの傾向において，文化論的転回への新機能主義側からの返答とみなせよう。

　20世紀後半に抬頭した文化論的転回，およびこれに呼応するかたちでアレクサンダーが提唱した Strong Program（強い文化理論）のなかでめざされたのは，既存の社会学理論のもとで従属変数として付帯的にあつかわれてきた「文化」にかんする概念枠組や分析図式の再定義，ならびに再定式化であった。いずれも「何かについて語っている」意味ある記号ないしテクストの集合＝シンボリズムとして文化を措定し，これら「広義のコトバ」が人間世界に対して独立変数として作用する説明力の定式化に努めるという姿勢において共通しており，一連の解釈学的・構築主義的なアプローチは，パーソンズ以降の文化理論の趨勢となっているのである。

注

(1)　ミクロ社会学諸派によるパーソンズ批判は，社会的に期待される役割に自己を順応させる受動的な人間観に対して向けられるが，この側面から行為者の主体性を強調するスタンスは，ゴフマン (Goffman 1961＝1985) の儀礼的相互行為論にも見出すことができる。彼の提唱した「役割距離 (role distance)」や「印象操作（impression management）」の概念には，ただ周囲からの役割期待を全面的に引き受けるのではなく，自らの意志で自分の取るべき態度と行動を取捨選択し，他者に与える印象をパフォーマティヴに操作する能動的な人間観が反映されている。

(2) 例えば，「反省的社会学（reflexive sociology）」を提唱したことで知られるA. W. グールドナー（Gouldner 1970 = 1978）は，「肉体をもった生身の個人」を社会学理論の基部に据える必要性を強調した。彼によるパーソンズ批判の要諦は，「人間体系」としての「血肉化された自己」こそが，生活世界を一次的にしかも継続的に経験しているにもかかわらず，分析の起点を「巨大な動的均衡の体系」（Parsons and Shils eds. 1951 = 1960）である抽象的な社会システムに置くあまり，その存在が埋没してしまう点にあった。グールドナーによれば，「肉体をもち社会化された個人」という「最も目立つもの」であるはずの考察対象が，パーソンズの構造機能分析では「最も目立たないもの」として「視野の外に消えてしまう」のは，日常生活者の経験的主観性よりも理論内容の論理的整合性の観点から概念化が行われているためである。

(3) 例えば，「原則として，いかなる人間の意味も他のひとびとの近づくことができる」（Berger and Kellner 1981 = 1987：24）間主観的なものであるという前提に立つ P. L. バーガーは，師である A. シュッツに倣い，その煩雑さを承知しながらも，解釈のカテゴリーを「日常生活における通常の意味解釈」と「社会学にもとづく解釈」の二種類に加え，次の三種類，①自己と対面的な相互作用の範域内＝「実際的に到達可能な範囲内の世界」にいる「共在者（consociates）」の意味解釈，②現在時制および過去時制において，自己との対面的な相互作用の範域外にいる「同時代者（contemporaries）」と「先行者（predecessors）」の意味解釈，③その代表者との直接的な相互作用がおよそ起こり得ないような，匿名性を帯びた諸制度の意味解釈に区別する必要性を説く。ただ一方で，ミクロ社会学に顕著だったのが，「文化」という概念自体を忌避する姿勢である。これは規範主義的なパーソンズ社会学への対抗意識に由来しており，とくに象徴的相互作用論とエスノメソドロジーの文脈では，文化が，日常生活者による主体的意味付与や意味構築行為を抑圧する主要因とさえみなされる傾向にあった（佐藤成基 2010）。こうした文化概念の位置づけ（前景化／後景化）をめぐる文化論的転回とミクロ社会学との違いにつ

いても認識しておく必要があろう。

(4) ボネルとハント（Bonnell and Hunt 1999）は，10冊のなかでも，ギアーツの同著とフーコーの『監視と処罰』（1977），そしてブルデューの『実践理論の概要』（1977）の3冊にかんして，社会科学における文化研究のあり方を転換させた分水嶺的な著作に位置づけている。例えば，ブルデューの研究が社会科学全般にもたらした功績は，階級，地位，制度といった社会関係や社会構造の分析に，「ハビトゥス（habitus）」（嗜好，感性，教養などの社会的に獲得される性向の総体）の概念に代表される文化的な視点を導入したことにあるという。

(5) そもそも「厚い記述」とは，意味の多重的な構造を行為から読み解くことであり，ライルによって「薄い記述」（行為の表面的な観察）と対比的に唱えられた（Geertz 1973＝1987Ⅰ, 1987Ⅱ; 小泉 2009）。ライルの事例に倣えば，ある少年が無意識的に行う「まばたき」，別の少年が行う「目配せ」，目配せする友人をからかうためにさらに別の少年が行う「目配せの模倣」，皮肉屋としての自分の能力に自信のない同少年が鏡の前で行う「目配せの模倣の練習」，これらは後者にいくほど，内包的な意味の厚みが増していくことになる。またギアーツも指摘するように，ある企図のもとで行われる人びとの活動は，「社会的にきまっているコードにより」（Geertz 1973＝1987Ⅰ：8）慣習化されており，「厚い記述」では，当該行為をとりまく背景や文脈も問われることになる。

(6) 実際にギアーツは，「いかなる物理的な，社会的な，あるいは文化的な行為や物象でも，概念の運び手となるもの」というシンボルにかんする自身の見解について，それがランガーの定義に従ったものであることを言明している。ランガーにかんしては，「言語によって表現できないその領域からは無意味以外のなにものも伝達されえない」（Langer 1957＝1960：104）とする現代認識論の立場を否定し，シンボルを言語，芸術（音楽），神話，宗教（祭式）の四つの「意味状況（meaning situation）」に範疇化することによって，既存の論理学とは一線を画す独自の哲学を構想した人物として知られている。彼女からの影響のもとに，ギアーツが文化を四つの「意味を持つ象徴体系（言語，絵画，神話，儀礼）」（Geertz 1973＝1987Ⅰ：82）に範疇化し，解釈人類学における基底概念の位置づけを与えたのは，「タイラー（E. B. Tylor）の有名な

『最も複合的な総体』としての文化の概念に代わるものとして，よりせばめた，限定し，理論上いっそう強力な文化の概念を用いること」（Geertz 1973＝1987 Ⅰ：5）の重要性を認識していたためであった。
(7)　ジェイムソンは，E. マンデルの『後期資本主義』(1975) に倣い，芸術様式の歴史的展開を生産様式の三つの発展段階と弁証法的に結びつける（Jameson 1991）。すなわち，第一の技術革新にともなう市場資本主義にはリアリズムが，第二の技術革新にともなう独占資本主義にはモダニズムが，第三の技術革新にともなう後期資本主義にはポストモダニズムが対応することになる。
(8)　道徳的標準が行為システムの「最上位の統合のテクニック」として機能するためには，いついかなる場面においても複数の行為者の志向を方向づける「パターン（型）の一貫性」が確立されている必要があるが，この種の完全な一貫性は理念型としてしか存在し得ない。パーソンズによれば，「体系としての道徳的標準の型は，……行為体系内での葛藤の緊張を最小限にとどめる必要から」(Parsons and Shils eds. 1951＝1960：271)，完全とはいかないまでも，パターンの一貫性をでき得るかぎり担保しようとする機能的な命令を課せられているという。
(9)　M. オル（Orru 1988）は，アメリカ社会学会発行の『現代社会学』(*Contemporary Sociology*, 1988) に掲載された諸論稿について「パーソンズ社会学の熱狂的な再評価の試み」と総評し，そのような動きに象徴される「パーソンズ・リバイバルこそ，1980年代の社会学における顕著な特徴の一つとなっている」と結論づけたが，アレクサンダーは，自身の『社会学の理論論法』の位置にかんして，アメリカにおけるパーソンズ・リバイバル，すなわちパーソンズの継承発展を掲げた理論運動の本格的な始動という「事件が起こる前の予告，前兆と考えてほしい」(Alexander 1990＝1996：42) と述べている。
(10)　実際にアレクサンダーは，集合主義的な社会学理論と個人主義的な社会学理論双方の活性化という観点から，G. H. ミード，ゴフマンらの象徴的相互作用論や，シュッツおよびガーフィンケル（初期）らの現象学的社会学について，「個人主義的伝統における集合主義的要素がほとんど無視されてしまう」と批判し，正統派機能主義のマクロ社会学的知見を取り入れる必要性を強調する。またその一方で，自身を含む新機能主義者達が，ミクロ社会学の諸言説を導入しはじめたことについて，「このような個人主義的理論の取り入れは，

正統派機能主義に欠けていたものを埋めるべく提出されたものであった。新機能主義的プロジェクトのオリジナリティ，創造性，総合性を高めるべく，コンティンジェンシー，主意主義が取り上げられねばならないのである」（Alexander 1990＝1996：66）と主張する。

(11) パーソンズ（Parsons 1964＝1973）が実質的なレベルで社会統合の基盤に据えたのは，アメリカの「共通価値」とでもいうべき「現世的な道具的活動主義」と「制度化された個人主義」である。前者は，「地上における神の王国の建設」というピューリタニズムの理想に起源をもつ建国以来一貫した文化的な価値体系であり，「より良き社会」の建設へ向けた「世俗的領域における実践的行為を鼓舞する」ところに最大の特長を見出すことができる（その根底には，人間を神の栄光のために奉仕する被造物＝道具とみなす現世禁欲主義的なエートスが反映されている）。後者は，前者のもとで奨励される「業績達成」を意味しているが，これは功利主義に顕著な利己的個人主義とは対立する。というのも，ここでの「業績」とは，あくまで「善良な社会の建設に努める行動主義的献身」を意味しているためである。またそうした実践的行為（良きわざ）の基準は，「個人の恣意的判断によるものではなく，制度化され，社会的に与えられた基準にのっとったものでなければならない」（高城 1992：268）。このように集合主義的な側面をもつ「制度化された個人主義」は，建国当初の18世紀後半から20世紀前半にかけて，非ワスプ系諸民族（カトリック系のアイルランド移民，ユダヤ系移民，東南欧系新移民）の「アメリカ国民」への包摂というかたち（宗派多元主義）で体現されたが，20世紀中盤（1960年代）における公民権運動の高まりを契機として，より普遍主義的な平等社会をめざすようになっており，黒人，女性，障碍者が教育や職業訓練を受ける機会を保証する司法的諸制度の整備は，その証左の一つとされる。

(12) アレクサンダー（Alexander 1992＝1996）は，コンピューターなどの先端テクノロジーであろうと，純粋な意味で道具的に合理的な存在ではあり得ず，具体的なパーソナリティによって，内的＝主観的に動機づけられたシンボルのパターン，すなわち「文化」であることを強調する。彼によれば，M.ウェーバー的な合理化テーゼに代表される技術の社会学的説明は，その生産や使用といった行為環境に介在する感情や意味のシンボル性を無視してきたという。

⒀ 例えばアレクサンダー（Alexander 1987）は，文化的問題と人生の意味（meaning of life）との密接な関係をテーマに据えるギアーツの宗教研究について，解釈学の地位を向上させたと評価するとともに，そうした「意味」が中心にあるとみなされるがゆえに，文化的自律性（cultural autonomy）の視点が確保されていると指摘する。

⒁ 著者という唯一無二の創造者の「精神的な生」を，追体験的に了解すべき普遍妥当な意味とみなす考えは，F. シュライエルマッハーの衣鉢を継ぐディルタイの方法論的基調をなすものである。「解釈学的な手続きの最後の目標は，著者自身が自分を了解していた以上によく，著者を了解することである」（Dilthey 1900＝1973：40）。

第5章

中期におけるパーソンズ文化理論，その潜在的有効性
―――「文化の社会理論」の構築へ向けて―――

　本章では，文化システムと社会システムの相互浸透関係を究明しようとした中期パーソンズの構想―――「文化の社会学（sociology of culture）」―――のなかに，グローバル化という経験的状況下における両体系の多元的な関係を説明するうえで有効な視座を読みとる。不鮮明な部分を残しているとはいえ，パーソンズは「相互浸透」について，「制度化」された価値体系（規範的な文化要素）が支軸をなす「文化システムと社会システム全構成要素間のパターン化された相互依存関係」を想定しており，この事実は，ややもすれば文化決定論に陥りがちな文化論的転回を乗り越え得る可能性が，1960年代前半当時の立論に伏在していたことを示唆している。価値・規範，信念，イデオロギーの体系を一定不変の与件ではなく，組織・集団，市場，権力の体系との相互作用過程において構制される相対的に自律した存在と捉える視座は，前者の「文化的なもの」に対する後者の「社会的なもの」の実有的な影響力を分析的に担保しようと努める姿勢において，「社会的要因の説明力」を再認識しなければならないとする要請への"一つの回答"となり得る。論考の焦点となるのは，文化論的転回が目下抱える難題（ジレンマ）と，これを超克する余地を残す中期のパーソンズ文化理論の再検討である。

第1節　文化論的転回の陥穽——解釈学的アプローチが孕む問題点

　前章では，文化論的転回の諸特徴にかんして，でき得るかぎり概括的に描出するとともに，新機能主義のパイオニアであるアレクサンダーが提唱した「文化的社会学」の輪郭を示すことをとおして，とりわけ文化をめぐる問題にかんしては，彼の議論が，パーソンズよりもむしろ文化論的転回に対してきわめて親和的に（悪くいえば追従主義的に）コミットメントしている事実についても言及した。たしかに，パーソンズ社会学に代表される「規範的パラダイム」への反動という側面をもつ文化論的転回については，理論と手法いずれのアプローチも首肯できる部分が多い。しかしながら，現代のグローバルな社会的および文化的な経験的状況を射程に入れた体系的な理論——「文化の社会理論」と仮称しておく——の構築をめざすにあたり，それは看過できない重大な陥穽を抱えている。「文化的なもの」と「社会的なもの」との脱中心化され多元化された今日的関係に照準した理論モデルの定式化に寄与し得る「有効な視点」を，パーソンズが中期に構想した「文化の社会学」のなかに読みとることが本章の主題である。

　かかる作業に先立って，文化論的転回に特有の難点について議論しておく必要があろう。なぜなら文化論的転回を批判的に検討することによって，「文化の社会理論」の構築に求められる条件（文化論的転回に欠けている視点）が浮かび上がるためである。

　テクスト＝「織物」としての文化の重層的な意味構造を，日常生活者の視点に立って読み解く手法が文化論的転回の重要な特徴となっている。こうした分厚い解釈の実践を嚮導したギアーツは，文化を社会学的にあつか

う方法が一つではないことを認めつつも，抽象的なモデルによってそれを矛盾なく説明しようとする機能主義よりも，実質的な内容分析においては自らの提唱する解釈人類学の方が適性に優れていると信じて疑わなかった。「社会は，それ自身の解釈を内蔵している。ただ如何にしてその解釈に近付くかを学びさえすればよいのである」(Geertz 1973＝1987Ⅱ：445) という彼の提言は，文化論的転回の立場に立つ研究者達に重要な示唆を与えた。

　社会科学における文化研究が，実証主義的な法則定立から解釈学的な意味探求へとシフトするようになった背景として，20世紀後半以降，国家的あるいは民族的な起源・出自をそれぞれ別にする言語，観念，信仰，芸術などが，かつてない速度と深度で重層的かつ錯綜的に各社会に「再埋め込み化」されてきた事実をあげることができる。人や資本，技術のグローバルフローの加速と拡大に起因する「社会的生活世界の複数化」(Berger et al. 1973＝1977)，「芸術と人生の間の境界消失」(Bell 1976)，「無数に交差する織物としての言語ゲーム」(Lyotard 1979＝1986) といった用語――いずれもポストモダニティを象徴するタームである――で示される複合的な文化状況を捉えるための実践的手法が求められるようになった事情に鑑みれば，パーソンズ以降の社会科学において「解釈学的転回」が生じたのも無理からぬことといえよう。

　しかしながら，「方法論上の落し穴とある種の精神的困惑が待ち受けている」(Geertz 1973＝1987Ⅱ：445) とギアーツ自身が認めていたように，文化の解釈学的アプローチにはいくつかの難題がともなう。それは第一に，「解釈的公準の不在」と呼ぶべきものである。当事者の見地からテクストを読むといっても，研究者自身の知覚や判断から完全に自由ではあり得ず，単に直観主義的なものも含め解釈的手法の混在化を避けることはできない。同じ文化的営為についての解釈であっても，結局のところ当事者であるイ

ンフォーマントがそのように理解していると知覚し，判断した研究者本人の恣意的な解釈にすぎないという側面も否定できず，これと矛盾したり対立する「読み」が無数に生じかねない。こうした状況は方法論上の規準が未確定であることに起因している。

　同様の問題は，行為者が思念する主観的意味の理解に重点を置くミクロ社会学も抱えており，とくに現象学的社会学はこの問題にセンシティブな関心を向けてきた。例えばP. L. バーガーは，解釈者の立場が被解釈者と同じ日常生活者であるか，それとも社会学者であるかによって解釈の仕方は異なると指摘する。前者では，対話をとおした被解釈者――ここで主に想定されているのは，解釈者からみて「手の届く」範囲内にいて，かつ自己との対面的な相互行為状況に置かれているような「仲間（consociates）」である――にかんする知識のストックや，同じ手続きのなかで近接的に調節される彼のレリヴァンス（有意性構造）と自己のそれとの距離が重視されるのに対し，後者では，日常生活者のものとはまた異なる科学的に構成されたレリヴァンスや知識のストックが導入される。とくに社会学者は，他者の意味の解釈に際し，「どのような手続きを踏むかということに関する明示的な，あるいは暗黙のルール――つまり社会学という学問の『ゲームのルール』――にしたがわなければならない」（Berger and Kellner 1981＝1987：54）ということなのである。

　解釈的手法における「ゲームのルール」をいかにして担保すべきか，という課題に最初に取り組んだのがA. シュッツであった。彼は「人間行為の主観的な意味を客観的に取り扱うための方法」（Schutz 1973＝1983：97）を，日常生活者達による常識的な思考対象と矛盾することのない社会科学的な思考対象の構成に求めた。なぜならば，一般の行為者が「自然的態度」のもとで行っている意味付与を，彼らの主観的な見地に立って解釈するといっても，「純然たる事実」すなわち「即自態」として理解するこ

となど現実には不可能だからである。社会学者にできるのは，日常言語を用いて営まれる自明な解釈を，そのような生活世界における「常識的構成物」に立脚した「科学的構成物」，すなわち「一つの局面としてのモデル」を用いて類型化的に把握することだけである（行為者の主観的意味を反映した「類型化された出来事」は，研究者個々人の価値関心に根差したものであり，当該の関心に直接的な関連がないものについては類型化的把握の埒外に置かれる）。

シュッツによれば，かかる科学言語は，以下の三つの公準に即して構成される場合に，「社会科学的な思考対象と常識的な思考対象とが矛盾していてはならない」という要請を充たし得る。①「論理一貫性の公準」（科学的構成物は，最高度に明晰かつ判明な概念枠組に基礎づけられるかたちで確立されていなければならず，かつ形式論理学の諸原理と完全に一致していなければならない），②「主観的解釈の公準」（科学者は，個人の精神について，いかなるモデルが構成可能か，また観察した諸種の事実を，そうした主観的な精神の活動の所産として説明するには，いかなる類型的内容を科学的構成物に帰属させるべきかを問わねばならない），③「適合性の公準」（科学的構成物に含まれるいっさいの用語は，これらによって記述される行為が，日常生活者達の常識的な解釈によっても理解可能なように構成されていなければならない）。

「厚い記述」の場合も，「ゲームのルール」を欠いたまったくの無秩序なものかといえば，一概にそうともいいきれない。たしかにギアーツがインドネシアやモロッコにおける諸習俗に対して行った解釈にしても，「彼自身の視点や主観が原住民ないしより正確には構築された原住民の視点や主観と不鮮明にまじりあったもののよう」（Crapanzano 1986 = 1996：132-133）に見受けられなくもないが，科学的な公準と呼べなくもない実践上の規範を擁していた。

それはまず，文化をシンボリズム（意味の網の目）たらしめている「複雑な概念的構造の多重性」の分析に際して導入される枠組が，法則発見や例証のためのモデルではなく，解釈のための道具立てとして活かすべく構成されているということである。文化研究における「理論構成の基本的課題は，抽象的規則性を取りだすことではなく，厚い記述を可能にすることで」（Geertz 1973＝1987 Ⅰ：44）ある以上，おのずから「概念化というものは，まさにすでにえられた資料の解釈を行うことに向けられる」（Geertz 1973＝1987 Ⅰ：46）。例えば，ギアーツの業績のなかでも高い知名度と影響力をもつインドネシアの闘鶏研究で呈示された「感情の語彙」や「芸術的テクスト」にしても，試合のなかで沸き起こる強力な諸感情——危険を冒すスリル，敗北の絶望感，勝利の快感など——を現実に即して理解するための類型に位置づけられている。闘鶏とは，象徴的な礼儀作法，儀式，身振りなどに包み隠されている「自然なままの感情」を教示するゲームであると同時に，地位のヒエラルキーをめぐる尊敬や威信，あるいは名誉といった諸観念が，バリ人達にとってどれほど重要であるかを「地位の緊張の形式的模擬」（Geertz 1973＝1987 Ⅱ：434）として物語ってくれる一種の演劇でもある。「解釈についての解釈」というアプローチに徹する以上，ギアーツ流の「厚い記述」では，そうした二次的な解釈のための類型は，テクストの紡ぎ手達による一次的な解釈から遊離していないことが何よりも重要視される。

　いま一つの「厚い記述」のルールとして，ギアーツが20世紀初頭の中央モロッコでのある事件をとりあげる際にも指摘したように，テクストが書かれた歴史的な背景や社会的な状況に注意を払うという傾向があげられる。同事件の顛末とは，ベルベル人の賊に財産を奪われたユダヤ人商人が，交易協定で結ばれた部族とともにベルベル側の羊を盗み出すことに成功し，これを好機に取引を図ることで，結果的に500頭もの羊を賠償させたもの

の，同地で実権を握るフランス人の大尉は一連の経緯を認めず，商人をスパイ容疑で投獄し，彼からすべての羊を没収してしまうというものである。ギアーツによれば，この「小劇が1912年に中央モロッコの高地で起こったということ——そしてそれは1968年に現地でくわしく話されたものである——を示すことも，われわれのそれに関する多くの理解を決定することになる」（Geertz 1973 = 1987：14-15）という。テクストとコンテクスト（場所，時代，制度）との関連についてはミクロ社会学ではそれほど顧みられておらず，それはJ. クリフォードの言葉を借りれば，「解釈についての解釈」の対象となる一次的ドキュメントを「語るのはだれか，書くのはだれか，いつ，どこで，誰と一緒に，あるいは，誰に対して，また，どのような制度的制約や歴史的制約のもとで書かれたのか，話されたのか，などをはっきりさせることである」（Clifford 1986 = 1996：22-23）。

　文化の解釈学的アプローチが抱える第二の難題として，テクストが生成されるまさにその局面において生じる「力学の問題」，すなわち権力性を問う視点が後景にしりぞきがちなことも憂慮すべきである。この問題にかんしては「厚い記述」も例外ではない（小泉 1984）。ギアーツが解釈の対象として想定しているのは，ヒエラルキー上の地位を異にする人びとがすでに付与した結果としての意味であって，「不均衡な」意味付与過程それ自体ではない。つまりイデオロギーや利害をめぐる対立や矛盾のもとで，どのようにしてテクストが編み出されているのかという具体的な力関係が十分に考慮されていないのである。テクスト生産の現場で不可避的に働く政治力学が，「厚い記述」の対象から抜け落ちてしまう傾向については，R. ロサルドも問題視している。彼からみれば，モロッコを舞台とする民族誌的なテクストにかんして，事件の当事者達（ユダヤ人商人，ベルベル人，フランス軍人）の間で生じた「コトバの混乱」を悲劇的顛末の要因とみなすギアーツの解釈は適切さを欠くものである。というのも，三つの異

なる「解釈の枠」を，政治的な文脈（フランス，イギリス，スペインの間で競合的に進められた植民地政策）のもとに捉えなおすことによって，三名の間で作用する歪な力関係を歴史的な観点から語ることができるためである。ロサルドによれば，ギアーツのように同テクストをコミュニケーションの齟齬という言語的な観点から分析する場合でも，「会話に参加している集団間の，不平等で，不安定で，しばしば曖昧な権力関係には注目すべきである」(Rosaldo ［1989］1993＝1998：142) という。

　現実問題として，「力のあらがえない不均衡，世界システムの抑圧，制度的な組織といったより大きなコンテクストの一部」(Clifford 1986＝1996：viii) に組み込まれたテクストの生産について説明できない以上，ギアーツ流の「厚い記述」はやはり問題を孕んでいるといわざるを得ない。「文化や象徴の地平を前景化させることで，権力や政治，諸々の抗争を象徴システムの論理に還元している」（吉見 2003：10）傾向が否めない文化論的転回は，パーソンズ社会学とはまた異なる水準で文化を固定してしまうのである。1980年代以降，社会学の内部でも抬頭してきた代表的なアプローチとして，「文化は固定的な人工物でも不変のシンボルでもなく，一つのプロセス」（丸山哲央 2010：118）とみなすカルチュラル・スタディーズがあげられるが，このような動きは，「何かについて語っている（すでに意味づけられている）」記号や意味の統一体として文化を与件化する解釈学的パラダイムの限界を暗に物語るものといえよう。

第2節　カルチュラル・スタディーズにおける文化概念

1　「権力性」へのまなざし

　今日の社会科学において，いまや軽視できない影響力をもつのがカルチュラル・スタディーズである。この近代以降の広範な文化領域をカバーする知の潮流は，1968年にバーミンガム大学現代文化研究センター（通称CCCS）のセンター長にS. ホールが就任して以降，社会科学へのコミットメントを徐々に強めていったが，逆側からのコミットメントは，文化論的転回がカルチュラル・スタディーズとの接触をはかるようになった1990年代に拡大した。

　文化論的転回とカルチュラル・スタディーズの地続きの関係は，前者が後期近代の社会科学に促した傾向の一つとして，ボネルとハント（Bonnell and Hunt 1999）が「カルチュラル・スタディーズの抬頭を含むディシプリンの再編」をあげている事実からも窺い知れる。両名がいみじくも指摘したように，カルチュラル・スタディーズの最たる特徴は，経済的な搾取や疎外にかぎらない支配の多様な争点，すなわち「権力をめぐる抗争（contestation of power）」に取り組もうとする基本姿勢にある。

　したがって，ここでの権力はマルクス的な「暴力装置」というよりも，むしろグラムシ的な「ヘゲモニー」を指している。それは本来，ブルジョワ的支配勢力が自らの体制を維持・強化するにあたって行使する「政治的指導機能」，および「知的・道徳的指導機能」のことである（Gramsci 1947-1960a = 1961, 1947-1960b = 1962）。近代資本主義国家は，その安定的な存続のために専門家集団（知識人）を担い手とする諸種の統治機構を

発達させるが，教育や出版といった知的・道徳的な社会化のネットワークも兼備している。これら市民社会にはりめぐらされた文化的ヘゲモニーは，勤労人民の自発的な同意形成に深く関与している。カルチュラル・スタディーズの文脈において，ヘゲモニーの概念は社会経済的階級にとどまらず，エスニシティやジェンダーなど文化的な諸要因も含む重層決定的な差異や矛盾，不均等性を争点に対立する諸個人・諸集団が自分達の言説の正当性を確立すべく，つまり，より多くの同意を形成すべく日常的に動員している知識，論理，情報あるいはこれら有形無形の財と資本のネットワークを指している（当然ながら闘争の場で有利・不利に働くヘゲモニーは，対立する勢力の間で不均衡に分布している）。

　イギリスにおける労働者階級の生活文化が主要な研究対象であった当初から，カルチュラル・スタディーズは意味やアイデンティティをめぐるヘゲモニックな抗争に焦点をあててきた。その先駆的業績の一つが，R. ホガートの『読み書き能力の効用』（1958）である。同著で描き出されたのは，アメリカの大衆消費文化（ファッションや音楽）の享受をめぐって労働者階級内で顕在化した世代間の葛藤であった（Hoggart 1958＝1974）。言説間，イデオロギー間の「せめぎあいのアリーナ」として，あるいはそのような抗争の場に投入される「ポリティカルな実践の資本」として文化を前景化するアプローチは，サブカルチャーやマスメディアの研究においてとくに顕著にみられる（吉見 2000）。

　サブカルチャーの場合，例えば D. ヘブディジは，1970年代に若者の間で流行したファッションや音楽がもつ意味を，記号論的な枠組を用いて分析したことで知られる。とくに「体制拒否の意思表示」の象徴表現として強調されたのがパンクロックであった。

　ヘブディジによれば，打ち捨てられた安全ピンやかみそりの刃などが「抵抗のシンボル」として表象される際，パンクス達はそれらをラディカ

ルなファッションの一部に変形することによって，もとの自然的で常識的な使用価値を反体制的な象徴価値へと転換させていたという。つまり彼らは，意味が不在の「がらくた」をつなぎ合わせることで，「支配階級の価値と慣習」に対する破壊的で転覆的なアティテュードを表現したのである。パンクという音楽形態のもとでは，若者達の反対意思が連辞的とも呼ぶべきスタイル（スパイキーヘア，安全ピンでとめたカットアップされたシャツ，つば吐き，口汚い罵り，ロックの性急なリズムとこれに合わせたポゴダンスの機械的反復）のなかに「意味付与実践」をとおして反映されており，そのため「ヘゲモニーへの挑戦は，……決して直接表現されることなく，間接的にスタイルの中に……外観の全く皮相的なレベル，すなわち，記号レベルで示される」(Hebdige 1979＝1986：34)。

　体制側がイデオロギーの社会化やメインカルチャーの享受をとおして迫る「平準化」の戦略と，その欺瞞や矛盾を暴露しようとする「異議申し立て」の挑戦とがせめぎあう空間としてサブカルチャーを問題化するヘブディジのまなざしに，カルチュラル・スタディーズの独自性がみてとれる。

　「せめぎあいのアリーナ」という視点は，「サブカルチャー同士の抗争」にかんする議論のなかでさらに掘り下げられている。ヘブディジが例示するのは，テディボーイ・リバイバル派とパンクスとの対立である。両派とも，既製品本来の意味を破壊するブリコラージュによって独自のスタイルを築きあげた点では共通していたが，とりわけファッションによる意思表示の仕方をめぐって激しく対立した。テディボーイがパンクスを糾弾したのは，自分達にとっての神聖なモノ（抵抗のシンボルとしての細いズボン，先の尖った靴，ふくらませた前髪）が，カットアップされたり歪につなぎ合わされたりするなど，パンク・スタイルの名のもとに汚されていると感じたためであった。このように，あるスタイルをどのように解釈し評価するかは，そのような表現方法を採用する集団と採用しない集団との間に横

たわる断層によって規定されており，サブカルチャー同士の抗争も，当該集団間の表現上の示差的な距離の程度に応じて深刻さは異なる。「スタイルは，相反する定義が，最もドラマチックな力でぶつかりあう分野である」（Hebdige 1979＝1986：14）。

マスメディアの場合も，テレビ番組のメッセージの「読み」をめぐる重層的なせめぎあいの空間として描き出される。そこではメッセージの送り手（番組制作者）と受け手（オーディエンス）とのコミュニケーションが，伝送パイプのごとき直線的で透明な伝達過程ではなく，誤解やより主体的な解釈をともなう絶えざる交渉過程であることが強調される。

「エンコーディング（メッセージの生産）」と「デコーディング（メッセージの読解）」との間に一定の送受信の経路が存在することを認めつつ，後者の過程が，前者によって完全には決定づけられることも方向づけられることもないと考えるホール（Hall 1980）は，オーディエンスがとり得る「読み」の立ち位置を，①「支配的コード（dominant code）」，②「折衝的コード（negotiated code）」，③「対抗的コード（oppositional code）」の三つに分類した。①は，送り手側の「意図」と受け手側の「読み」とが完全に一致するケース（前者がメッセージに付与した支配的な意味がそのまま素直に読みとられる），②は，送り手側の期待する支配的な「読み」のプライオリティを大枠では認めつつも，部分的には独自の「読み」を認めるケース（支配的な「読み」と個別的な立ち位置からの複数の「読み」とが混在する），③は，送り手側の「意図」とは対立する独自の「読み」を実践するケース（支配的な「読み」と個別的な「読み」との矛盾が鮮明になる）である。

ホールが一連のデコーディング・モデルを提出したのは，単に「読みの多様性」を強調するためではなく，マスメディアがいかに「社会的意味をめぐるヘゲモニックな抗争の場」たるかを明らかにするためである。とく

に「折衝的コード」と「対抗的コード」の概念は，ひとたびメッセージを読んだとなれば，その瞬間から支配的なものを含む複数の「読み」との交渉に入らざるを得ないということを示している。いかなる立場のオーディエンスも読みっぱなしは許されないのであって，一つの対抗的な「読み」が社会的意味としての正当性を確立するためには，他の「読み」との折衝のなかで自らの位置と価値を明確化しなければならないのである（吉見編 2001）。

　本節で紹介したヘブディジとホールの研究からも看取されるように，「抗争の場」という政治力学の収束地点として文化を描出するところにカルチュラル・スタディーズの方法論上のメリットを見出すことができる。このような過程的分析の視点は，「相対的に安定したパターン」という均衡状態のうちに文化を捉えるパーソンズ社会学はむろんのこと，統合された所与の意味体系として文化を半ば固定的に捉える文化論的転回においても欠如しているものである。「文化の政治学（politics）」という観点に立つカルチュラル・スタディーズでは，価値や言説，スタイルのせめぎあいを通じて不断に更新され再編成される流動的な存在として，まさに「プロセス」として文化を捉えるのである（平田 2000）。

　「大文字の文化（Culture）」（メインカルチャー）と「小文字の諸文化（cultures）」（サブカルチャー，カウンターカルチャー）との，あるいは後者の内部での葛藤や軋轢にコミットするカルチュラル・スタディーズは，権力の問題を不問にしたまま，文化一般をシンボリックな意味の体系に嵌め込む文化論的転回の補完・修正の可能性を内包している。しかしながら，カルチュラル・スタディーズも後述の文化論的転回と同じく，文化と社会の相互作用を分析するうえで桎梏となるような問題点を孕んでいる。

2　カルチュラル・スタディーズの陥穽——文化概念の包摂性

　ロバートソンによれば，カルチュラル・スタディーズでは，せめぎあいの争点をなす「小文字の諸文化」すなわち「抗議表現」としての文化の概念がきわめて強力であり，ディアスポラの移住やポストコロニアリズムなどのグローバルな場の議論に強い関連をもっているという。彼は，この研究潮流について「反抗としての文化への関心の流動性，拡散性および特別な意味での反規律性が，……現代における文化への取り組みとその用い方を豊かにしたことは，疑えない」と評価する一方で，「文化を人間生活の他の諸局面と融合してしまう」がゆえに，社会が直面する構造的・制度的な現実の諸問題に取り組めなくなってしまうことに警鐘を鳴らしている。

　社会的な制度や行為を含め，あらゆるものが「文化」に包摂されるカルチュラル・スタディーズでは，すべての方向に向けられた矢のごとく，フェミニズム，ポストコロニアリズム，同性愛，多文化主義といった幅広い領域を分析可能となる（Bonnell and Hunt 1999）。ただしそれは，文化論的転回の最大のストロングポイントである「文化的自律性」の視点がややもすれば後景にしりぞきかねないことを示唆している。「社会現象を能動的に構成してゆく自律的な原理であり，社会や経済や政治そのものを説明する独立変数である」（大野 2011：30）とみなす文化論的転回もまた，文化自体の可変性や政治性を前面に打ち出すカルチュラル・スタディーズと同様，「現代における文化への取り組みとその用い方を豊かにしたことは，疑えない」事実であり，文化がそなえる自律的な原理あるいは説明力にかんしても，分析の余地を十分に残しておく必要があろう。

　留意すべきなのは，文化と社会の「相対的自律性」という視座に基礎づけられた理論を志向するうえで，双方の境界が曖昧化される傾向を避けられないカルチュラル・スタディーズへの全面的な準拠には慎重でなければならないということである。

第3節 「文化の社会理論」の鍵概念——「脱領土性」

　文化論的転回が，解釈の妥当性を権力との関連においていかに確立すべきか，という方法論的な難問に直面している実情についてはすでに触れたが，さらに理論構成の水準では，先述した最大のストロングポイントが，最大のウイークポイントにもなり得るというジレンマを抱えている。それは，社会科学がその構造や因果連関を説明しようと努めてきた中心的なカテゴリーのいっさいが，広い意味で言語的に構築される存在にすぎないのであれば，社会はそれ自体のサブスタンシャルな根拠を失ってしまうことになりはしないかということ，換言すれば，「文化的自律性」の原理を追究しようとすればするほど，一種の文化決定論に陥りはしないかということである（同様のジレンマは，文化論的転回ときわめて近似的なアプローチをとるアレクサンダーの「文化的社会学」にも見受けられる）。文化論的転回以降の社会科学が問われているのは，いかに「社会的なもの」を放棄することなく文化を記述していけるかという課題なのである（吉見2003）。

　かかる課題に対して，あるいはわれわれは，A. グラムシやジェイムソンといったポストマルクス主義的な文化理論のなかに解決の可能性を見出すことができるかもしれない。両者の思想に通底しているのは，上部構造の自律的性格に向けられたまなざしである。つまりイデオロギーや美的表象が階級的利害関係の単なる反映物ではなく，むしろ「土台」を積極的に編制していく駆動源に再定位されているのである。しかるに両名とも，「ヘゲモニー装置」と「ポストモダニズム」にそなわる社会的な説明力を

強調していながら，これら文化的要因の源泉としての地位を生産様式や国家に一貫して保証している。

そこで想定されているのは，上部構造と下部構造いずれにも絶対的な優位性を認めない非還元的＝相対的な自律性である。こうして二つの領域は，相互に構制し構制される（説明し説明される）という過程的構造のうちに捉えなおされることになる。「相対的自律性」の視点がもつ意義は，文化的要因と社会的要因のどちらか一方に決定的な説明力を付与しないかわりに，前者の生成基盤としての後者の存立根拠が分析的に担保される点にある。

ただ，われわれが志向しているのは，あくまでディシプリン（専門科学）としての社会学の理論水準における文化と社会との「対等な」説明力——しかもグローバル化の過程やポストモダン化の諸実践・諸経験が反映された——の定式化である。本節ではこれより，かかる蓋然性をそなえた学説として中期パーソンズの文化理論をとりあげ，紙幅の許すかぎり詳細な検討を行うが，その前に，「対等な」説明力に照準する「文化の社会理論」の概要を示しておきたい。

先に述べたように文化論的転回では，社会の説明要因として文化を強調する反面，社会を文化の説明要因として捉える視点が等閑視されている感は否めない。さしあたって「相互構制のダイナミクス」と呼ぶべき「文化的なもの（広義のコトバ）」と「社会的なもの（社会関係・社会構造）」との多様かつ流動的な絶えざる相互作用を考究するうえで，「文化的自律性」に偏向したスタンスは，いささかバランスを欠くものである。われわれは，アレクサンダーらパーソンズの衣鉢を継ぐべき機能主義者達までもが橋頭堡とすることを厭わない文化論的転回からは一定の距離を置く必要がある。例えば，階級や階層を言語または記号による社会全域の非連続的（連続的）な分節化の所産＝指示対象とする措定の仕方について，経験的なレベ

第5章　中期におけるパーソンズ文化理論，その潜在的有効性

ルでその妥当性を問いなおさねばならない。

　むしろ模索すべきは，「階級・階層・権力・市場・組織・集団・社会関係・相互作用そのものも文化（記号やシンボル）によって内的に構成される」というスタンスに立つ Strong Program の文化理論（文化論的転回の影響下にある後期近代以降の社会科学の立場）と，「文化は，階級や階層や権力や市場によって規定され，組織や集団や社会関係や相互作用から生成する」（大野 2011：ⅴ）というスタンスに立つ Weak Program の文化理論（大なり小なりマルクス主義の影響下にある従来の社会科学の立場）との協働の道である。文化と社会を，相互に規定しあい連関しあう作用域においてのみ発現可能な存在として，いわば上部構造と下部構造のいずれにも還元不可能な「対等」な存在として概念化することは，その第一歩である。

　ところで，越境化の現実を念頭に入れた文化と社会の今日的関係にコミットする「文化の社会理論」の鍵概念として設定されるのが「脱領土性（deterritoriality）」である。これは，グローバル化によって顕在化したわれわれの日常的な文化経験を示している。

　J. トムリンソンによれば，グローバル化とは，「近代の社会生活を特徴づける相互結合性と相互依存性のネットワークの急速な発展と果てしない稠密化」という意味での「近代世界における一つの経験的状況」であり，「複合的結合性」という言葉であらわすことができるという。このタームは，"複合的"という接頭辞が示すように，「グローバルな相互結合性の強化」にともなう文化的・社会的な諸事実間の結びつきの多様性を強調している。

　　この結合性という概念……に示唆されている結びつきは数多くの異なる
　　様式で存在するということである。その様式とは，世界的に増幅しつつ

ある個人と集団の社会的・制度的関係から，国境を超える商品や情報や人材や習慣の『流れ』という概念，さらには高速な航空運輸の国際的システムや，文字どおり『電線で結ばれた』電気通信システムなどといったテクノロジーの発達によって与えられたより『具体的』な様式に至るまで，実にさまざまなものがある。

（Tomlinson 1999＝2000：15-16 傍点：原著者）

　文化の次元——ここでは「生活様式」や「習俗」といった一般的な意味で用いている——でみれば，交通技術の進歩が可能にした大陸間移動にかかる時間の劇的な短縮は，越境する当事者達の意識に「距離の圧縮感」をもたらすが，これはトムリンソンのいうように，現象学的なレベルでの「近接性（proximity）」であって，結合性の物理的経験と混同すべきではない。空の旅の最中で感じていた近接性が，目的地で生活を始めるやいなや消失してしまうのは，異質のローカルな習慣や常識に適応していくうえでの理解（あるいは相互理解）が不十分なためであり，これは文化的な結合性が，適応をめぐる困難や緊張を大なり小なり余儀なくされるものであることを示唆している。

　とくに「文化的な距離の克服」は，移民や外国人労働者にとって旅行者以上にアクチュアルな問題である。とりもなおさず越境するということは，「差し迫った挑戦的な他者性を持つ現実に自分を適応させなければならない」（Tomlinson 1999＝2000：21）様々な局面と向き合うことなのである。いまだ構想途上にある「文化の社会理論」は，文化的距離の隔たりに起因する葛藤や分裂に対してもセンシティブでなければならない。

　複合的な結合空間において立ち現れる「脱領土性」にかんして，交通・通信技術の発達にともなう相互依存ネットワークの「遠距離化」と「稠密化」にその本領を見出すことができる。とくに後者は，先進諸社会を中心

に所謂「モザイク国家」が出現する過程と歩を一にしている。社会的歴史的なコンテクストを別にする「異質な他者」の混在は，J. F. リオタールが「無数の言語ゲームが交差する織物」として形容したパラロジカルな社会関係を常態化させる。「われわれは必ずしも安定した言語の組み合わせを形成してはいないし，われわれが形成する言語の組み合わせの特性は必ずしも疎通可能なものであるわけではない。こうして，到来しつつある社会は，……むしろ一層，分子論的な言語行為論に属しているのだ」(Lyotard 1979＝1986：9)。

とりわけ移民人口の増加にともなう「語る主体（文字通りの意味でのコトバを含め，自分達の思想や感情，権利，アイデンティティを様々な手段で表象する主体）の複数化」は，バーガーのいう「社会的生活世界の複数化（pluralization）」の過程とも密接に結びついている。ここでの生活世界とは，「共同体的合意」によって相互主観的に「秩序立てられた現実，生きることに意味を与えてくれる現実」(Berger et al. 1973＝1977：70) であるが，公的領域において，ホスト社会の成員とエスニックマイノリティは，それぞれ待遇や職務内容，キャリア形成過程の面で異なる労働環境に置かれているし，両集団に所属する諸個人は，より細分化された分業上の「意味秩序」のもとで様々な判断と選択を行っている。私的領域においても，両集団が，独自の生活様式を保持しながらコミュニティを形成している一方で，私的交際のレベルでは，「背景の異なる者同士の結婚」や「見慣れない宗教の体験」(Berger et al. 1973＝1977：73) にみられる文化的混淆が，バーガーの想定していた以上に断片化の様相を呈している。

また，「語る主体の複数化」は，「価値の多元化」と相即不離の関係にある。そもそも価値とは，安定した思考と判断のパターンを社会成員に提供する行為の指針ないしは規準であり，広い意味での言説実践の多く——言語に基礎づけられた宗教的儀礼，芸術的創造，性愛的表出，その他の有意

味的な消費活動（買う，着る，読む，作る，食べる）——を道徳的・理念的に方向づける一種のハビトゥスとして機能する。かかる「象徴的行為」（Geertz 1973 = 1987 I ）の基底的な（前述定的な）制御要因は，national language を共通にする集団であっても，階級や階層，世代，性の差異に応じて多様な位相を形成しており，それらが一つの全体社会の内部で無数にひしめきあっている。後述するが，価値を多元的なものとして，すなわち内集団レベルでの垂直的統合の要諦と同時に，外集団との抗争や軋轢の因子[1]として概念化する努力を怠ったところに，パーソンズ社会学の一つの難点を看取できるのである。

　要するに，単一の価値を普遍的な統合あるいは調和の基盤として同定したり，そうした行為の指針と規準の共有主体を幾多もの文化的差異や個人的忠誠を考慮に入れることなく一般化する見方は，第一に，現代では，誰もが様々な帰属関係とアイデンティティをもつために，多重的で複合的な利害関係の当事者として生活せざるを得ないという点，また第二に，第一の前提事実ゆえに，人びとの本質的な差異が規範や倫理を含む価値観のレベルでも生起しているという点が顧みられていないのである。「語る主体の複数化」の概念とあわせて「価値の多元化」から摂取しなければならないのは，容易には合意に達しがたい利害と要求，そしてアイデンティティが交錯する「複合社会」（Bell 1980 = 1990）という視点なのである[2]。

　国境を越えた移動の力学が強力に働く昨今，すべての個人に社会化され「内面化」された「共通価値」の概念は仮定困難となりつつある。なんとなればそれが言説実践の支軸をなす集合的コードだとしても，不可逆的な傾向として，いまや価値は，労働，信仰，性愛，消費といった様々な領域で「語る主体」が複数化するにともない「分散」と「異型化」の度合いを深めているためである。

　「脱領土性」を，社会関係や言説実践のミクロな観点（人と人との相互

結合性）だけでなく，よりマクロな観点（他所から転移されてくる文化全般およびそれらが布置している領土と人との相互結合性）から定義づけるとしたら，G. カンクリーニやトムリンソンのいう「文化と地理的・社会的領土の『自然な』関係の喪失」過程（脱領土化）によって帰結される経験的状況ということになる。つまりこのタームは，多くの人びとにとって気楽さと安心感の拠り所となるような「見慣れた文化的環境」であっても，普段何気なく目にしている看板やショーウィンドウに飾られたファッションも含め，かかる環境を構成する様々な記号・シンボル，イメージの「見慣れた特徴が，もはやその現場だけに特有のものでも，その『有機的発展』の一部でもなく，むしろ，『遠隔化』された影響力によってその現場に『はめ込まれた』特徴となっていることの方が多い」（Tomlinson 1999＝2000：188）という所与の空間的経験をあらわしている。

　ほかにも，情報通信技術の進歩と普及によって世界中の出来事が情報の束として家庭という親密圏に瞬時のうちに送り込まれてきたり，グローバルな市場の要請に従い，家族経営の小売店を追いやるかたちで外資系のスーパーマーケットやショッピングセンターが進出してきたり，われわれが現象学的に「所有権」を保持している場所と，そこでの日常的な文化経験との関係が，遠く隔てられた地域や主体からの影響のもとで，じつに様々なレベルで変容をこうむっているのである。

　「脱領土性」が多様なレイヤーをもつ概念であることで示すために，ここでアメリカとスペインのエスニックシティで生じた空間的変容の事例をとりあげたい。まず，20世紀前半以来，ワシントン D. C. のチャイナタウンにおける中国語表記の看板や中国式建築物は，華人集団のエスニシティの拠り所であり，彼らの共同性を表象する空間としての意味づけを与えられてきたが，1980年代の総合開発を経て進展したジェントリフィケーションが外資系資本の参入を促したことで，中国語中心の言語景観は，華僑住

民にとっては引き続き「存在論的安心（ontological security）」（A. ギデンズ）の対象でありながら，グローバル・エリートや海外旅行客を引き込む誘因として新たに機能するようになる。こうして「経済活動の推進主体（actor）」という付加価値を高めていったチャイナタウンは，漢字と英語の混ざりあう看板が金融機関やファストフード店とともに林立するビジネスと観光の空間として再編されたのである（Leeman and Modan 2010；石井 2011）。

次に，1930年代から美術館運営にたずさわってきたグッゲンハイム財団が，1990年代に入って打ち出した多都市・多館主義的な拡張戦略（グローバル・グッゲンハイム戦略）はスペイン・バスク州のビルバオにおいて最も大規模なかたちで実現されたが，「ビルバオ・グッゲンハイム美術館」の建設は，バスク地方の経済復興を企図した産官連携の総合開発の一環であり，「規模拡大による経済性（economics of scale）」を理念として掲げる財団，都市の再生をめざす地方行政，国内外に対して威信の向上をはかりたい政府三者間の利害一致のもとで推し進められた。1997年のオープン以降，同美術館は，インスタレーションやメディアアートを中心とする展示企画に加え，脱構築主義建築の代表作とも謳われるデザインも相まって順調に動員数を伸ばし続け，インフラストラクチャーとしての重要な地位を確固たるものとした。この一連の展開によって，交通手段や宿泊，食事，ショッピングといった各種レジャー施設を利用する海外旅行客が増加し，ビルバオは莫大な経済波及効果を得ることに成功した。さらに，「遠く隔てられた」消費者ニーズに対応した第三次産業の成長は，地元のバスク圏だけでなく，他の欧米圏やアジア圏からも前衛芸術，抽象芸術，空間芸術の諸作品を新規に仕入れるなど，観光客を美術館に呼び込むことを企図した展示内容の更新というアウトプット（表出的文化の脱領土化）をもたらしたのである（川崎他 2009）。

留意すべきは，グローバルな転移空間というよりも，むしろそうした根無し草的な印象とは真逆の「ローカルな生活」こそが「脱領土性」の直接の場をなしているということである。ここでいう「ローカルな生活」とは，人，モノ，資本，情報などが越境の各段階，各過程を経て，一時的にせよ長期的にせよ凝集する物理的・身体的な生活世界を指している。つまりそれは，「物理的な制約があるからこそ，グローバル化された世界にあってもなお支配的であり続ける，人間の社会的生活という大きな秩序なのである。ローカルな生活は，時間と空間の大部分を占拠している」（Tomlinson 1999＝2000：27）。われわれが重点的に問うべき文化と社会の相互構制のダイナミクスとは，様々な地位，利害，イデオロギー，あるいは「身体的・客体的・制度的な文化資本（le capital culturel）」（P. ブルデュー）のもとで多重的に意味づけられたテクスト群と，これらとともに特定の物理的な場所に再び埋め込まれた多様な歴史的主体（旅行者，ビジネスマン，移民などの意味づけの当事者達）が現実にたずさわっている諸組織，諸制度との絶えざる機能連関なのである。

第4節　物質論的転回の特徴と問題点
――文化論的転回に対する反動的潮流

　「文化の社会理論」で終極的にめざされているのは，「脱領土性」という所与の経験的状況における文化―社会間の複合的・多元的な相互関係の把握であり，かかる連関性を分析するための枠組には，グローバル化の徹底によって後期近代以降の国民国家＝全体社会に生じた時間的・空間的変容が反映されていなければならない。須要な手続きとして，文化を社会との

間で相互に説明し説明される相対的に自律した存在として捉えなおす必要がある。

　このような再措定の試みは，つまるところ社会的現実の内的な構成要因に文化を限定してしまう文化論的転回のラディカルな立場とは一線を画するということ，つまり記号やシンボルが文化として立ち現れてくる物質的基盤としてのサブスタンシャルな根拠（実体性・実有性）を，階級，市場，官僚制，相互行為などに認めるということである。むろんそれは，社会関係や社会構造に絶対的な説明力を付与すること（文化と社会の価値序列を文化論的転回に抗して再び逆転させること）と同義ではない。

　1990年代以降，言説・表象中心主義に対する疑念から，モノや場所，あるいはこれらとの身体化されたかかわりといった物質的なるものに再び目を向ける動きが文化地理学の分野を中心に起こりはじめている。所謂「物質論的転回（material turn）」のスタンスに立つ研究者達が共有しているのは，「文化を説明の装置として用いることに反対し，文化は説明されるものだという共通の見解」であり，「テクストに依存するのではなく，文化が埋め込まれる物質世界に関心を払うことが重要であると」（森 2009：5　傍点：引用者）する認識である。

　例えば，M. クラングは「言語ばかりで実践を考慮しない地理学は，死体置き場の地理学を生産する」との立場から，まずもって物質として現前するモニュメントや遺跡のもつ文化的な意味が，事件・出来事としての来訪者達の具体的でコンティンジェントな行為や関係を通じて絶えず作りなおされるものであると主張する。またP. ジャクソンは，*Cultural Geography* 所収の「社会・文化地理学を再物質化する」（2000）のなかで，商品の物質性に着目し，グローバル化が文化的文脈に埋め込まれる様子を捉えようとした。モノすなわち商品は，所与として「何かを語っている」わけではなく，それらが使用される際に対象化される社会的諸関係──この場

合，生産だけでなく，流通やショッピングという消費の場も含めて広範に取り結ばれる人間関係の総体を指している——によってはじめて意味を獲得するのであり，おのずから人びとの使用にかかわる諸経験をほのめかすという。ジャクソンが一連の議論で企図しているのは，一つは，グローバル化が均質な空間を出現させるという月並みな主張に反駁することであり，いま一つは，言説・表象だけで一元的に世界を説明しているという文化論的転回への批判に応えることである。

　なるほど，われわれが自明視している事物・事象がマテリアルな環境，システム，コミュニケーションの実践やネットワークのなかで意味づけられることにより，マテリアルな文化として生成される側面にまなざしを向ける物質論的転回では，「社会的なもの」がそなえる説明力に十分すぎるほど注意が払われているといえる。

　おしなべて物質論的転回派は，言語や表象が埋め込まれている物質世界に注意を呼びかけることでテクスト論的な（解釈学的な）アプローチの支配に対抗しようとする。しかしながら，物質世界の説明力をただ強調するだけならば，パロール／エクリチュール，真理／虚偽，善／悪，男性／女性といった西洋哲学が暗黙の前提としてきた二項対立の階層秩序への単純な回帰，あるいはその反復という域を出ないのではないか（物質論的転回の文脈において，物質は非物質に対して，より本質的で普遍的な存在として優位に位置づけられている）。「物質を本質的，純粋，基盤的，普遍的，外的なるものとすることで物質的なるものを本質化し，それによって西洋形而上学の身振りを反復してしまっている」との批判に直面した研究者達は，「普遍的で外的な物質的なるものではなく，物質それ自体がその痕跡や身振り，あるいは言説や表象をとおしてあたかも現実的かつ実在的なものとして立ち現れるプロセスとしてとらえること」（森 2009：13）にも注意を払うようになっている。

物質と非物質の階層的二項対立が決定不可能なものであることを暴き出すことによって，後者の説明力にも目を向けようと苦慮する物質論的転回の現状——例えば，音楽や絵画などの美的表象が，故郷（home）という場所に向けられたディアスポラの集合的なアイデンティティと記憶をどのように刺激し，また喚起するのかに着目する2000年代以降の文化地理学の傾向は，このことを象徴している——は，「文化の社会理論」の構築のために，記号・シンボル・テクストの自律的な説明力と組織・集団・制度の自律的な説明力を同時に担保する道を探るわれわれにとって，非常に示唆的であるといえよう。

第5節　「文化の社会理論」の準拠モデル——ドイツ文化社会学の検討

1　ドイツ文化社会学における文化概念の「相対的自律性」

　われわれは「文化の社会理論」の準拠モデルとしての鉱脈を，パーソンズの文化理論のほかに，20世紀前半当時のドイツ文化社会学にも見つけることができるかもしれない。この社会学の立場を嚮導した理論家達に通底していたのは，観念的・理念的な文化の諸範疇と実在的・物質的な社会の諸範疇を峻別したうえで，両者の相互関係を歴史的かつ総合的に把握しようとする視点である。

　そのじつ精神文化の諸内容は，社会あるいは物質文明の基礎に据えられながらも，後者の動勢を規定するだけでなく，後者によってもその動勢が規定される相対的存在としての位置づけを与えられている。そのため，二つの領域の「対等」な説明力を定式化しようとするドイツ文化社会学の一貫した姿勢のなかに，「文化の社会理論」の橋頭堡となり得る根拠を見出

第5章　中期におけるパーソンズ文化理論,その潜在的有効性

すことができるかもしれない(むろん,観念論哲学の系譜に連なる文化社会学者達が歴史的に実現されるべき理想的な存在とみなしているのは,社会や文明よりも文化である)。

　A. ウェーバーの場合,人間の「魂」すなわち精神の表象である文化運動と「生」の凝集である社会過程の関係を,作用—反作用の歴史的=動的な相関として描き出そうと努めている。つまり文化運動は,社会過程の刷新を契機に停滞期を脱し,思惟や美,信仰にかかわる表象形式の新たな創造期を迎えることが可能となる一方で,社会過程は,宗教的世界観に裏打ちされた古代エジプトの官僚機構や中世ヨーロッパの絶対王政にみられるように,しばしば文化運動の強い影響下に置かれる。むろん彼の文化社会学的関心は,「実用的な知性的宇宙」である文明過程も合わせ,三つの領域の相関関係を明らかにし,それらの統一体(歴史体)を世界史的に捉えることに向けられているが,科学と技術が経済や政治,あるいは哲学,芸術,宗教に及ぼす影響については詳述されていない。

　シェーラーの場合,彼が追究したのは宗教,哲学,芸術,法およびこれらの根底に坐する知識の諸形態といった人間の精神に根差す「理念因子」と,血縁(親族),経済,権力といった人間の衝動に根差す「実在因子」との間で作用する秩序法則,すなわち歴史の各時点における「精神構造と衝動構造」が,その生起や持続的な変化において相互に働きかける仕方を規定している原理である。かかる法則にかんする概略は以下の通りである。①理念因子と実在因子は,いずれもその具体的な内容と形式において,各時代に一回かぎりの存在である。②前者には自らを実現する力が本具的にそなわっておらず,後者によってそれが行われる。③後者は,水門がダムの水量を調節する役割を果たすのと同じく前者の能力や影響力の大きさを増幅させたり抑制したりする。④後者による前者の「実現因子」としての関与の仕方は,「作用優位」の法則に従っている。それはつまり,血縁的

195

因素が優位に立つ時代，経済的因素が優位に立つ時代，政治的因素が優位に立つ時代を周期的に繰り返す「実在的因素の支配の交替」である。⑤後者が前者に行使する影響力（指導と制御）は，人類史において最も基本的かつ不変的なものであるが，その介入の程度は，前者の内容が青年期から全盛期，そして成熟期へと発展していくのと反比例して低くなっていく。

　マンハイムの場合，「立場にとらわれていない知識など全く考えられないとする思考の領域が存在するということから出発しなければならない」との前提のもとに「知識の存在被拘束性」を主張し，「全体的イデオロギー概念の普遍的な把握の出現」をもって単なるイデオロギー論から知識社会学が成立するとの見方を示した。彼の知識社会学がめざす「相関主義」とは，いかなる思考も認識も，相互に関連しあう特定の体系のなかで意味をもつにすぎないこと，またそれらの意味要素が，社会階級のような個々の歴史的存在のもとでのみ存立可能であり，妥当するにすぎないことを強調する立場である。ここでマンハイムが問題にしているのは「イデオロギー的意識」と「存在」との関係性だが，「ユートピア的意識」と「存在」のかかわりについては，後者すなわち社会秩序に対する前者の転覆的な作用に焦点があてられる。ユートピア的意識が存在超越的であると同時に「現実超越的な」表象とみなされるのも，既成秩序の変革あるいは破壊といった志向性を有するためである。その消滅によって静的な即物性が人びとの間で支配的なものとなり，歴史への意志と洞察が失われてしまうとするペシミスティックな時代診断からも，ユートピア的意識が変革的な志向性を内包しているような意識形態であることが逆説的に読みとれる。マンハイムの構想において，知識社会学それ自体は「個別諸科学の社会学」の分野に属するが，イデオロギー的意識の存在被拘束性およびユートピア的意識による存在拘束性をめぐる一連の議論は，むしろ「文化社会学（文化および文化発展の社会的性格にかんする，また文化的個別諸領域におけ

る生成物の総体的関連にかんする学としての社会学)」の目的——文化的諸領域の総体を社会生活との関連において考察する——に沿ったものといえよう。

　以上のように，ドイツにおける文化社会学者達の理論は，その通有的なプロブレマティークゆえに，いずれも文化の（社会に対する）説明力と社会の（文化に対する）説明力の双方を初発からバランスよく内包したものと評価できる。むろん，第一次世界大戦の敗北による時代の危機意識や唯物史観という「時代遅れの信仰から」（Weber, M. 1904 = 1998：65）の脱却を要請する声の高まりはもとより，「文化（Kultur）」という根本概念が文字通りドイツ的なものであったこと，つまりゲルマン的ドイツ国民の本質として同定されてきた民族精神（Geist）と切り離すことのできない関係にあった事実など，当時の社会的および学術的な情況を背景に体系化がはかられたものである以上，A. ウェーバーらの分析枠組を，現代における地球規模での越境化の力学を想定した「文化の社会理論」にそのまま導入するわけにはいかないことは自明の理である。

2　ドイツ文化社会学が準拠モデルたり得ない根拠

　ドイツ文化社会学の抱える限界について，具体的にシェーラーをみてみれば，「少数の人格」たる「指導者（フューラー），典型（フォアビルト），先覚者（ピオニール）」（Scheler 1924 = 1978：26）を担い手とする「正典（カノン）」，すなわち教育機関においてカリキュラム化され，また美術館などで展示の対象となるようなハイカルチャーが精神文化の領域に範疇化されており，こうした高尚／低俗というエリート主義的な二分法に依拠した概念規定は，「大衆的で通俗的なものこそが文化である」とのスタンスに立つカルチュラル・スタディーズのように，「普通の人びと」を担い手とするポピュラーカルチャーが経済や権力といかに結びついているかという問題にアプローチできないのである。(3) 例えば，

197

われわれが関心を寄せる文化と生産様式との構造的なつながりのなかには，「現下の大衆文化(マスカルチャー)の機構が資本主義社会の機構とべったりと結びついているために，前者の未来が後者の未来によって以外には考えられなくなっている」(Williams 1958＝2013：30-31) という Weak Program の文化理論で重視されてきた関係に加え，前者の未来もまた，生活世界の内部に横溢した後者によって以外には考えられなくなっているという Strong Program の文化理論で重視される関係——「後期資本主義の文化的構制」(Jameson 1991, 1998＝2006)——が含まれており，いずれも共通の理論的課題を達成するうえで欠くことのできないパズルの一片をなしている。

　この問題は，仮に「文化運動」「理念因子」「イデオロギー（ユートピア）」を，A. アパデュライ (Appadurai 1996＝2004) が「五つのランドスケープ (landscape)」の概念——エスノスケープ（移民，難民，旅行者などの「民族」の地景）・メディアスケープ（マスメディアが発信するイメージの地景）・テクノスケープ（工業技術と情報技術の地景）・ファイナンススケープ（金融資本の地景）・イデオスケープ（「自由」「民主主義」「権利」といった一定の政治的方向性を有する観念の地景）——で示したグローバルで流動的なフローの趨勢と切り離すことのできないモノ（イメージ産業に支えられたポストモダニズムなどの美的表象群）や思想（同性愛，フェミニズム，多文化主義といった新しい社会運動とも関連した多様な意識形態），信仰（世界宗教の諸宗派のみならず，バーガー的およびルックマン的な私化された宗教も含む）の諸領域へと再範疇化したからといって解決されるような性質のものではない。

　かつて M. ウェーバー (Weber, M. 1904＝1998) は，「文化現象」がどのように経済などの「社会現象」によって制約され，逆にどのようにこれを制約しているのかを「特定の観点」から分析する試みのなかに，「実り豊かな創造性をそなえた科学上の原理」としての可能性を看破していたが，

「観念的要因（Idealfaktoren）」からなる文化現象と「実在的要因（Realfaktoren）」からなる社会現象の「共働的な原理様式」（Scheler 1924＝1978）を追究せんとしたドイツ文化社会学が，結局のところ「文化の社会理論」の構築に寄与する「実り豊かな創造性をそなえた」モデルの水準に達し得ないのは，ある二つの「特定の観点」が最大の特長をなしているからにほかならない。

　第一の観点として，当時の科学的思潮の一つであった歴史主義的な方法論があげられる。形式社会学や史的唯物論に疑義を唱える社会学者達にとって，社会学は共同主観的な意識形態と社会構造との具体的で全体的な連関を，動的すなわち歴史的に研究する学問でなければならなかった。とりもなおさずドイツ文化社会学は，その初発から歴史主義的な性向を内包していたのである。

　ドイツ文化社会学の通奏低音をなす文化概念の特性について，本書でこれをパーソンズ社会学における同特性——「規範主義的相関性」——と対照的に，「歴史主義的相関性」と呼称した事実に注意されたい（第3章参照）。かかる観点は，厳密には広義のものと狭義のものとに分けられる。

　前者の場合，「文化運動」と「社会運動」（A. ウェーバー），（実在的諸因子が理念的諸因子を「実現」する際に働く）「作用優位」（シェーラー）といった概念にも反映されているように，ある時点から別の時点への継起的な変化ないし発展として，不断に連続する歴史的な流れのうちに文化と社会の相互作用を捉えようとする。例えば，マンハイムがユートピア的意識をイデオロギー的意識から区別する指標の一つとして，「それがすぐ次につづいて起こった生活秩序の中で適当に現実化された観念」（Mannheim 1929＝1968：210）であることが後の時代になって判明したか否かをあげている事実などは，ドイツ文化社会学を特徴づける通時的なアプローチの傾向を暗に物語っているといえよう。しかしながらこの観点は，次の

限界を抱えるがゆえに,ドイツ文化社会学を「文化の社会理論」の準拠モデルとして基礎づける試みにとって大きな障壁となる。まず,共時的なレベルにおける相互作用の変遷に目を向けることができない。文化と社会の動的な相関は,一つの時代の民族的・国民的共同体の枠内においても刻々と継起しているのである。例えば,特定の時点の特定の地域において,「支配の交替」を繰り返しながら規定しあう文化的な因子と社会的な因子の流動的で不均衡な関係は,ここで議論している相互作用の共時態の典型である。

当然ながら,特定の時点のなかには,「文化の社会理論」が対象化する20世紀後半から今世紀までの相互作用の各時点の動態が含まれていることはいうまでもない。さらに,ときとしてそれ自体が相互作用の通時的な変動の契機ともなり得る,静的な相関(相互作用の均衡状態)についての分析も無視されてしまう。

後者の場合,文化と社会および両者の相互作用を一回的で個性的な出来事とみなし,それらの存在の普遍妥当性を否定する。しかしながら,(狭義の)歴史主義的方法論への固執は,グローバルなものがローカルなものに浸透してゆく結節地点に顕現する「脱領土性」が,実質的な内容にかんしては細部にわたって無数の相違が認められるにしても,その過程(脱領土化)や政治力学的な背景などの面では,どの全体社会でも同質的な性格を帯びる以上,そうした経験的状況下における相互作用がもつ共通性や一般的な傾向を抽出する作業にとって桎梏となる。たとえそれが激しい変化の連続という様相を呈するにしても,今日の文化―社会間の「共働的な原理様式」は,多くの国・地域の都市――「脱領土性」が最も顕著に発現する空間(ローカルな生活)である――において,程度の差こそあれ相似的なパターンを示すのである。

第二の観点として,社会全体の構造や変動を文化全体との関連において,

統一的に認識しようとする綜合社会学的な傾向があげられる。この場合，観念的領域と実在的領域がともに未分化の範疇のまま言及される傾向にあり，両領域の相互作用の説明が単位レベル（要素レベル）まで掘り下げて行われているわけではない。このような傾向もまた，準拠モデルとしての有効性を低くする要因の一つとなっている。

　結論をいえば，ドイツ文化社会学は逆説的に二重の方法論的特長が制約となって，「文化と社会の特定時点における多元的な相互作用」への焦点化を困難にしてしまうのである。

第6節　パーソンズ文化理論再考——「文化の社会理論」の構築へ向けて

1　中期パーソンズ社会学の理論的特徴——価値媒介的な相互作用

　ここ四半世紀の間で国民国家（全体社会）の統合力が否応なく衰退し，人びとの生活のあり方が，グローバルに条件づけられた政治的，経済的，そして文化的な要因によって方向づけられるようになってきたことは疑いようもない事実だが，今日そのような生活様式の本質をなしているものこそ，nationhood あるいは nation の起源が異なる人・モノ・資本・イメージなどの state への「再埋め込み化」にともなう新しい所与の経験的状況，すなわち「脱領土性」なのである。例えば，人びとの生活歴設計（a life plan）の私事化傾向を指摘するためにバーガーが用いた「社会的生活世界の複数化」，脱工業化社会を席巻する快楽主義的な現代文化の特徴を描出するためにベルやジェイムソンが用いた「芸術と人生の間の境界消失」「現実のイメージへの変容」「歴史感覚の消失」，多様な言説（小さな物語）が濫立するポスト近代の「神々の闘争」（M. ウェーバー）を強調するため

にリオタールが用いた「無数に交差する織物としての言語ゲーム」，電子メディアに媒介されたトランスナショナルな相互行為の趨勢を記述するためにアパデュライが用いた「仮想的近接」——離散した移民同士を想像的に結びつける新たな共同体の出現と相即不離の関係にある——などの枠組にその相貌が反映されている（Appadurai 1996＝2004；Bell 1976；Berger *et al.* 1973＝1977；Jameson 1991, 1998＝2006；Lyotard 1979＝1986）。

　「文化の社会理論」が解明をめざすのは，「脱領土性」という所与の状況下で不断に生起している文化と社会の相互構制のダイナミクスにほかならない。同時にこの試みは，文化の「社会的構制」にかんする定式化が不十分な文化論的転回の超克を企図している。本節では，グローバル化という状況下にあってもなお有効な視点をそなえたパーソンズの文化理論，なかんずく1960年代前半に構想された「文化の社会学」に照準し，それが「文化の社会理論」の準拠モデルとしての鉱脈たり得る根拠を明示したい。

　本書の第2章から第3章にかけて，パーソンズの機能主義的な文化概念の性質的変遷を中核に据えて論考したが，1950年代前半当時，文化は同じ「行為システム」であるパーソナリティおよび社会との関連という観点から記号の体系（シンボルシステム）として概念化され，その構成要素（認識的記号体系・表出的記号体系・評価的記号体系）の分析がはかられた。1960年代に入ると，社会システム論の彫琢のために導入された「AGIL図式」と「サイバネティック・ハイアラーキー」を援用するかたちで「文化システム」の概念が整備しなおされ，文化の構成要素は，四つの下位システム（経験的認知システム・表出的システム・評価的システム・実存的システム）として再編成された。このときに構想された理論体系が，文化システムと社会システムとの相互浸透関係を研究する「文化の社会学」であった。

　「相互浸透」を単なる相互関係から分かつ指標は，第一に，それが文化

と社会双方の下位システムのレベルでの相互作用であるということ，つまり，「文化と社会という二つのシステムの全構成要素」(Parsons 1961＝1991：132）間の多元的で複合的な機能連関を指しているということである。一方でドイツ文化社会学が，結果としていくつかの論理矛盾を抱えるに至った要因として，文化と社会をそれぞれ「未分化の全体」としてあつかい，しかも基幹をなす分析概念にかんして「観念」—「実在」という曖昧な二分法に終始した事実があげられる。[4]

　第二に，立論の焦点をなす「相互浸透」が，厳密には「制度化」された「社会的価値」によって基礎づけられた相互作用として捉えられているということである。第3章では中期のパーソンズ文化概念の特性を，認識的文化（科学・イデオロギー），表出的文化（芸術・服飾），実存的文化（宗教）が社会の諸領域（経済，政治，司法行政，親族・教育・教会）と複雑に関連しあう際，行為システムを全体的に支配する規範的文化（「制度化」された共通の価値）によって媒介されるという側面に着目して「規範主義的相関性」と呼んだが，それは「価値媒介的な相対的自律性」と換言することができる。ドイツ文化社会学が社会との関係を問うにあたり，相対的に自律的な地位を文化に付与していたことは前節で述べたとおりだが，相互作用の過程で生ずる価値ないし規範の役割や性質の理論的位置づけにかんしては不明確であった。後述するが，価値に媒介された多元的で複合的な相互作用に焦点化する姿勢は，「文化の社会理論」の準拠モデルとしての潜在的有効性という見地に立ったとき，パーソンズの「文化の社会学」とドイツ文化社会学を分かつ決定的な相違点として浮上してくる。

　文化と社会の関係が価値に媒介されるとはどういうことをいうのか。それは例えば，宗教的志向による教会の維持（連帯＝道徳的コミットメント）と教会による宗教的志向の維持（社会化＝内面化）が，ともに教義の規範体系のもとで支持されているような状況が該当する（第3章参照）。

パーソンズは,「制度化」された価値と価値以外の文化の下位システム——価値もまたⅠ（統合）次元に布置される構成要素の一つである——,そして個人が実際的にコミットメントしている社会の下位システムという厳密には三者関係としてあらわれる機能連関の中身について, 多くの具体例をあげて詳述しているわけではないが, 実存的システム（宗教的志向）以外の領域でも「文化の社会学は, 社会的価値という基盤を通しての, 社会と文化との複雑な相互作用を考慮に入れねばならないし, さらにまた, この基盤が, 個人のコミットメントにどのように依存しているのかということを考慮しなければならないのである」（Parsons 1961b＝1991：130-131 傍点：引用者）と述べている。

　1960年代前半時点でもなお,「文化システムのうちで, 社会システムに対して, 最も直接に構造的ないしは構成的な意味をもっているのは, 評価的要素である」（Parsons 1961b＝1991：120）と言明されているように, 社会的な役割遂行を方向づけ制御することによって諸個人を統合する文化の評価的要素すなわち価値は, 戦略的に重要な位置づけを与えられている。パーソンズ社会学の底流に流れているのは, あくまで「秩序へのまなざし」であり, 1950年代をとおして強調された「行為や社会を秩序化する, 価値や規範の組織化されたシステム」（大野 1998：9）の外的—静的な自律性（規範主義的自律性）が,「文化の社会学」の構想に際しても基本的には踏襲されている。"基本的には"というのは, 価値を基盤に統合されパターン化される「秩序」の第一義的な対象が, 社会システムの構造そのものから, 社会システムと文化システムの「相互浸透」へシフトしているためである。

　このとき価値には, かかる複雑な機能連関を, 構造的に安定した均衡パターンともいうべき「秩序ある相互依存関係」（Parsons 1961b＝1991：132 傍点：引用者）たらしめる原理としての性格が与えられており, いわ

ば"パーソンズ未完のプロジェクト"とも形容可能な「文化の社会学」とは，「『共通価値による統合という属性によって理解することのできる社会的行為体系に関する分析的理論』」(Parsons 1937c = 1989：191) ならぬ「共通価値による統合という属性によって理解することのできる社会的行為体系と文化的行為体系との相互作用に関する分析的理論」なのである（パーソンズ社会学において，社会と文化はパーソナリティの概念とともに行為の体系＝システムとして措定されている点に加え，両者の間に「最も直接的な絆」を提供する存在として，共通価値が特別な位置づけを与えられている事実に留意されたい）。

1950年代後半から1960年代前半にかけて徹底された社会と文化の構成要素にかんする研究（社会システム論〜文化システム論）は，両体系の相互作用を包括的に捉えることを可能にしたが，そのなかで示された一連の分析図式は，パーソンズ以降のオントロジカルな社会変容とともに顕在化した相互作用の新たな局面を把握するためのモデルへと再編される余地を孕んでいる。

2 中期パーソンズ社会学が「文化の社会理論」の準拠モデルたり得る根拠

畢竟すれば，パーソンズの「文化の社会学」に伏在する「文化の社会理論」の準拠モデルとしての有効性は，①社会を「秩序化」する「相対的に安定したパターン」としての価値の基本的位置づけが担保されている点，②文化と社会の相互作用を要素単位で多元的に分析するにあたり，両概念に「対等」な説明力を付与しただけでなく，互いに構制し構制されるという一連の過程そのものを「秩序化」する原理（媒介者）として価値概念を設定した点に集約されるのではないか。

第一の視点は，均衡維持（equilibrium）と境界維持（boundary）という社会システムがもつ一般的・普遍的な性格にかかわるものである。そも

そも社会システムは複数の行為者の相互行為からなり，それ自体の統合を維持していくのに必要不可欠なすべての条件をその内部に具備しているような体系である（Parsons and Shils eds. 1951＝1960）。パーソンズが文化の評価的次元すなわち価値（行為状況に対する共通の評価基準）に重要な戦略的位置づけを与えるのは，社会システムを「自己保存的体系」たらしめる諸条件のうち枢要な機能を果たしているからである。その機能とは，「制度化」と「内面化」の機序を通じて，体系内の相互行為をパターン化された役割相互の関係として安定させることである。とくに前者は，「体系内の行為者が持っている役割期待を人々が分かち持っている価値の型と統合すること」（Parsons and Shils eds. 1951＝1960：31）にほかならない。また社会システムは，外部環境との間に境界を有しており，それ自体の動的なものも含めた均衡状態を一定の境界内で維持しようとする傾向もそなえている。

　均衡維持と境界維持という二つの特徴が，いかなる要素に条件づけられているのかという見地に立ったとき，「社会システムに制度化されパーソナリティシステムに内面化されることをとおして社会成員に共有され，人々の行為を多かれ少なかれ制御するところのシンボル・パターン（symbol pattern）である」（大野 2011：ⅱ）価値を「文化の社会理論」の基底概念として設定する戦略的意義が明確となる。

　例えば，ヘブディジや P. コーエン（Cohen 1999；Hebdige 1979＝1986）らのサブカルチャー研究を振り返ってみたとき，そこから看取されるのは，パンクスもスキンズもモッズも，親世代や中流階級に属する同世代の一般的な若者達に対する何らかの情緒的志向を表出する手段として音楽やファッションを選択する姿勢においては共通しているものの，スタイルを通じた内的統合（均衡維持）と外集団との差異化（境界維持）が三者三様の価値を基盤にして成り立っているという事実である。何を身に着け，ど

のように音楽とかかわるか，どのようなスラングやジェスチャーを用いて仲間とコミュニケートするかという種々様々な場面で適当な役割遂行が行われる際，隠然的なものであろうと顕然的なものであろうと，多くの構成員が一定の共有されたルールや約束事に従っている。

　また三つの若者集団では，スタイルとその共有にもとづく連帯を維持すべく「社会化」の機能が作用しているが，その担い手である「信託システム」は，パーソンズの想定していた家族や公的な教育機関ではなく，学校や仕事帰りの「集いの場」であるストリートやライブハウス，ブティック，パブなどに取って代わられている。同時に，共通の行為規準に従わなかったり，仲間内で期待される役割に反して外集団のスタイルにシンパシーを示し，露骨に同調するようなことがあれば，その者は逸脱者として糾弾され，これまたパーソンズのいう「安定均衡ないし動的均衡に社会システムを維持しておこうとする……機能にほかならない」（Parsons and Shils eds. 1951＝1960：365-366）社会統制の機序を通じて矯正を強いられるであろう（しばしば表面化したのはパンクスとスキンズの対立構造である）[5]。逸脱者に対して行使されるサンクションとして，報酬と制裁硬軟織り交ぜた手法が採用されるが，いずれにせよ，その第一義的な目標は集団内部の連帯を保つことに向けられている。

　要するに，小集団単位で共有されている価値は，いずれも支配集団の価値からみれば「非行」あるいは「逸脱」として周縁化される傾向にあるものの，これと構造的に同様の機序すなわち価値の「制度化」とその社会化を通じた「内面化」――不十分な場合は諸種のサンクション――によってスタイルの維持に寄与するとともに，構成員の統合を持続的に可能ならしめているのである。

　「機能主義では行為による文化の主体的な創造や変革の問題を十分に説明できない」と論難する反パーソンズ派，とりわけミクロ社会学諸派は，

個人の意思決定や意味解釈が有するコンティンジェントな蓋然性にかんして楽観的すぎるきらいがある。サブカルチャーに特化していえば，スタイルの革新のためには，既成の中心的な価値による統制から脱し，ときにはこれを創造しなおす必要があるが，どの若者集団にも内部で生じた亀裂を修復するための機能要件——変動の圧力にさらされたとき，価値の安定を保とうとする「パターン維持と緊張の処理」(Parsons and Smelser 1956a＝1958Ⅰ)——がそなわっており，可能性としてはつねに潜在していても実現するとなれば容易ではない。このことは，かつてパーソンズが「社会的価値」と「個人的価値」の緊張関係という文脈で議論した問題と類比的なものである。つまり「社会体系において制度化されている広範な文化の価値」としての前者が，諸個人に秩序の維持という機能的命令を課し続けている以上，後者すなわち「特定のパーソナリティの価値によって左右される変化の範囲は，この枠組の一部を成している限界によってまず最初に固定されているのである」(Parsons and Shils eds. 1951＝1960：285)。

　いまから述べることは，何らかの集団または組織に所属しながら日常生活を営むわれわれ自身の経験に照らせば十分なリアリティをともなって理解できるであろうが，多くの集合体が大なり小なり成員同士の葛藤や対立を孕みながらも，即時に解体ないし分裂という道をたどることなく，それぞれの自立的な秩序を維持している，あるいはそのための調整機構を具備している事実を無視するべきではない。

　「制度化」され，また「内面化」された価値による社会システムの均衡と境界の維持というパーソンズの視点が「文化の社会理論」の豊かな鉱脈たり得る根拠は，体系を持続的に安定させる一連の機序が，グローバルなレベルの多様なフローを背景に出現したあらゆる集団——都市の一画に集住しているエスニック集団から，そこより数ブロック先にオフィスをかまえる外資系企業，少数民族の文化保護やLGBTの権利拡大，反グローバ

リズムを標榜する市民団体までじつに多岐にわたる——にも妥当する事実に見出される。したがって、中期に体系化がはかられたパーソンズの「文化の社会学」には、集合体の「多元的な」統合ないし秩序というファクターを発展的に導出する余地が残されているのである。

　第二の視点は、文化と社会の今日的関係を社会学理論の水準で説明するためには、いかなるシェーマが有効なのかという問題にかかわるものである。むろんかかる分析図式は、(「社会的なもの」との間で) 相対的に自律的な存在として措定した文化概念によって基礎づけられていなければならない。パーソンズ文化概念の性質的変遷をたどりなおしたとき、初期 (行為の総合理論〜社会システム論) では、パーソナリティを特定の集合体のもとに接合させる「機能的意義」の観点からその「自律性 (規範主義的自律性)」に重点が置かれていたし、後期 (一般行為システム論) では、他のより低次の行為システム (集合体、個人、身体) を上方から制御する本質的な (constitutive) 存在という意味での「自律性 (構成的自律性)」が強調された (第2章・第3章参照)。とくに「私は社会決定論者というよりもむしろ文化決定論者である」(Parsons 1966 = 1971：169) と自称したように、後期のパーソンズは文化論的転回と異なる理論的・方法論的地平に立ちながらも、高度な説明力を文化概念に付与していた。

　前期と後期に比して、特異ともいえるアプローチが試みられたのが中期である。この時期に重点的に行われた文化システムの要素研究は、社会システムとの相互作用を分析するうえで不可欠な前提条件の位置づけを与えられていた。ドイツ文化社会学の超克を企図して構想された「文化の社会学」は、「社会システムと、文化システムまたは文化の下位システムとの相互依存と相互浸透の分析として理解されている」(Parsons 1961a = 1991：121) ように、両システムの構成要素のレベルで織りなされる複雑に分化した関係に焦点化する。少なくとも1960年代前半時点のパーソンズ

は，社会との間で構制され構制する（説明され説明する）という文化の「相対的な自律性」にセンシティブなまなざしを向けていた。

　パーソンズに倣えば，ドイツ文化社会学が不十分な分析にとどまらざるを得なかった要因の一つに，相互に関連しあう複数の要素が統合された状態として，つまり「システム」として文化と社会を捉えられなかったことがあげられる。さらに重大な相違として，価値すなわち文化システムの評価的要素が，「相互浸透」の媒介者という統一的原理の地位を占めていた点があげられよう。「相対的な自律性」を維持しながら作用しあう文化的領域と社会的領域との影響関係を条件づける要因について，ドイツの文化社会学者達は，歴史的過程のなかで必然的あるいは偶発的に現れる具体的な「出来事」（事件・事象）を暗々裡に想定していたが，その反面，社会学理論としての原理的な追究を怠ってしまった感は否めない。

　パーソンズにしても，文化と社会「この〔両システムの〕関係を解く鍵は，すでに繰り返し述べた命題——つまり，社会システムの構造化は制度化された文化のうちに存するということ——である」（Parsons 1961a ＝ 1991：118　傍点：原著者）と強調しておきながら，当の価値が，いかにして「相互浸透」それ自体を構造化する原理として機能しているのかを詳述しているわけではない。同原理に相当するものとして示唆されているのは，価値の「変異性」（評価的要素がほかの文化システムの諸要素と結びつくことで様々な様相を呈するというもの）である。しばしば言及されるのは，芸術様式がその集合体における中心的な価値と強く同化することによって，諸成員の統合と連帯（道徳的コミットメント）を方向づけているという状況である。またかかる議論は，社会化のための諸機構をとおして，ひとたび「制度化」した価値を芸術様式とともに再生産するという社会から文化への反作用の機序を前提にしている（価値と表出的なシンボルとの親和性は，パーソンズが例示する宗教音楽やプロレタリア芸術にかぎらず，先述

したサブカルチャーにも見出すことのできる構造的特徴であろう)。「相互浸透」が文化システムと社会システムとの多様に分化された影響関係であると同時に，複合的な機能連関でもあるという事実は，その分析が，価値の「変異性」の問題と相即不離なものであることを物語っている。

ここで，正統派機能主義(パーソンズ社会学)の継承発展を通じて，その核の「再構成」をめざす理論運動である新機能主義を提唱したアレクサンダーの議論に目を向けてみたい。結局のところ，その試み自体は完遂しないまま頓挫してしまった感があるものの，アレクサンダーの志向した「再構成」とは，パーソンズの理論が後期に至るにつれて「社会システムの諸要素のなかの一組にすぎない『規範』の方に傾いていった」(Alexander 1990 = 1996：56) との認識にもとづき，秩序分析をめぐる正統派機能主義の「規範的―集合主義的」アプローチないしは「文化還元論的」傾向を批判し，行為のコンティンジェンシーを重視する「個人主義的」アプローチとの統合(ミクロ―マクロ・リンク)に加え，経済的報酬や政治的強制といった社会システムの「条件的要因」をも射程に入れた多次元的理論化をはかるというものであった。[6]

「パーソンズは規範的要素をサイバネティック・ハイアラーキーの上位に置き，物質的要素を下位に置いたのである」(Alexander 1990 = 1996：56) といった評価にみられるように，アレクサンダーは後期パーソンズの文化概念を文化システムの「評価的要素」とほぼ同義にあつかっており，そこから「規範主義的偏重」という批判的な見解が導き出される。新機能主義の一般的傾向として，前期パーソンズの継承発展を志向する姿勢が認められる点についてはすでに触れたとおりである。「パーソンズは，マルクスを無視したばかりでなく，結果としてマルクスを押し殺してしまった。これに対して，……物質的・手段主義的理論家を無視しようとしてきた点でパーソンズを批判するものである」(Alexander 1990 = 1996：65) と断

言するアレクサンダーが「再構成」の対象としたのも，1950年代前半に呈示されたシステム三分割モデルであった。当時のパーソンズが行為の問題を定式化するにあたり，「唯物論的前提と観念論的前提とを総合しようと」（Alexander 1990＝1996：56）努めていた事実は，パーソナリティシステム，社会システム，文化システムを多次元的理論化のための準拠モデルとして特定するうえでの重要な根拠をなしている。

　前期パーソンズのどの視点に立脚するか（行為の問題か，秩序の問題か）によっても違ってくるが，たしかに三つの行為システムは，少なくとも具体的なレベルでは密接に相互依存しているとされ，後期に比べれば，社会およびパーソナリティに対する構制的な説明力（自律性）にかんして文化の概念に特権的な地位が与えられていたわけではなかったという解釈も成り立つ。アレクサンダー（Alexander 1978）によるパーソンズ行為システム論の「再構成」とは，「パーソナリティ」「社会」「文化」の各システムの分化過程を多面的に把握すべく，パーソンズのAGIL図式を実質的＝経験的な制度分析にも応用可能なものとして精緻化することであった。このときアレクサンダーが企図していたのは，数ある社会分化の一つの帰結に「価値の一般化」を位置づけるような多次元的変動モデルの導出であり，同図式のもとで，それぞれのシステム分化は，他の各下位システムとの境界をまたいだ機能的な相互交換のメカニズムとして，多次元的に説明されるのである。

　要するに，アレクサンダーが実践した正統派機能主義の継承発展とは，行為理論の文脈で定式化がはかられたシステム三分割モデルに代表される「パーソンズ的言説に新たな枠組を提供するという」（Alexander 1990＝1996：63）ものであった。アレクサンダーが同じように「観念論的前提」と「唯物論的前提」との多元的な相互作用の分析を志向していた中期のパーソンズには一瞥もせず，独自の文化理論のプロジェクト（Strong

Program）を構想するにあたり，専ら文化の自律的な説明力を強調する文化論的転回の立場に接近していった背景の一つに，「規範」および「秩序」への偏向という彼自身のパーソンズ評（とくに中期以降の）があるものとみて間違いなかろう。

　あくまでインターディシプリナリーに統合された行為理論の構築という目的のもとで，パーソナリティシステム，社会システム，文化システムの相互依存関係の分析が志向された初期のパーソンズ理論において，価値のもつ統合的性格（社会システムの「秩序化」）は必ずしも特出した説明力を与えられていたわけではなかった。というのも，社会システムが行為にかかわる諸状況の変化に対処する際，それが既存の「制度化」した価値の範囲内で対応可能な限界を超えるような事態の場合，「どんな価値体系であれそのさまざまの部分の十分な一貫性の実現は許されなくなるだろう」（Parsons and Shils eds. 1951＝1960：275）からである（ここで示唆されているのは，価値に潜在する可塑性である）。「パターン（型）の非一貫性」について留意されていることからも，価値の統一的原理としての位置づけは相対的に弱いものであった。

　M. ウェーバーの宗教社会学やマンハイムらの知識社会学を下位分野に含む「より一般的な文化の社会学」の構築という目的のもとで，文化システムと社会システムの相互浸透関係の分析が志向された中期のパーソンズ理論の場合，価値のもつ統合的性格（文化と社会両下位システムの相互作用の「秩序化」）は「変異性」をめぐる議論が示唆しているように，他の文化要素にはない媒介者としての特出した説明力を与えられている。この意味で，価値の統一的原理としての位置づけは相対的に強いものであるといえる。

　問題となるのは，グローバルな資本主義経済化や情報化を背景とする文化と社会の今日的な相互浸透関係の分析にとりくむうえで，価値をその媒

介者に定位させる戦略的な意義がどこに見出せるのかということである。少なくとも，価値が何にも増して「行為の制御要因」として機能する以上，かかる関係に照準したフレームワークの底部に，多様に分化した「行為」ないし「行為主体」という分析軸を組み込むことが可能となる。社会はむろんのこと，文化も解釈，想像，論理，表現といったあらゆる有意味的な行為を基盤に成立するものであり，「相互浸透」が価値に媒介されているということは，実際的には，そうした認識，吟味，判断といった評価的な選択状況の指針となる規準を共有する構成員の社会的行為（相互行為）に媒介されているということにほかならない。

　ドイツ文化社会学の場合，価値に加え，行為とその主体にかかわる概念が理論のなかにどれだけ汲み上げられていたかをふりかえってみたとき，「文化の社会理論」の準拠モデルとしての一定の有効性を中期パーソンズの企てのなかに看取できるのである。しかしながら，先述した価値の「制度化」と「内面化」を通じてそれぞれの均衡と境界を維持している集団のダイバーシティという現状が示唆しているのは，あくまで20世紀後半以降の文化と社会の関係性に焦点化した理論を構築するうえで，一つの国民国家——この共同体の概念を同質的な成員からなる単一の全体社会ではなく，もはやベルのいう「複合社会」のイメージで捉えなおすべきである——の内部に「無数にはりめぐらされた相互浸透関係」というさらなる分析軸を要請しなければならないということである。これは裏返せば，かかる関係にたずさわる主体の「複数化」や価値そのものの「多元化」といった問題に対して，「単一の全体社会」を暗黙裡に想定していたパーソンズの分析枠組では対応しきれないという現実を意味している。残された課題として，パーソンズの文化理論が孕む陥穽を明らかにし，その超克の方途をさぐる作業をとおして準拠モデルとしての有効性の向上をはかる必要があろう。

第7節 「文化の社会学」の再構成
—— 準拠モデルとしての有効性向上のための一試論

1 パーソンズ文化理論を「中範囲化」するためのリンケージ

　中期のパーソンズ社会学は，前節で指摘したように文化と社会との今日的関係についての有益な視点を提供するものであるが，同時にいくつかの看過できない不備・欠陥を孕んでおり，多分に修補の余地を残していることも事実である。本節では，未完に終わった「文化の社会学」に伏在する準拠モデルとしての有効性を少しでも高めるべく，アレクサンダーが文化理論の構築という文脈では結果的に放棄してしまった「再構成」の道筋を示したい。

　先述したように，文化—社会間の多元的で複合的な機能連関に照準した分析図式は，その基底をなす文化概念が相対的に自律的な存在として措定されている必要があるが，この点にかんして中期のパーソンズは，文化にのみ絶対的な説明力を与えるような概念規定のスタンスを取らず，経済や政治，司法，教育などの社会システムの「条件的要因」との「対等」な力関係に注意を払っていた。相互浸透関係の統一的原理に定位されている価値＝文化システムの「規範的要因」にしても，「制度化」によって社会システムの均衡維持に寄与しているとはいえ，社会化を担う諸機構を通じて各成員に「内面化」されることなくして存立し得ないものとみなされている。「人間は社会システムの中で組織化されるという事実から生じてくる文化的な問題は，『純粋に』文化的な観点から定式化することはできない」(Parsons 1961a = 1991：118　傍点：原著者) という指摘は，価値の被構制

的側面について示唆したものといえる。

「(価値媒介的な) 相対的自律性」が担保されていた1960年代前半当時のパーソンズ文化概念の問題点は，第一に，「たとえ主観的に行われる行為であったとしても，論理的に矛盾のない科学的構成概念をもって捉えられる」とする「分析的リアリズム (analytical realism)」の立場に立脚しているがゆえに，どうしても抽象的な記述に徹しざるを得ないということである。初発から文化システムの概念は，規範，規範以外の文化，社会の複合的な三者関係一般に対する演繹を企図した理論図式に整合性をもたせるために道具立てられたものであって，個別の経験的事例の構造や性質を十分に反映させたものであるとはいいがたい。われわれはこの傾向を，便宜的に「日常生活世界における経験的諸事実からの遊離」と仮称しておく。

科学的概念構成にあたっての分析的リアリズムは，初期の頃から一貫している。「社会的相互主観性」の措定をめぐり哲学的基礎づけの必要性を訴えるシュッツに対し，パーソンズは次のように反駁している。「"純粋に"主観的見地をあらわすような一群の知識とか科学的に重要な経験というようなものはありません。主観的な現象は観察者によって記述されまた分析されるものとしてのみ意味をもっています」(Grathoff ed. 1977 = 1980：200)。

例えばシュッツは，人びとが自分達の社会的経験を解釈する際に依拠している日常言語などの「一次的構成概念」のうえに，社会科学的な類型が「二次的構成概念」として定位されねばならないと強調した。シュッツにとって，社会科学者の研究する対象は，所謂「普通の人びと」が「自然的態度」のもとで日常的に解釈している自己あるいは他者の営む行為である以上，科学的概念構成は，かかる対象を実際に思念された主観的＝間主観的意味と結びつけて考察できるように配慮して行われる必要があった。「行為の科学的モデルに含まれるすべての用語は，それらによって記述す

ることのできる生活世界での個々の行為が，行為者自身によっても彼の仲間によっても日常生活の常識的解釈によって理解できるものであるように構成されていなければならない」(Schutz 1970＝1980：302)。

分析のための枠組を日常生活者の思念領域から遊離させない努力は，文化の科学的概念構成に際しても求められる。なぜなら言語を中心とする表象群も，行為と同じく日常生活のなかですでにつねに解釈されている純粋な「一次的構成概念」にほかならないからである。つまり社会学理論の水準における文化概念も，実際の記号・シンボルに諸個人が付与する主観的＝間主観的意味と矛盾していてはならず，シュッツが「適合性の公準」として充足される必要性を説いた行為概念と同様，考察対象（個別的事例）との間で一貫性が保たれていなければならない。要するに，観察者の客観的視点から権威主義的に組み立てられたパーソンズの文化概念には，日常生活者達の抱く信念，動機，感情，利害関心などが反映されておらず，グールドナーのいう「肉体をもった生身の個人」(Gouldner 1970＝1978)が後景にしりぞいている感は否めない（悲喜交々のなかで生きる血肉のかよった行為者の存在は，パーソンズという観察者の三人称的視点から仮構された「主観的な」枠組にすりかえられてしまっている）。

アレクサンダーが「社会科学は，何よりも，伝統間のコンフリクトと競合によって発展する」(Alexander 1990＝1996：52) といみじくも述べるように，異なる理論との「対話」とそのことをとおした統合（連合）にパーソンズ社会学の「再構成」の主眼が置かれていた事実に鑑みて，文化システムおよびその下位システムを「二次的構成概念」に再定位するためには，名も無き「普通の人びと」（対面的なコミュニケーションを通じて「共通の了解環境」をともに形成している仲間＝共在者に加え，同時代者や先行者も含まれる）の主観に即した科学的概念構成に留意する現象学的社会学とのリンクを積極的にはかる必要があろう。つまりそれは，シュッ

ツのいう多様な「限定的意味領域」(常識的思考にもとづく日常生活の現実や，これを超越した宗教の現実，芸術の現実，科学の現実，夢，空想，ファンタジーの現実)のもとで生きる人びとが実際に他者，集団，制度とかかわる際に，それらの解釈や選択の拠り所にしているシンボルのパターンと一貫したもの（無矛盾的なもの）として，パーソンズ文化概念を措定しなおす手続きである[7]。

この水準での「再構成」を成功させるために求められるのは，抽象的な概念図式と調査研究の間を往還することで前者に実質（経験的対象）という基礎を与える中範囲の理論のごとき属性をパーソンズの「文化の社会学」にもたせることである。かかる取り組みのなかで個々の実質から帰納された文化の諸要素・諸次元にかかわる概念は，「二次的な」構成物としての性格を有することになる。なお附言すれば，そのようにして再措定されたパーソンズの文化概念は，提唱者本人が意図しなかった用途すなわち実証的な研究「活動に対する道具的な有効性を持つ」(Blumer 1969 = 1991：216) に至るのである。

2 パーソンズ文化理論を「再モデリング」するためのリンケージ

中期のパーソンズ社会学を「文化の社会理論」の準拠モデルに定位させるうえで克服しなければならないいま一つの欠陥として，「異なる社会関係間で生ずる対立や葛藤からの遊離」があげられよう。おそらくパーソンズの「規範主義的―集合主義的」アプローチが孕む最大の問題点は，彼が「集合体とは，共通の価値体系でもって，その成員たちを統合したものと定義されるであろう」(Parsons and Shils eds. 1951 = 1960：303) と言明するとき，そうした文化システムの「規範的要因」を斉一的な概念として設定するあまり，「異質の価値体系」のもとでそれぞれに統合された諸集合体間のコンフリクトを理論体系のなかに適切に組み込めなかったことにあ

る。「普遍主義的な」価値を基底に据える理論構成上のスタンスは，中期における文化と社会両システム間の多様な関係性をめぐる立論に際しても踏襲されており，そこで想定している「相互浸透」とは，あくまで「秩序ある相互依存関係」なのである。

　脱領土化された生活世界のもとで立ち現れる文化―社会間の相互浸透関係を理論化するうえで，われわれは「多元的な統合」（多様な集団がそれぞれの価値のもとで均衡を維持し，他の集団との境界を保持している状態＝垂直的統合）と「多元的な闘争」（相互に異質な価値のもとで統合されている諸集団が価値を含めた文化的差異を相互に主張しあいながら，境界を越えてせめぎあっている状態＝水平的対立）の二つの視点が，機能主義的伝統において考慮されてこなかった事実と向きあわざるを得ない。ところで「多元的な統合」については，均衡維持と境界維持という社会システムがもつ「一般的・普遍的な性格にかかわる」価値の特質として前節ですでに触れていたものである。むろんそうした視点の導入は，「単一的な統合」の可能性を追究したパーソンズの姿勢を相対化し，「社会を『秩序化』する『相対的に安定したパターン』としての価値の基本的位置づけ」を多元的な水準で捉えなおすことによって，つまり「価値の多元化」という立脚地に立つことによって可能となる。

　実際にパーソンズは，すべての構成員をあまねく統合する（すべての個人を社会に接合させる）あるいは統合すべき行為状況の評価基準として価値を仮定していたのであり，とくに「次の世代の……その土地に生まれた者や移民」は，「社会秩序ないし均衡を崩壊させてしまう逸脱行為」（Parsons and Shils eds. 1951 = 1960：365）の主体（サブカルチャーやカウンターカルチャーの担い手）として，価値の普遍的な「制度化」と「内面化」という観点から専ら社会統合のリスク要因とみなされ，統制や矯正の対象に押し込まれていた。パーソンズ的な意味での「共通価値」による統

合を理論の核に据えることに固執すれば，その弊害として，「特殊主義的な（個別主義的な）」価値や観念，イデオロギーといった文化的差異をめぐってせめぎあう多様な行為者の存在が無視されてしまう。

アレクサンダー（Alexander 1998）が普遍主義的な価値について，これと対立するものと考えられている「排除され（excluded）」，また「特殊主義的な（particularistic）」カテゴリーとの関連においてのみ意味をなすような動機，関係，個人のカテゴリーのコード化されたものとして，いうなれば別の種類の個人，関係，そして集団を特徴づける世俗的な（profane）動機，関係，制度との対比によってのみ定義される，ある種の神聖化された（sacralized）象徴的カテゴリーとして強調するとき，パーソンズが十分に思量できなかった文化的差異をめぐってせめぎあう社会的マイノリティの存在やそうした緊張関係にセンシティブなまなざしを向けている。

事実，アレクサンダー（Alexander 1984 = 1996）は，「単一的な統合」以外のコンセンサスとコンフリクトの関係を記述すべく三つの理念型を導入したが，これらの「文化―社会統合モデル」は普遍主義的な価値を偏重するパーソンズへのアンチテーゼでもある。

第一の「文化的特定化」は，すべての下位集団が相対立することなく「一般的文化的水準で働いている」共通の価値のもとに統合された状態であり，比較的同質性と完結性の程度が強かった中期近代のアメリカ社会がその純粋なモデルケースとして想定される。第二の「文化的屈折化」は，複数の下位集団がそれぞれの文化を発展させながら相対立していたとしても，特定の共有された価値が基礎に置かれている点でコンセンサスの可能性がつねに担保されている状態であり，いわば多元的に統合されている各集団内で生じている内的緊張に相当する。第三の「文化的コラム化」は，相互に共約不可能な価値を基礎に置く複数の利害勢力が根本的に対立している状態であり，いわば多元的に統合されている各集団間で生じている外

的緊張に相当する。とくに「社会システム水準で根深いコンフリクトを浮き彫りにし，このコンフリクトが一般的国民的文化におけるひじょうに多様なテーマに基づいていることを明らかにする」(Alexander 1984＝1996：80) コラム化，すなわち「多元的な闘争」という視点を上手く反映させることができれば，中期パーソンズの理論図式に潜在する「文化の社会理論」の準拠モデルとしての有効性をよりいっそう向上させることができるであろう。

「多元的な闘争」の視点を首尾よく導入できれば，相互浸透関係の動態分析への道が開けるということになろう。「文化の社会理論」の主題をなす脱領土化された今日の生活世界のもとで立ち現れる文化—社会間の機能連関とは，単一の価値を中心に統一された機能連関の安定的な均衡よりも，むしろ雑駁な価値の揺らぎ，混乱，刷新——これらはパーソンズの用語法でいえば，既存の「制度化」された価値の限界や矛盾といった事態に行為者が対処する必要に迫られたときにその機会が最大化される「パターン (型) の非一貫性」に相当する——をともなう機能連関の流動的な変転，すなわち相互構制のダイナミクスを指している。

共通の文化的な統合基盤をもたない集団間で生起するコンフリクトは，ときとして価値自体の再編と創造を促し，「相互浸透」の派生形，変異形を生み出す。おそらく行為のコンティンジェンシー（価値およびこれと結びついた諸文化の変革や創造）の蓋然性は，異質な他者同士の対立状況下で最も高まるであろう。中期パーソンズの理論図式にかんして，準拠モデルとしての有効性向上のための手続きが必須とされる最大の所以は，価値の普遍性および行為者の同質性が所与の条件として前提されているために，現状において静態的な「相互浸透」（文化システムと社会システムとの秩序化された相互構制のパターン）の説明図式にとどまっていることにある。

外集団レベルでの対立を契機とする相互浸透関係の動態（相互構制的な

機能連関の新しいパターンが派生し，また変異していく過程）が，いかなる程度で——文化と社会両システムすべての要素にわたる相互構制的な関係であるかどうかということ——，またいかなる方向へ向けて展開していくかは，対立のたどる経緯の如何によるところが大きい。このことを例証すべく再び表出的文化——再三パーソンズが指摘したように，社会システムの諸次元との関係において最も「制度化」された価値と結合しやすい要素である——を対象とした議論に目を向けてみたい。

　ヘブディジ（Hebdige 1979＝1986）によれば，モッズの流れを汲む一部の勢力が，クラブやディスコ，ストリート——パーソンズが想定していたような家庭や学校ではなく，若者文化が社会化される下位システム（信託システム）として機能している——で邂逅した黒人集団への文化的接近（言語的，音楽的要素の取り入れ）を積極的にはかるなかで，労働者階級のアイデンティティと男らしさを前面に押し出すスキンズという新たなスタイルを生み出したという。これは，緊張関係にあった異人種間に対話の経路が結ばれたことで文化的な刷新が実現されたケースである。より重要なのは，こうした刷新が，往々にして以前の形式とは異なる相互浸透関係のパターンを随伴させるという事実である（価値の「制度化」＝社会の文化的構制の中核と「内面化」＝文化の社会的構制の中核に際して作用する機序は，モッズとここから派生したスキンズとでは異なるものである）。

　むろん最初から価値を別にする集団間の対立が，文化的な変革や創造とは真逆の帰結をもたらすケースもあり得る。例えば，労働者階級出身者で占められるスキンズと中流階級出身者が多いパンクスとの間で生じた対立は，しばしば直接的な暴力をともなうほど激化の様相を呈したが，お互いに価値の動揺に直面したとはいえ，そのことがかえって既成スタイルの堅持の傾向を促し，相異なる従来の相互浸透関係のパターンが並存するという状況を日常化させた。

表出的文化以外でみれば，認識的文化のなかでもとりわけイデオロギー[8]をめぐる左派と右派との政治的対立——その典型例の一つは，A.de トクヴィルが『アンシャンレジームと革命』（1856）のなかで描出した封建主義の復古を掲げる教会・貴族勢力と啓蒙主義の政治的，社会的実現をめざすブルジョワ・インテリ勢力とのコンフリクトである——の場合，支配的な価値とこれによって秩序を与えられている相互浸透関係のパターン——経験的な水準において，ある勢力を他の勢力から分かつイデオロギーは，同じような性質をもつ服飾や芸術，愛情表出，宗教的信仰などから完全には切り離すことができず，かかる複合性のもとで諸制度の生産（再生産）に関与している——がより強固に維持されるか，対抗勢力の望むものに覆るかの歴史的な分水嶺となるのは，議会等における対話の機会の有無よりも，その暴力性が頂点に達する革命的蜂起の成否である。

ここまで紹介してきたいずれのケースも，ドイツ文化社会学が追究できなかった共時的なレベルで刻々と変転している相互浸透関係の動態分析のためには，「多元的な闘争」の視点が前提要件として不可欠であることを示唆している。また相互浸透関係の動態分析は，類比的な同時代的事象をあつかう場合には，比較社会学的なアプローチをとるであろう。

「複合的結合性」（Tomlinson 1999＝2000）という現代の経験的状況として言及されるグローバル化とは，全体社会内部にひしめくローカルなマイノリティ集団の文化的固有性が再認識されていく過程でもある。それは複雑に重なりあう人種，民族，宗教，階級，性，世代といった様々な社会的属性にもとづく価値の多元化と相対化，そして流動化の傾向が増していく現象と密接に連動している。20世紀後半以降に加速したオントロジカルな社会変容の文化的次元に目を向けるのであれば，多様な価値主体が生全般にかかわる言説の差異や正当性を強調し，権利を主張しあう葛藤，衝突，分断の現実を無視して議論することは許されない（われわれがバーガーの

いうようなアイデンティティの「未確定性」や「細分化」, あるいは「自己詮索性」を見出すのは, そうしたせめぎあいの只中においてである)。

「多元的な統合」の自明性のうえに発現する「多元的な闘争」の常態化は, 単一の主導的な価値——実質的なレベルでパーソンズが想定していたのは,「現世的な道具的活動主義」と「制度化された個人主義」に代表されるアメリカの「共通価値」, あるいは「自由」や「平等」の概念を柱とするアメリカ型民主主義である——が, もはや人びとの行為を方向づける要因の中核たり得なくなったという厳然たる事実をわれわれに突きつけるものである。

パーソンズの「文化の社会学」を, 相互浸透関係の動態をも射程に捉える準拠モデルの水準へ引き上げるためには, 価値の多元化状況のもとで生起するコンフリクトを変動要因として組み込むべく「再構成」をはからねばならない。新機能主義のめざすパーソンズ社会学の「再構成」では,「従来, 理論的にもイデオロギー的にも相容れないと目されてきた理論的視角との統合や収斂が意図的に追求されている」(高坂 1986 : 354) ことにいまいちど留意するならば,「多元的な闘争」を変動要因として理論図式に反映させるという目的に照らしたとき, カルチュラル・スタディーズがリンケージの有力な候補として浮上してくる。

ロバートソン (Robertson 1992＝1997) は, 文化を過度に流動的, 拡張的に捉える難点を抱えているものの, 現代の社会学にとってカルチュラル・スタディーズが無視できない領域となりつつある理由として, 他者認知への関心, ディアスポラの移住と増殖, ポストコロニアリズム, アイデンティティの形成といった「グローバルな場の議論」と強い関連をもつ社会的マイノリティ (女性, 同性愛者, 被差別的な人種的・民族的諸集団) の「抗議表現としての文化」という考え方が強力であることをあげている。このような視点は, 国民国家の完結性が問いなおされる以前の社会を前提

としていたパーソンズ社会学では希薄であった。行為や秩序の問題に取り組む際，パーソンズが中心に据えていた「文化」とは，抗議表現としての文化＝小文字の諸文化（cultures）が事あるごとに折衝を強いられる支配的文化＝大文字の文化（Culture）と近似的に捉えられるものであった。

　「再構成」にあたり，「せめぎあいのアリーナ」——ロバートソンに倣えば「抗議表現空間（representational space）」——として文化を理論的・実践的に記述しようと努めるカルチュラル・スタディーズから摂取すべきなのは，言説や意味の正当性をめぐる大文字の文化と小文字の諸文化の間での，また社会的マイノリティを担い手とする後者の内部でのヘゲモニックな抗争という視座である。「文化と，知識，意味を取りまく関係が，いかに権力関係と連関しているか，そのことへのこだわり，これこそがカルチュラル・スタディーズをほかから区別する主要な特色である」（ホール 1999：14）とホールも述べているように，人種，エスニシティ，ジェンダー，性，世代などが当事者達の「身体性」と深くかかわるイシューとして複雑に絡みあう「日常生活のポリティクス」を説明する際，多様な価値主体の間で働く権力の問題に注意を払うカルチュラル・スタディーズは，価値の懸隔に条件づけられた闘争の動的機能を軽視しがちなL. A. コーザーらのコンフリクト理論（機能的闘争理論）以上に，「文化の社会理論」の準拠モデル，すなわち動態的な「相互浸透」の説明図式へとパーソンズの「文化の社会学」を止揚させる豊かな可能性を孕んでいるといえよう。いくつもの文化的要素（あるいは属性）が縦横に走るヘゲモニックな抗争を問題にするカルチュラル・スタディーズでは，少なくとも，中核的な価値を同じくする内集団における垂直的対立と中核的な価値を異にする外集団間の水平的対立という，「統合モデル」ゆえに「文化の社会学」には反映されていない二重の闘争の次元が分析軸として担保されているのである。

　約言すれば，中期のパーソンズ文化理論の「再構成」とは，機能主義的

伝統の陥穽ともいえる「二重の現実遊離性」を超克することで、新たな、そしてより現実に即した相互浸透分析のための枠組を導き出す試みである。この茨の道が予想される困難な作業をとおして、相互浸透関係の一方の領域である「文化の下位システム」の指示対象（一次的構成概念としての実質的な諸文化）は、おのずと「脱領土性」を構成する記号やシンボル、表象の諸パターンで占められるようになる。例えば、「認識的システム」に属するイデオロギーは、既存の伝統主義や非合理的な権威に対する独立性を相対的に保持している「現実」についての評価的な観念ないし知識とされ、社会システムへの「制度化」という機能的な問題に対処するうえで、「マンハイムやその直接の継承者が用いたよりも、さらに一層分化した分析図式が必要である」(Parsons 1961a = 1991：126) とみなされていたが、いまやこのカテゴリーには、ヘゲモニーをめぐってせめぎあう集団の数だけ分散し、異型化された「現実」志向の諸信念が含まれる（「実存的システム」に属する宗教的観念のカテゴリーには、人種やエスニシティが背景をなす信仰上の問題をめぐってせめぎあう集団の数だけ分散し、異型化された「現実」超越的な諸信念が含まれる）。

　ほかにも「表出的システム」の場合、「商業文化のそとがわのあらゆるものの更迭、高級・低級を問わずあらゆる芸術形態、そしてイメージ生産そのものの商業文化への吸収」(Jameson 1998 = 2006：186) によって特徴づけられる。所謂ポストモダニズムの美的表象群には、パーソンズが想定していなかった電子メディアやコンピューター技術の進歩と普及の産物であり、人びとの営む日常生活がサイバースペースによって細部まで可視化され、変貌させられた「イメージ社会」を出現させるハイパーリアルな視覚芸術（写真、映画、テレビ）に加え、「多元的な統合」および「多元的な闘争」について議論する際に例示したパンクも、それ以降のMTVと連動したロックやポップミュージックとともに含まれている。

むろん指示対象の変移は，相互浸透関係のもう一方の領域である「社会の下位システム」のすべてのカテゴリーにおいても生じるであろう。紙幅の都合上，個別にその内容を詳述することはできないが，「脱領土性」を構成する組織や集団，制度の諸パターンの再配列は，AGIL 図式と照応した四つの一次的下位体系（経済，政治，統合的下位体系，信託システム）だけでなく，そのもとに付置される計16個の二次的下位体系（A_A, A_G, A_I, A_L〜L_A, L_G, L_I, L_L）にまで及ぶものであるということを附言しておきたい。

　1970年代から1980年代にかけて人文科学を席巻したレヴィ＝ストロースやバルト，デリダらに代表される構造主義（ポスト構造主義）と記号論，ギアーツ流の解釈学的手法（厚い記述）が，歴史学，地理学，政治学そして社会学に広まるなかで，記号あるいは言説によって社会構造や社会関係が有意味的に編制されるとする見地に立つ文化研究，すなわち文化論的転回が抬頭した。パーソンズ社会学の「再構成」から，文化それ自体の「解釈」や社会という「空虚な器」を意味的に充填する「文化的自律性」の原理に関心がシフトした1990年代以降のアレクサンダーの試み——「文化的社会学」（Strong Program の文化理論）の構築——も，その潮流に連なるものである。

　文化概念の特性（関係的性質）という観点からみれば，文化論的転回派の多くが，語る主体＝広い意味でのコトバ（文化）を用いる人間に対して客体としての「社会的なもの」が現前し，前者が後者を知覚するというデカルト的主客二元論の立場には立たず，本質的に社会の根底にあってその内側からこれを構制するもの，つまり社会と半ば合一的な存在として文化を措定している。したがって，文化のなかに社会の「内破」の契機を見出そうとする文化論的転回の側からすれば，「文化と社会の多様な相互作用」に焦点化するようなアプローチは，ともすれば「折衷論」または「循環

論」に終始しかねないものにうつるであろう。

　しかしながら、「権力」との関連のもとで文化のダイナミクスを問題にするカルチュラル・スタディーズや、文化自体の物質性やマテリアルな諸要因との関係性に着目する物質論的転回といった反動的潮流の抬頭が物語るように、文化論的転回は、その理路において文化決定論に陥ってしまい、袋小路から抜け出せなくなるリスクを孕んでいるのである。文化の意味やその動的かつ内的な自律性に関心を寄せてきた社会科学者達は、ボネルとハントによる共編著のタイトル Beyond the Cultural Turn がいみじくも言い表しているように、社会の説明力や存立根拠を放棄することなく、いかにして文化を記述していくかという新たな課題に直面しており、いままで依拠してきた言語論的転回以降の解釈学的および構築主義的手法の再考を余儀なくされつつある。

　本書の後半部で素描した「文化の社会理論」で主題化されているのは、脱領土的な相互構制のダイナミクスであり、それはグローバルなものがローカルな生活の場に浸透していく過程において現代の先進諸社会を中心に顕現する、文化と社会との再帰的な機能連関（相互に構制し構制される作用—反作用の力学）の共時態を指している。「文化的なもの」と「社会的なもの」との相互構制のダイナミクスに照準する理論を社会学というディシプリンにおいて構築しようと企図したとき、パーソンズによって構想された「文化の社会学」は、いくつかの問題点を抱えているとはいえ有益な視座をわれわれに提供し得るものでる。そうした視座の中心をなすのが、文化システムと社会システムの「相互浸透」、すなわち両システムの全構成要素間の複合性と多元性である。そこでは文化と社会の「相対的自律性」に加え、システム間の機能連関をつなぐ存在として「価値」が設定されており、文化的要因の説明力に比重を置く文化論的転回や社会的要因の説明力に比重を置くマルクス主義にはみられなかった独自性が打ち出さ

第5章　中期におけるパーソンズ文化理論，その潜在的有効性

れていた。

　結局のところ，各構成要素の関係とこれを「媒介」する論理についての研究が完遂されることはなかったものの，中期パーソンズのフレームワークには社会のサブスタンシャルな根拠が分析的に担保されており(9)，さらに「再構成」の方向次第では，彼の「文化の社会学」は「実り豊かな創造性をそなえた」モデルへと止揚できる余地を残しているのである。

　本節での試みが，パーソンズ文化社会学の「再構成」と呼び得る理由として，第一に，リンケージという手続きに依拠していること，また第二に，そうした対立する理論的諸伝統との総合の実践によって「伝統を蘇らせることができるが，新しい伝統がそこから誕生するような伝統発展のための機会を生み出しさえする」（Alexander 1990 = 1996：52）可能性を内包していることがあげられる。ただ留意しなければならないのは，新機能主義者達が，あくまで「パーソンズ理論の汎用性と普遍性」を「再構成」によって証明しようとしたという事実である。とくにアレクサンダーは，コア連帯を社会統合の理想形態と素朴に同定するパーソンズのオプティミズムを批判しつつ，彼が擁護し信奉し続けた普遍主義実現への道をアメリカの市民社会研究の文脈で模索した。それはつまり市民的連帯とコア連帯との調和，前者の保証を前提とする後者の達成という，まさに茨の道とも形容し得る難題である（鈴木 1997）。換言すれば，かかる取り組みはパーソナリティ，集合体，文化の分化が進む近代社会の統合，すなわち「社会秩序の持続的な確立」というパーソンズ畢生の関心の継承のうえに展開されたものなのである。

　したがって，先にその青写真を描出したリンケージの先にわれわれが見据えているのは，同じリンク・モデルでも，新機能主義が実質的な応用可能性を証明せんと努めるパーソンズ理論の「統合モデル」としての普遍的かつ不変的な有効性ではなく，「闘争モデル」——内集団単位での社会統

合の契機に闘争を位置づけるコンフリクト理論に比して，複数の外集団にその規模が及ぶ社会変動の契機に闘争を位置づけるところに特徴をもつ——としての新たな有効性にほかならない。「文化の社会理論」の準拠モデルに定位されるであろう「闘争モデル」は，パーソンズ本来の企図を超えたものとなるのだから，これを導出するためのリンケージによる止揚の取り組みは，「再構成」——本来の用語法では，パーソンズ理論の継承発展をめざす連携・連合の手続きを指している——よりもむしろパーソンズ理論の建設的解体をめざすという点において，厳密には「再変成」とみなすべきなのかもしれない。

第8節　社会学説史におけるパーソンズ文化理論再検討の意義

　われわれは本章をとおして，中期のパーソンズ文化理論（文化の社会学）に潜在する有効性について検討してきたが，これは社会学における一般理論再興の可能性を模索する試みともいえる。所謂「ミニ・パラダイム」と呼ばれる行為ないし相互行為の個別的事象に焦点化するミクロ社会学諸派の抬頭や，その後の若い世代の研究者を中心としたハーバマスのコミュニケーション的合理性理論，ブルデューの象徴資本論，ギデンズの構造化理論，ルーマンのオートポイエシス的システム論への注目とともに，全体の傾向として，パーソンズを正面からあつかう社会学者の数が減少してきたことは否定しがたい事実である。「いま誰がパーソンズを読むだろうか。パーソンズがかつて世界中にまきおこした興奮の大きさを，現在のわれわれが理解することは難しい」（Bryant 1983）との言明は正鵠を射たものといえよう。

しかしながら,「パーソンズ理論に代わるマクロ社会学理論が存在しない」（赤坂 2007：1）状況が今日の理論社会学の停滞を招いていることも一面の事実である。「マクロ社会学理論の再建」という難題に取り組むうえで，いまや M. ウェーバーやデュルケム，ジンメルらとともに社会学の理論史に名を刻むパーソンズの業績を再検討し，その成果を批判的に摂取していく作業が求められるのではないか。

　そうした作業は，とりわけ日本においては初期の行為理論に偏向しており，さほど顧みられてこなかった中期以降の医療や民主主義（社会的マイノリティの包摂）をめぐる実質的な研究の吟味に加え，本書で試みたような文化理論の整理とその「中範囲化」および「再モデリング」にまで射程を広げなければならない。

注

(1) 価値が異なる集団間の水平的な統合要素たり得ないケースについては，カルチュラル・スタディーズのサブカルチャー研究に豊富な例証がある。例えば,「服装（dress）」「音楽（music）」「スラング（argot）」「儀礼（ritual）」という四つの下位システムからなる「シンボル体系（symbolic system）」として若者のサブカルチャーを捉えたコーエン（Cohen 1999）によれば，ロンドンのイーストエンドで暮らすモッズやスキンヘッズは，親世代の禁欲的な行動倫理への反発と同調という「オイディプス（Oedipus）」的とも形容すべき矛盾する情緒的関係を，それぞれのスタイルを通じて表出する一方で，中流階級文化への評価をめぐっては緊張関係にあったという。モッズの場合，スラングや儀礼においては親世代の因習的な規範を強調しつつも，音楽と服装においては中流階級の快楽主義的な価値に適応していたが，スキンヘッズの場合，そのレゲエの影響下にある音楽とユニフォーム的な服装は，労働者階級の男性的な価値観を前面に押し出す反面，中流階級が享受する消費文化への抵抗と拒絶をあらわしていた。

(2) 例えば，複数化する「語る主体」をエスニック集団の単位でみた場合，ホ

スト社会における定住および権利保障の程度や併存する他のディアスポラコミュニティとの関係の如何に応じて，各成員のアイデンティティは，最低でも以下の四つの形態をとり得る。すなわち，①母国または出身地域のナショナルアイデンティティの強化，②母国にも出身地域にも根差さないデラシネ的な，あるいはコスモポリタンなアイデンティティの獲得，③状況に応じた母国と異国のナショナルアイデンティティの使い分け，④母国と異国のナショナルアイデンティティの混淆である（小内 2007）。

(3) マンハイムが，世界観について「その芸術家の『全作品』，そして更に一層包括的な統一としてのその時期の文化」（Mannheim 1921-1922＝1975：52）に通底する「全精神的態度（gesamtgeistiger Habitus）」（Mannheim 1921-1922＝1975：74）とみなすとき，かかる一時代における「包括的な全体性」を，「ドキュメント的意味（Dokumentsinn）」（創造主体が意図しなかったにもかかわらず，作品群に付与されている意味）の層において呈示する文化的な客観化物として想定していたのも，シェーラーと同じく正典化された文学や音楽であった。

(4) 論理矛盾の一例として，マルクス主義の文脈では生産関係に含まれる法体系の規範構造は，純粋に規範的な意味で，つまり行為を内面から動機づけ統制する価値にかかわるものとしてむしろ「観念的」である。ただ，社会的に「制度化」された法規範という意味では「実在的」でもあり，これをドイツ文化社会学に因襲的な二分法のいずれかに嵌め込もうとするやり方は，パーソンズも指摘するように，文化と社会の相互作用の分析をかえって不明確なものにしかねない（Parsons 1961b＝1991）。

(5) パーソンズによれば，「社会統制」は「信託システム」のうけもつ「社会化」が不十分な場合に引き起こされる逸脱行動に適切に対処することによって，システムの「均衡」――「自己維持への傾向」を本質的に有する諸要素の静的ないし動的相互依存――の崩壊を未然に防ぐためのメカニズムとされる。かかるサンクションの機能を担う存在としてパーソンズがあげていたのが，「報酬と阻害の巧みな操作による，いろいろの関心への人為的な同一化」（便益や報酬の配分に直接かかわる権威の行使），病人を含む逸脱者との接触を物理的に遮断する「隔離」，精神療法に代表される「偶然的な再統合」の三つである。例えば，精神療法を社会統制の一機構とみなすことができる

のは,「病人の逸脱性への動機づけが弱められ,同調への積極的な動機づけが強められるようなある状況へさらし出す」(Parsons and Shils eds. 1951 = 1960 : 369) 役割を医師が果たしているためである。

(6)　アレクサンダーは,「再構成 (reconstruction)」というタームそのものに新機能主義のアイデンティティを見出しており,「洗練 (elaboration)」「修正 (revision)」に続く継承発展の第三期に位置づけている。「洗練」がパーソンズの分析枠組がもつ一貫性と相対的な完全さを強調し,その拡張を追求するのに比して,「修正」は古典の理論的難点を提示し,解決を模索する。つまり両者の違いは,「伝統の欠陥」を認めるか,認めないかにある。新機能主義が主導する「再構成」は,「パーソンズの分析モデルがなおも新しい統合のための唯一実行可能な基礎となること」(Alexander 1990 = 1996 : 49) を前提にしつつ,機能主義の枠を超えた「対話」の試みをとおして,ほかの社会学理論の諸伝統から有効な理論的資源を獲得しようとするところに方法論的な特長が見出される。

(7)　例えば言語にかんして,パーソンズ (Parsons 1961b = 1991) は「文化システムの母体としての地位」を与えていたが,「再構成」の手続きによって,日常生活者が自己や他者の経験,あるいは自分達をとりまく世界を解釈するために用いる「一次的構成概念」の根底という意味で捉えなおされることになる。

(8)　パーソンズの当初の類型において,イデオロギーは宗教的観念とともに,行為主体の統合という価値実現にかかわる評価的関心と結合して構成されるものとされ,科学や哲学といった他の文化システムの認識的要素に比して,共通の道徳的価値という評価的要素との親和性が本来的に高い信念の体系に位置づけられている (Parsons 1961a = 1991 : 解説)。

(9)　例えば,パーソンズが「社会システムの中心的特性」と呼ぶ「文化的要因を,経験的,したがってある意味では『物質的』な,実在のシステムへ取り込むための〔社会システムの〕一連のメカニズム」(Parsons 1961a = 1991 : 119) などがこれに該当する。

補　論

「多元的な闘争」は現代における「神々の闘争」か

　本書において，相互浸透関係の動的展開を促す誘因に定位された「多元的な闘争」にかんして，あるいはこれを「価値相互の対立」に照準するという点から，現代における「神々の闘争」とみなすことができるかもしれない。本節では，M. ウェーバーが自身の価値論上の立場として示した「神々の闘争」が，「多元的な闘争」と代置し得る概念であるのかについて確認しておきたい。結論からいえば，両者を純粋に理論的な水準で照らし合わせたとき，対立する文化諸領域の序列をめぐる相違が浮き彫りとなるため，「多元的な闘争」は，「神々の闘争」の現代版としてのアプリケーション（適用性）に欠けるし，近代当初に現出した「神々の闘争」のコンシクエンスとも単純に同定することはできない。

　M. ウェーバーが「神々の闘争」――「価値の多神教」とも表現される――という場合，基本的な状況として想定しているのは，「真」「善」「美」の三つあるいは「聖」を加えた四つの価値＝文化領域の間で近代に入り表面化した，永久に解決の方途を見出せそうにない不断の衝突である。

　　あるものは美しくなくとも神聖でありうるだけでなく，むしろそれは美
　　しくないがゆえに，また美しくないかぎりにおいて，神聖でありうるの

である。……また，あるものは善ではないが美しくありうるというだけでなく，むしろそれが善でないというまさにその点で美しくありうる。……さらに，あるものは美しくもなく，神聖でもなく，また善でもないかわりに真ではありうるということ，いな，それが真でありうるのはむしろそれが美しくも，神聖でも，また善でもないからこそであるということ，これはこんにちむしろ常識に属する。だが，これらは，こうしたもろもろの価値秩序の神々の争いのなかでももっとも単純なばあいにすぎない。フランスの文化とドイツの文化とを比較して『学問的に』その価値の高下を決しようとするばあいなど，どうやってそうするのかわたくしにはわからない。この点でも神々はたがいに争っており，しかもそれは永久にそうなのである。

(Weber, M. 1968b = 1936：54-55)

ここで問題となるのは，パーソンズの類型において行為の認知的関心と密接な「真」の一領域に範疇化されていた科学（行為状況の客観的な認識および叙述といった志向との結びつきが強い文化の経験的・実在的要素）が，諸価値・諸文化間の「『神』と『悪魔』との闘争のように和解できない死闘」(Weber, M. 1968a = 1972：59) を惹起させた最大の要因とみなされている点である。M. ウェーバーは，西欧に特有の普遍的合理化過程である「脱呪術化（Entzauberung）」にかんして，秩序化の役割を呪術にゆだねてきた世界が，とりわけ技術による予測をとおして制御可能な自然因果律に支配されたものとして分明化されていく過程を「主知主義的合理化」と呼ぶが，科学（厳密には経験科学）はその中心的な推進主体に位置づけられている。いうなれば主知主義的合理化とは，現実を制御する原理としての宗教的な鎮魂と祈祷が科学的な技術と予測に取って代わられる事態を指す。実際に M. ウェーバーは，科学がもつ実生活上の意義の一つと

補　論　「多元的な闘争」は現代における「神々の闘争」か

して「技術，つまり実際生活においてどうすれば外界の事物や他人の行為を予測によって支配できるか，についての知識」（Weber, M. 1968b ＝ 1936：61）をあげている。

　ところで，人間の生全体を神によって秩序づけられた世界として，いわば「神聖なコスモス」（バーガー）として究極的に意味づけてきた宗教を，他ならぬ科学が非合理な領域として歴史のかたすみに追いやったことによって「世界の没意味化」がもたらされたのだが，これ自体は「神々」の混沌とした並立状況の招来を意味しているにすぎない。異なる「神々」の対立状況を科学が顕現させたとみなせる最大の所以は，行為者各人を「明晰さ」に導いたうえで，彼らひとりひとりに「責任感」を与えるという行為の「意味問題」と深くかかわる特定の意義にある。科学が行為者を「明晰さ」に導くとは，「これこれの実際上の立場は，これこれの究極の世界観上の根本態度──それは唯一のものでも，また様々の態度でもありうる──から内的整合性をもって，……その本来の意味をたどって導きだされるのであって，けっして他のこれこれの根本態度からは導きだされない」（Weber, M. 1968b ＝ 1936：63）という事実を明確にするということ，すなわち「自分自身の行為の究極の意味を明らかにするということ」であり，「責任感」を与えるとは，かかる「行為の究極の意味」に対して各人みずから責任を負うことを強いるという「科学のなしうることの限界」にして「明晰さということのためになしうる科学の最後の寄与」（Weber, M. 1968b ＝ 1936：63）である。つまるところ，宗教を諸価値の調停者ないし統合者の地位からひきずりおろした科学は，予測可能性に特化した技術的・道具的知識とは別に有する「意味問題」への関与という側面ゆえに，「神々の闘争」を余儀なくさせたのである。

　宗教という最高価値の没落は，各個人に「生の究極の拠りどころとなりうべき立場」（Weber, M. 1968b ＝ 1936：64）の選択を迫る。このとき

「特定の行為や立場の根底にある究極の価値や立場を明示する」科学は，ひとたび「特定の価値を選び取ったならば，その価値（神）に従って一貫した態度で生きていくことを求める」（千葉 1995：38）。しかしそれは，同じく自己の責任において特定の価値のために生きる道を選んだ他者との矛盾や齟齬に直面せざるを得ないということでもある。つまり「預言者（救済者）」無き時代にあって，「真」「善」「美」「聖」のうちいずれか一つの価値（およびその立場）を，科学によって明示される「究極の価値規準」に従って選択し表明するということは，「特定の神にのみ仕え，他の神には侮辱を与える」（Weber, M. 1968b＝1936：63 傍点：原著者）ということなのである。

すでにみてきたようにM. ウェーバーは，文化（価値）多元的な対立をひきおこした主要因として科学を捉えているわけだが，ここで呈示した「多元的な闘争」の場合，パーソンズの衣鉢を継いだアレクサンダーの「文化的コラム化」モデルに準拠している関係上，むしろ文字通りの「価値」，すなわち「善」の文化領域に属する社会的に共有された規範が対立の主たる要因を形成している。いうなれば規範とは，行為状況を志向するうえでの様々な立場の選択や吟味，評価に際して「究極の価値規準」を明示するどころか，かかる規準そのものとして機能する文化領域の枢要である。

パーソンズは文化システムの規範的要因について，その内的な意味一貫性のもとで他の要因を組織化し安定せしめる上位の存在に布置したが，そうした認知的（科学的・哲学的・イデオロギー的），表出的（芸術的），実存的（宗教的）な「行為の評価的志向に基準を与える」（大野 1998：9）共通の価値体系をめぐって集団間で生じた相克は，他の諸要因のいずれかの間での，あるいはすべての間での相克を随伴する。このとき，科学もまた一定の倫理的態度と切り離せない以上，その意味や意義の妥当性あるい

補　論　「多元的な闘争」は現代における「神々の闘争」か

は正当性という観点から外集団の構成員が選択した科学を含む文化的な諸立場と衝突することになる。したがって「神々の闘争」の場合，科学の発展（予測によって現実を支配する技術的・道具的知識としての体系化）がその契機と捉えられているのに対して，「多元的な闘争」の場合，異なる集団・勢力間で表面化する「価値」（規範）の緊張と軋轢が契機をなしているのである。

　また，「多元的な闘争」の場合，文化の規範的要因をめぐる対立が，他の諸要因をめぐる対立の主要因子（major factor）に定位されているのに対して，「神々の闘争」の場合，対立する価値＝文化諸領域の間に明確な序列が設けられていない。M. ウェーバーが，「物理学，化学また天文学のような自然科学は，それらが到達しうるかぎりの最後の宇宙の諸法則が当然知るに値するものであることを前提する。だが，ここで知るに値するというのは，なにもこれらの法則によってなにか技術上の目的を達することができるからというのではなく，むしろ――これらの科学をおのれの『天職』とする以上は――『科学それみずからのために』知るに値するという意味なのである」（Weber, M. 1968b＝1936：44）と述べるように，芸術が芸術のために，哲学が哲学のために，道徳が道徳のために各々の価値を追究するのと同じく，科学も「それみずからのために」自然法則を探求するがゆえに争いあう「神」の一つであらざるを得ない。[1]なんとなれば「神々の闘争」が成立するためには，価値ないし文化が複数の領域に分裂し自立するだけでなく，そのうえで各領域が自己目的化されていなければならないためである（千葉 1996）。

　さらに「神々の闘争」では，M. ウェーバーが生きた当時の近代西欧社会が前提とされているために，研究者であろうと芸術家であろうと政治家であろうと「フランス国民」や「ドイツ国民」といった同質性の枠へと対立の直接主体が暗黙裡に押し込まれている。一方で「多元的な闘争」では，

239

アレクサンダーの「文化的コラム化」と同様に，規範的な文化領域を社会統合の要諦として強調しすぎるきらいがあったパーソンズの乗り越えを企図しており，対立の直接主体として想定しているのは所謂「ポスト近代」（リオタール）や「高度近代」（ギデンズ）に生きる普通の人びと，すなわち様々な歴史的社会的コンテクストをもつ「相互に異質な他者達」である。なお附言すれば，「多元的な闘争」においては重要な論点を構成している「ヘゲモニーの不均衡性」——具体的な対立の過程あるいは帰結を左右する日常的かつ身体的なレベルで発現する権力の機序——という視座についても，M. ウェーバー自身の価値論的な関心に根差す概念であるために「神々の闘争」には反映されていない。

　ここまであげてきたいくつかの中心的な相違点が示唆しているのは，冒頭で言及したように，二つの闘争概念を安易に同定することはできないという事実である。とくに「多元的な闘争」は，あくまで文化と社会との相互構制の動因という位置づけを与えられているのであって，かかる分析概念としての有効性の見地から「神々の闘争」に同じ地位を与えることができるとか，むしろ「神々の闘争」の方が M. ウェーバーの立言内容に鑑みて適合的であるとか，「多元的な闘争」に対する代替性や優位性を認め得る明確な根拠は見出せないのである。

　しかしながら「多元的な闘争」は，ある視点を「神々の闘争」から継承している。それは前者について，根柢の部分（規範）では統合されている諸個人が，各々の生活史的状況に依拠する立場の相違ゆえに，時として激しくせめぎあう事態（内なる対立）も想定した概念とみなす考えに反映されたものである。具体的には，水平＝外部（異なる価値領域間）と垂直＝内部（同じ価値領域内）二つの次元（軸）で闘争を捉えた M. ウェーバーの視点である。

　例えば，ハーバマスは「神々の闘争」にかんして，認知的領域（科学・

技術），規範的領域（法・道徳），自己表示的領域（芸術・批評）という「三つの価値領域間の緊張」および「不統一性と矛盾」（Habermas, J. 1982 1985：130）こそが，M. ウェーバーにとって根本的な問題であったと解釈するが，なにも価値諸領域間の外部衝突のみが想定されていたわけではない。「善」にかかわる倫理的な行為態度一つとってみても，「責任倫理（Verantwortungsethik）」と「心情倫理（Gesinnungsethik）」の妥協不可能な「底知れぬほど深い対立」（Weber, M. 1958 1980：89）が強調されているように，「比喩的でなくいえば，われわれの生活の究極の拠りどころとなりうべき立場は，こんにちすべてたがいに調停しがたく争っている」（Weber, M. 1968b＝1936：64）とみなす M. ウェーバーにとり，すべての価値ないし文化領域内で生起する究極的な立場（最高の理想）をめぐる内部衝突もまた，闘争の現実的側面であった。留意しなければならない点は，「『神々の闘争』は，諸価値間の対立，闘争だけではなく，ある価値領域内部の究極的な諸立場間の対立，闘争をも意味するものだ，ということ……あらゆる価値が，またあらゆる立場が他と争いあっている」（千葉 1996：67）ということである。

以上のように，「神々の闘争」と「多元的な闘争」との間には懸隔ばかりが横たわっているわけではなく，前者は「二重の衝突軸」（外部と内部）という視点において，後者を措定するうえで隠然たる影響を及ぼしているのである。

注

(1) 科学の自己目的化は，「真の実在への道」「真の芸術への道」「真の自然への道」「真の神への道」「真の幸福への道」という科学に期されていた役割が，「すべてかつての幻影として滅び去った」（Weber, M. 1968b＝1936：42）ことを意味している。一方で M. ウェーバーは，各人に対して自らの「行為の究極の意味」に責任を負わせるという「まったく個人的な生活にとっても小さな

事柄であるとは思えない」科学の意義を教師が実践できるのであれば，このとき「彼は『道徳的』な力に仕えているのであり，明確さと責任感を与えるという義務を果たしているのである」(Weber, M. 1968b = 1936：64) とも主張する。これはつまり，科学が自然法則の探求およびそのことによる真理の発見など，それ自体の価値に依拠しながら，少なくとも「善」の文化領域に奉仕し得るということ，換言すれば，科学がかならずしも他の「神」と絶対的に対立する存在とはいいきれないということを示唆している（千葉 1996）。このように「神々の闘争」における科学の位置づけにかんして，M. ウェーバーの見解は両価的なニュアンスを含んでいる。

　　　　　　あ と が き

　本書は，佛教大学大学院社会学研究科に提出した博士学位論文「社会学理論における文化概念の変遷——文化と社会の相互浸透をめぐるパーソンズ文化理論の今日的意義」に一部，加筆・修正したものであります。
　ささやかながら，このような形で学位論文が刊行されることは，大変喜ばしいことであり，ご指導，ご助言いただいた多くの方々に感謝申し上げます。大学院博士後期課程で指導教授としてご指導いただいた佛教大学社会学部教授の千葉芳夫先生には，多くの示唆に富んだ助言を頂戴し，執筆にあたっておさえておくべき学説や先行文献の紹介，論考に矛盾や破綻がないかの吟味，さらには誤字・脱字や文法表現のチェックに至るまで細部にわたり，私の研究の進捗状況に応じてきめ細かいご指導を賜りました。研究に対していかに真摯に取り組むべきかなど，学術研究を行ううえで欠かせない多くのことを学ぶことができました。千葉先生の丁寧なご指導と温かい励ましに深甚の謝意を申し上げます。
　また，博士論文の副査を務めていただいた佛教大学教授の近藤敏夫先生と辰巳伸知先生にも懇切なご教授を賜りました。両先生に衷心より御礼申し上げます。
　私はこれまでの大学院生活のなかで，文化にかんする理論や社会学の学説について学んでまいりましたが，この間，修士論文の指導をしていただいた丸山哲央教授（現佛教大学名誉教授）には，研究内容はもちろんのこと，私の置かれている生活状況にかんすることまで含め，幾度も暖かい励ましのお言葉をいただきました。また大学院の先輩や同輩，後輩の皆様方との意見交換には多大な刺激をいただきました。このようなさまざまなご

支援がなければ本研究を形にすることはできなかったと思います。佛教大学大学院関係者の皆様にあらためて感謝申し上げます。

　なお本書を出版するにあたっては，平成30年度佛教大学研究叢書の出版助成を受けております。佛教大学社会学部長の近藤敏夫先生，および学術支援課職員の皆様のおかげでこのような機会を与えていただいたことに深く感謝申し上げます。また，出版に際して親身に携わっていただいたミネルヴァ書房の中川勇士氏にも厚くお礼を申し上げます。

　こうして自分の研究成果を発表することができたのも，大学院で出会った先生方をはじめ，多くの方々のお力添えの賜物であることを実感しております。お一人おひとりを記すことはできませんが，感謝しても尽くせない思いであります。

　私は，父親の顔を知りません。端午の節句の写真に映った幼い私を抱く腕のみが，私が唯一知る父親の姿です。

　最後に，大学院への進学，博士号取得への挑戦に理解を示し，常に温かく見守ってくれた母親に感謝するとともに，これまでお世話になったすべての方々にあらためて感謝の意を表し謝辞といたします。

　　　2019年1月

　　　　　　　　　　　　　　　　　　　　　　　　　　　白 石 哲 郎

参考文献一覧

赤坂真人，2007，「パーソンズ以降における社会システム理論の展開」『吉備国際大学 社会学部研究紀要』吉備国際大学，17：1 -14.

Alexander, J.C., 1978, "Formal and Substantial Rationality in the Work of Talcott Parsons," *American Sociological Review*（43）, 177-198.

―――――, 1980, "Core Solidarity, Ethnic Group, and Social Differentiation: A Multidimensional Model of Inclusion in Modern Societies," Jacques Dofny and Akinsola Akiwowo, eds., *National and Ethnic Movements*, Beverly Hills: Sage.（=1996，鈴木健之訳「コア連帯，エスニック外集団，社会分化」鈴木健之編訳『ネオ機能主義と市民社会』恒星社厚生閣，99-128.）

―――――, 1983, *Theoretical Logic in Sociology, Vol.4*, Berkeley, Los Angeles: University of California Press.

―――――, 1984, "Three Models of Culture and Society Relations: Towards an Analysis of Watergate," *Sociological Theory 3*, 290-314.（=1996，鈴木健之訳「文化と社会諸関係の三つのモデル―――『ウォーターゲート』分析の試み」鈴木健之編訳『ネオ機能主義と市民社会』恒星社厚生閣，75-98.）

―――――, 1986, "The "Form" of Substance: The Senate Watergate Hearings as Ritual," Sandra J. Ball-Rokeach, Muriel G. Cantor eds., *Media, Audience and Social Structure*, Newbury Park, Calif.: Sage, 243-251.

―――――, 1987, *Twenty Lectures: Sociological Theory Since World War* II, New York: Columbia University Press.

―――――, 1988a, "Action and Its Environments," Jeffrey C. Alexander, Bernard Giesen, Richard Münch, Neil J. Smelser eds., *The Micro-Macro Link*, Berkeley: University of California Press, 289-318.（=1998，若狭清紀訳「行為とその環境」石井幸夫他訳『「知」の扉をひらく ミクロ―マクロ・リンクの社会理論』新泉社，179-222.）

―――――, 1988b, "Culture and Political Crisis; 'Watergate' and Durkheimian sociology," Jeffrey C. Alexander ed., *Durkheimian sociology: cultural studies*, New York: Cambridge University Press, 187-224.

―――, 1990, "Neofunctionalism Today: Reconstructing a Theoretical Tradition (with Colomy, P.)," George Ritzer, ed., *Frontiers of Social Theory: The New Syntheses*, New York: Columbia University Press.（=1996，鈴木健之訳「ネオ機能主義の現在――理論的伝統の『再構成』」鈴木健之編訳『ネオ機能主義と市民社会』恒星社厚生閣，40-74.）

―――, 1992, "The Promise of a Cultural Sociology Technological Discourse and the Sacred and Profane Information Machine," Richard Münch and Neil J. Smelser eds., *Theory of Culture*, Berkeley/Los Angeles/Oxford: University of California Press, 293-323.（=1996，鈴木健之訳「文化社会学の約束――技術の言説と聖なる情報機械・俗なる情報機械」鈴木健之編訳『ネオ機能主義と市民社会』恒星社厚生閣，129-162.）

―――, 1998, *Neofunctionalism and After*, Oxford: Blackwell Publishers.

―――, 2003, *The Meaning of Social Life : A Cultural Sociology*, New York: Oxford University Press.

Appadurai, A., 1996, *Modernity at Large: LCultural Dimension of Globalization*, Minneapolis: University of Minesota Press.（=2004，門田健一訳『さまよえる近代――グローバル化の文化研究』平凡社.）

Bales, R. F., 1950, *Interaction process analysis: a method for the study of small groups*, Chicago: University of Chicago Press.

Bell, D., 1976, *The Cultural Contradictions of Capitalism*, New York: Basic Books.（=1976，林雄二郎訳『資本主義の文化的矛盾』上・中・下　講談社.）

―――, 1980, *The Winding Passage: Essays and Sociological Journeys, 1960-1980*, Cambridge: Abt Books.（=1990，正慶孝訳『20世紀文化の散歩道』ダイヤモンド社.）

Berger, P. L., Berger, B. and Hansfried, K., 1973, *The Homeless Mind: Modernization and Consciousness*, New York: Random House.（=1977，高山真知子・馬場伸也・馬場恭子訳『故郷喪失者たち――近代化と日常意識』

新曜社.）

Berger, P.L. and Kellner, H., 1981, *Sociology Reinterpreted: An Essay on Method and Vocation*, New York: Anchor Press.（＝1987，森下伸也訳『社会学再考——方法としての解釈』新曜社．）

Blumer, H.G., 1969, *Symbolic interactionism; perspective and method*, Englewood Cliffs: Prentice-Hall.（＝1991，後藤将之訳『シンボリック相互作用論——パースペクティヴと方法』勁草書房．）

Bonnell, V. E and Hunt, L., 1999, "Introduction," V.E., Bonnell and L. Hunt, eds., *Beyond the Cultural Turn : New Directions in the Study of Society and Culture*, Berkeley/Los Angeles/London: University of California Press, 1-32.

Bryant, C., 1983, "Who Now Reads Parsons," *Sociological Review vol. 31*, 337-349.

千葉芳夫，1989，「知識社会学の成立と世界観学」『真宗総合研究所研究紀要』大谷大学真宗総合研究所，6：1-11.

―――，1995，「ウェーバーにおける科学と合理性」『大谷學報』大谷学会，74巻3号：35-47.

―――，1996，「『神々の闘争』と科学」『社会学部論集』佛教大学，29：64-77.

Clawson, D., 1996, "From the Editor's Desk," *Contemporary Sociology*, Vol. 25, No.3, Washington, D.C.: American Sociological Association, ix.

Clifford, J., 1986, "Introduction: Partial Truths," J. Clifford and G.E. Marcus, eds., *Writing Culture: The Poetics and Politics of Ethnography*, Berkeley: University of California Press, 1-26.（＝1996，春日直樹・和邇悦子・足羽與志子・橋本和也・多和田裕司・西川麦子訳「まえがき」『文化を書く』紀伊國屋書店，1-50.）

Cohen, P., 1999, *Rethinking the Youth Question: Education, Labour, and Cultural Studies*, Durham: Duke University Press.

Comte, A., 1839, *Cours de philosophie positive, IV*, Paris: Société positiviste.（＝1980，霧生和夫訳「社会静学と社会動学」清水幾太郎編『中公バックス

世界の名著46　コント・スペンサー』中央公論社，235-333.）
Crapanzano, V., 1986, "Hermes' Dilemma: The Masking of Subversion in Ethnographic Description," J. Clifford and G.E. Marcus, eds., *Writing Culture: The Poetics and Politics of Ethnography*, Berkeley: University of California Press, 51-76.（＝1996，春日直樹・和邇悦子・足羽與志子・橋本和也・多和田裕司・西川麦子訳「ヘルメスのディレンマ」『文化を書く』紀伊國屋書店，93-140.）
Dilthey, W., 1900, "Die Entstehung der Hermeneutik," *Philosophische Abhandlungen*, Christoph Sigwart zu seinem 70, Geburtstag 28 März 1900, Tübingen 1900, 185-202.（＝1973，久野昭訳『解釈学の成立』以文社.）
Durkheim, È., 1893, *De la division du travail social*, Paris: Félix Alcan.（＝1971，田原音和訳『社会分業論』青木書店.）
――――, 1895, *Les règles de la méthode sociologique*. Paris: Les Presses universitaires de France, 14e édition, 1960.（＝1978，宮島喬訳『社会学的方法の規準』岩波書店.）
――――, 1912a, 1912b, *Les Formes élémentaires de la vie religieuse: le système totèmique en Australie*, Paris: Presses Universitaires de France.（＝1975，古野清人訳『宗教生活の原初形態』〈上・下〉岩波書店.）
――――, 1924, *Sociologie et philosophie*, Paris: Félix Alcan.（＝1985，佐々木交賢訳『社会学と哲学』恒星社厚生閣.）
Featherstone, M., 1991, *Consumer Culture & Postmodernism*, London: Sage.（＝2003，川崎賢一・小川葉子・池田緑訳『消費文化とポストモダニズム』〈上・下〉恒星社厚生閣.）
船津衛・宝月誠編，1995,『シンボリック相互作用論の世界』恒星社厚生閣.
Foucault, M., 1968, "Sur l'archéologie des sciences. Réponse au Cercle d'épistémologie," *Cahiers pour l'analyse, no 9: Généalogie des sciences*, été, 9-40.（＝2006，石田英敬訳「科学の考古学について――〈認識論サークル〉への回答」小林康夫・石田英敬・松浦寿輝編『フーコー・コレクション3　言説・表象』筑摩書房，143-208.）
――――, 1971, *L'Ordre du discours*, Paris: Gallimard.（＝1981，中村雄二郎訳

『言語表現の秩序』河出書房新社.）

Geertz, C., 1973, *The Interpretation of Cultures Selected Essays*, New York: Basic Books.（＝1987, 吉田禎吾・中牧弘允・柳川啓一訳『文化の解釈学』Ⅰ・Ⅱ　岩波書店.）

――――, 1983, *Local Knowledge Further Essays in Interpretive Anthropology*, New York: Basic Books.（＝1999, 梶原景昭・小泉潤二・山下晋司・山下淑美訳『ローカル・ノレッジ――解釈人類学論集』岩波書店.）

Goffman, E., 1961, *Encounters: Two Studies in the Sociology of Interaction*, Indianapolis: Bobbs-Merrill.（＝1985, 佐藤毅・折橋徹彦訳『出会い――相互行為の社会学』誠信書房.）

Gouldner, A.W., 1970, *The Coming Crisis of Western Sociology*, New York: Basic Books.（＝1978, 岡田直之他訳『社会学の再生を求めて』新曜社.）

Gramsci, A., 1947-1960a, *Opere scelte di Antonio Gramsci* Ⅰ.（＝1961, 山崎巧監修・代久二編集『グラムシ選集　第一巻』合同出版.）

――――, 1947-1960b, *Opere scelte di Antonio Gramsci* Ⅱ.（＝1962, 山崎巧監修・代久二編集『グラムシ選集　第二巻』合同出版.）

Grathoff, R. ed., 1977, *The Theory of Social Action: The Correspondence of A. Schutz and T. Parsons*, Bloomington: Indiana University Press.（＝1980, W. M. スプロンデル編・佐藤嘉一訳『社会的行為の理論論争――A. シュッツ＝T. パーソンズ往復書簡』木鐸社.）

Habermas, J., 1982, *Theorie des kommunikativen Handelns*; 2. Aufl., Frankfurt am Main: Suhrkamp.（＝1985, 河上倫逸・M. フーブリヒト・平井俊彦訳『コミュニケーション的行為の理論』（上）　未來社.）

Hall, S., 1980, "Encoding/Decoding," S. Hall *et al.* eds., *Culture, Media, Language: Working Papers in Cultural Studies, 1972-79*, London: Routledge, 128-138.

ホール, S., 1999,「カルチュラル・スタディーズの翼に乗って，旅立とう」花田達郎・吉見俊哉・C. スパークス編, 1999,『カルチュラル・スタディーズとの対話』新曜社, 5-27.

Hebdige, D., 1979, *Subculture: The Meaning of Style*, London: Routledge.（＝

1986, 山口淑子訳『サブカルチャー』未來社.)

平田毅, 2000, 「カルチュラル・スタディーズにおける〈文化〉概念」『佛教大学大学院紀要』佛教大学大学院28: 191-204.

Hoggart, R., 1958, *Uses of Literacy*, London: Penguin. (=1974, 香内三郎訳『読み書き能力の効用』晶文社.)

今田高俊, 1990, 「意味と社会システム 第7号特集へのコメント——社会理論における言語論的・意味論的転換」今田高俊・橋爪大三郎『理論と方法』数理社会学会5（2）: 105-116.

今里悟之, 2006, 「ジェームズ・ダンカンとナンシー・ダンカン——テクストとしての都市景観」加藤政洋・大城直樹編著『都市空間の地理学』ミネルヴァ書房, 122-132.

石井久生, 2011, 「エスニック集団の言語景観」山下清海編著『現代のエスニック社会を探る——理論からフィールドへ』学文社, 20-29.

Jackson, P., 2000, "Rematerializing social and cultural geography", *Social and Cultural Geography*, Vol.1, 9-14.

Jameson, F., 1991, *Postmodernism, or, The Cultural Logic of Late Capitalism*, Durham: Duke University Press.

——————, 1998, *The Cultural Turn: Selected Writings on The Postmodern, 1983-1998*, London: Verso. (=2006, 合庭惇・河野真太郎・秦邦生訳『カルチュラル・ターン』作品社.)

川崎賢一・河島伸子・佐々木雅幸編著, 2009, 『グローバル化する文化政策』勁草書房.

小泉潤二, 1984, 「解釈人類学」綾部恒雄編『文化人類学15の理論』中央公論新社, 243-262.

——————, 2009, 「テクストとしての文化 C. ギアツ『文化の解釈学』(1973)」井上俊・伊藤公雄編『社会学ベーシックス 第3巻 文化の社会学』世界思想社, 43-52.

高坂健次, 1986, 「ネオ・ファンクショナリズム——1980年代のアメリカ社会学」碓井崧・大野道邦・丸山哲央・橋本和幸編著『社会学の焦点を求めて』アカデミア出版会, 344-361.

厚東洋輔, 1980, 「主意主義的行為理論」安田三郎・塩原勉・富永健一・吉田民人編『基礎社会学 第1巻 社会的行為』東洋経済新報社, 70-91.

Kroeber, A.L. and Parsons, T., 1958, "The Concept of Culture and of Social System," *American Sociological Review*, Vol.23, 582-583.

Langer, S.K., 1957, *Philosophy in a New Key, a Study in the Symbolism of Reason, Rite, and Art*, Harvard University Press.（=1960, 矢野萬里・池上保太・貴志謙二・近藤洋逸訳『シンボルの哲学』岩波書店.）

Leeman, J. and Modan, G., 2010, "Trajectories of Language: Orders of Indexical Meaning In Washington," In Michael Guggenheim and Ola Söderström eds., *Re-shaping cities: how global mobility transforms architecture and urban form*, New York: Routledge, 167-188.

Lyotard, J.F., 1979, *La Condition postmoderne : Rapport sur le savoir*, Paris: Editions de Minuit.（=1986, 小林康夫訳『ポストモダンの条件』風の薔薇.）

Lévi-Strauss, C., 1945, "French Sociology," in Georges Gurvitch and Wilbert E. Moore eds., *Twentieth Century Sociology*, New York: The Philosophical Library.（=1959, 加藤正泰訳「フランス社会学」G. ギュルヴィッチ・W. E. ムーア編『二十世紀の社会学』第四分冊, 誠信書房.）

Mannheim, K., 1921-1922, "Beiträge zur Theorie der Weltanschauungsinterpretation," In: Wolf, K. H.（Hg.）*Wissenssoziologie*, 1964, Berlin-Neuwied: Luchterhand, 91-154.（=1975, 森良文訳「世界観解釈の理論への寄与」樺俊雄監訳『マンハイム全集1』潮出版社.）

―――, 1929, *Ideologie und Utopie*, Bonn: Verlag von Friedrich Cohen.（=1968, 鈴木二郎訳『イデオロギーとユートピア』未來社.）

―――, 1932, *Die Gegenwartsaufgaben der Soziologie*, Tübingen: Verlag J.C.B. Mohr.（=1976, 朝倉恵俊訳「社会学の現代的課題」樺俊雄監訳『マンハイム全集3 社会学の課題』潮出版社, 273-330.）

丸山圭三郎, 1984, 『言葉とは何か』夏目書房.

―――, 1994, 『文化のフェティシズム』勁草書房.

―――編, 1985, 『ソシュール小事典』大修館書店.

丸山哲央, 1986,「社会的行為」碓井崧・大野道邦・丸山哲央・橋本和幸編著『社会学の焦点を求めて』アカデミア出版会, 12-37.

――――, 2010,『文化のグローバル化――変容する人間世界』ミネルヴァ書房.

森正人, 2009,「言葉と物――英語圏人文地理学における文化論的転回以後の展開」『人文地理』人文地理学会, 第61巻第1号, 1-22.

小川浩一・霜野寿亮, 1981,『機能主義的社会学再考――文化と価値の理論をめざして』啓文社.

大野道邦, 1998,「文化とシンボル」『社会学雑誌』神戸大学社会学研究会, 15: 3-15.

――――, 2011,『可能性としての文化社会学――カルチュラル・ターンとディシプリン』世界思想社.

奥山次良・徳永洵・佐伯守, 1979,「ウェーバーと学問」徳永洵編『マックス・ウェーバー 著作と思想』有斐閣, 1-52.

小内透, 2007,「トランスナショナルな生活世界と新たな視点」『調査と社会理論・研究報告書』, 北海道大学大学院教育学研究科教育社会学研究室, 24: 1-11.

Orru, M., 1988, "Review of Talcott Parsons: On Economy and Society (by Robert J. Holton and Bryan S. Turner) and The Integration of Economics and Sociological Theory (The Marshall Lectures, Cambridge University 1953)," *Contemporary Sociology* 17: 115-117.

Parsons, T., 1937a, 1937b, 1937c, *The Structure of Social Action*, New York: The Free Press. (=1976・1982・1989, 稲上毅・厚東洋輔訳『社会的行為の構造』第1分冊・第3分冊・第5分冊, 木鐸社.)

――――, 1951, *The Social System*, New York: The Free Press. (=1974, 佐藤勉訳『社会体系論』青木書店.)

――――, 1961a, "An Outline of the Social System," "Introduction to Part 2 (Differentiation and Variation Social Structures)," in T. Parsons, E.A. Shils, K. D. Naegele and J.R. Pitts, eds., *Theories of Society: Foundation of Modern Sociological Theory*, New York: The Free Press. (=1978, 倉田和四生訳

『社会システム概論』晃洋書房.)

―――, 1961b, "Introduction to Part 4 (Culture and the Social System)," in T. Parsons, E.Shils, K.D. Naegele & Pitts J.R., eds., *Theories of Society: Foundation of Modern Sociological Theory*, New York: The Free Press. (＝1991, 丸山哲央編訳『文化システム論』ミネルヴァ書房.)

―――, 1964, *Social Structure and Personality*, New York: Free Press. (＝1973, 武田良三監訳『社会構造とパーソナリティ』新泉社.)

―――, 1966, *Societies : Evolutionary and Comparative Perspectives*, New Jersey: Prentice Hall. (＝1971, 矢沢修次郎訳『社会類型――進化と比較』至誠堂.)

―――, 1978, *Action Theory and the Human Condition*, New York: The Free Press. (＝2002, 富永健一・高橋和義・盛山和夫・鈴木健之訳『人間の条件パラダイム――行為理論と人間の条件第四部』勁草書房.)

―――, 1991, "A Tentative Outline of American Values," in Roland Robertson & Bryan S. Turner eds., *Talcott Parsons: Theorist of Modernity*, London: Sage, 37-65. (＝1995, 進藤雄三訳「アメリカの価値についての試論」中久郎・清野正義・進藤雄三訳『近代性の理論――パーソンズの射程』恒星社厚生閣, 45-86.)

――― and Shils, E. A. eds., 1951, *Toward a General Theory of Action*, Cambridge: Harvard University Press. (＝1960, 永井道雄・作田啓一・橋本真訳『行為の総合理論をめざして』日本評論新社.)

―――, Bales R.F. and Shils, E.A., 1953, "Working Papers in the Theory of Action," New York: The Free Press.

――― and Smelser, N. J., 1956a, 1956b, *Economy and Society*, London: Routledge & Kegan Paul. (＝1958・1959 富永健一訳『経済と社会』Ⅰ・Ⅱ 岩波書店.)

――― and Platt, G.M., 1973, *The American University*, Cambridge: Harvard University Press.

Ray, L. and Sayer, A., 1999, "Introduction," R. Larry and A., Sayer, eds., *Culture and Economy after the Cultural Turn*, London: Sage, 1-25.

Robertson, R., 1992, *Globalization: Social Theory and Global Culture*, London: Sage Publications.（＝1997, 阿部美哉訳『グローバリゼーション――地球文化の理論』東京大学出版会.）

Rosaldo, R., ［1989］1993, *Culture and truth: The remaking of social analysis*. Boston: Beacon Press.（＝1998, 椎名美智訳『文化と真実――社会分析の再構築』日本エディタースクール出版部.）

Saussure, F. de, 1910-1911, *3éme Cours de Linguistique Générale*, Genève: Bibliothèque Publique et Universitaire.（＝2007, 影浦峡・田中久美子訳『ソシュール 一般言語学講義 コンスタンタンのノート』東京大学出版会.）

佐藤成基, 2010,「文化社会学の課題――社会の文化理論にむけて」,『社会志林』法政大学社会学部学会, 93-126.

佐藤勉, 1997,「新機能主義」井上俊・上野千鶴子・大澤真幸・見田宗介・吉見俊哉編『岩波講座 現代社会学 別巻――現代社会学の理論と方法』岩波書店, 249-256.

澤井敦, 2004,『シリーズ世界の社会学・日本の社会学 カール・マンハイム――時代を診断する亡命者』東信堂.

Scheler, M., 1924, Probleme einer Soziologie des Wissens, in Max Scheler（Hg.）, *Versuche zu einer Soziologie des Wissens*, München: Verlag von Duncker & Humblot, 1 -146.（＝1978, 浜井修・佐藤康邦・星野勉・川本隆史訳『シェーラー著作集11 知識形態と社会（上）』白水社.）

Schutz, A., 1970, *On Phenomenology and Social Relations*, Chicago: University of Chicago Press.（＝1980, 森川眞規雄・浜日出夫訳『現象学的社会学』紀伊國屋書店.）

――――, 1973, *Collected Papers I: The Problem of Social Reality*, Netherlands: Martinus Nijhoff, The Hague, Netherlands.（＝1983, 渡部光・那須壽・西原和久訳『アルフレッド・シュッツ著作集 第1巻――社会的現実の問題〔Ⅰ〕』マルジュ社.）

千石好郎, 2001,『「近代」との対決――社会学的思考の展開（増補改訂版）』法律文化社.

新明正道，1977，『新明正道著作集〈第6巻〉知識社会学』誠信書房．

Simmel, G., 1918, *Der Konflikt der modernen Kultur*, Ein Vortrag. München und Leipzig: Verlag von Duncker & Humblot.（＝1994，生松敬三訳「現代文化の葛藤」『ジンメル著作集6（新装復刊） 哲学の根本問題／現代文化の葛藤』白水社，237-278.）

―――― , 1918, *Lebensanschauung Vier metaphysische Kapitel*, München und Leipzig: Verlag von Duncker & Humblot.（＝1994，茅野良男訳「生の超越」『ジンメル著作集9（新装復刊） 生の哲学』白水社，9-41.）

―――― , 1919, *Philosophische Kultur, Zweite um einige Zusätze vermehrte Auflage*, Leipzig: Alfred Kröner Verlag.（＝1994，大久保健治訳「文化の哲学に寄せて」円子修平・大久保健治訳『ジンメル著作集7（新装復刊） 文化の哲学』白水社，253-334.）

Sorokin, P.A., 1937-1941, *Social and Cultural Dynamics*, New York: Bedminster Press.

―――― , 1945, "Sociocultural Dynamics and Evolutionism," in Georges Gurvitch and Wilbert E. Moore eds., *Twentieth Century Sociology*, New York: The Philosophical Library.（＝1959，西村勝彦訳「社会文化的動学と進化主義」G. ギュルヴィッチ・W. E. ムーア編『二十世紀の社会学』第四分冊，誠信書房．）

―――― , 1947, *Society, Culture, and Personality: Their Structure and Dynamics: A System of General Sociology*, New York: Harper.（＝1961，鷲山丈司訳『社会学の基礎理論――社会・文化・パーソナリティ』〈上〉内田老鶴圃．）

鈴木健之，1997，『社会学者のアメリカ』恒星社厚生閣．

―――― , 2006,「ネオ機能主義から文化社会学へ――アレクサンダーの社会学の展開」富永健一編『理論社会学の可能性――客観主義から主観主義まで』新曜社，236-252.

―――― , 2014,「機能主義，ネオ機能主義，文化社会学――ジェフリー・アレクサンダー『社会学の理論論法』刊行30周年に寄せて」『目白大学短期大学部研究紀要』目白大学50：145-157.

高城和義, 1986, 『パーソンズの理論体系』日本評論社.
─────, 1992, 『パーソンズとアメリカ知識社会』岩波書店.
田野崎昭夫, 1972, 「第8章 文化社会学」鈴木幸寿編『社会学史──社会学叢書2』学文社, 197-216.
Tocqueville, A. de, 1856, *Ancien Régime et la Révolution*, Paris: Les Éditions Gallimard, 1952. (=1997, 井伊玄太郎訳『アンシャンレジームと革命』講談社.)
Tomlinson, J., 1999, *Globalization and Culture*, Chicago: University of Chicago Press. (=2000, 片岡信訳『グローバリゼーション──文化帝国主義を超えて』青土社.)
Weber, A., 1921, "Gesellschaftsprozeß, Zivilizationsprozeß und Kulturbewegung", *Archiv für Sozialwissenschaft und Sozialpolitik 47*, 1 -49. (=1958, 山本新・信太正三・草薙正夫訳「社会過程・文明過程・文化運動」『文化社会学』創文社, 3 -78.)
─────, 1931,"Geschichts-und Kultursoziologie als innere Strukturlehre der Geschichte", in: Alfred Vierkandt (Hg.), *Handwörterbuch der Soziologie*, 284-294. (=1958, 山本新・信太正三・草薙正夫訳「歴史の内的構造論としての歴史=文化社会学」『文化社会学』創文社, 79-122.)
Weber, M., 1904, Die "Objektivität" sozialwissenschaftlicher und sozialpolitischer Erkenntnis, *Archiv für Sozialwissenschaft und Sozialpolitik 19*, 22-87. (=1998, 富永祐治・立野保男訳『社会科学と社会政策にかかわる認識の「客観性」』岩波書店.)
─────, 1920, Die "Wirtschaftsethik der Weltreligionen, Einleitung," in: *Gesammelte Aufsätze zur Religionssoziologie*, Tübingen: Bd. 1,7. Auflage, 237-275. (=1972, 大塚久雄・生松敬三訳「宗教社会学論集 序言」『宗教社会学論選』, みすず書房, 3 -30.)
─────, 1958, Politik als Beruf, in: *Gesammelte politische Schriften*; 2. Aufl., Tübingen: J.C.B. Mohr. (=1980, 脇圭平訳『職業としての政治』岩波書店.)
─────, 1968a, Der Sinn der "Wertfreiheit" der soziologischen und ökonomischen Wissenschaften, in: *Gesammelte Aufsätze zur Wissenschaftslehre*; 3.

Aufl., Tübingen: J.C.B. Mohr.（＝1972，木本幸造監訳『社会学・経済学の価値自由の意味』日本評論社.）

―――, 1968b, Wissenschaft als Beruf, in: *Gesammelte Aufsätze zur Wissenschaftslehre*；3. Aufl., Tübingen: J.C.B. Mohr.（＝1936，尾高邦雄訳『職業としての学問』岩波書店.）

Williams, R., 1958, "Culture is Ordinary," R. Gable ed., *Resources of Hope : Culture, Democracy, Socialism*, London: Verso, 3 -18.（＝2013，川端康雄訳「文化とはふつうのもの」川端康雄編訳『共通文化にむけて――文化研究Ⅰ』みすず書房，8 -36.）

Wittgenstein, L., 1953, *Philosophische Untersuchungen*, Frankfurt: Suhrkamp Verlag.（＝2013，丘沢静也訳『哲学探究』岩波書店.）

横山寧夫，1971，『増補　社会学史概説』慶應通信.

吉見俊哉，2000，『カルチュラル・スタディーズ』岩波書店.

―――，2003，『カルチュラル・ターン――文化の政治学へ』人文書院.

―――編，2001，『知の教科書　カルチュラル・スタディーズ』講談社.

油井清光，1995，『主意主義的行為理論』恒星社厚生閣.

人名索引

ア 行

アパデュライ, A. 198
アレクサンダー, J. C. 4, 127, 150, 170, 211
ウィトゲンシュタイン, L. 140
ウィリアムズ, R. 29, 136
ウィルソン, T. P. 128
ウェーバー, A. 3, 15, 40, 98, 195
ウェーバー, M. 2, 8, 43, 59, 105, 112, 198, 235

カ 行

ガーフィンケル, H. 127
カッシーラー, E. 134
カンクリーニ, G. 189
ギアーツ, C. 29, 132, 161, 170, 174
ギデンズ, A. 190, 230
グールド, M. 150
グールドナー, A. W. 217
グラムシ, A. 177, 183
クラング, M. 192
クリフォード, J. 175
コーエン, A. K. 206
コーザー, L. A. 225
ゴフマン, E. 127
コント, A. 14, 37, 123

サ 行

ジェイムソン, F. 137, 144, 183
シェーラー, M. 3, 18, 40, 99, 195
ジャクソン, P. 192
シュッツ, A. 172, 216
シュルフター, W. 150
シュンペーター, J. A. 91

ジンメル, G. 3, 10
スペンサー, H. 48, 123
スメルサー, N. J. 90, 150
セイヤー, A. 130
ソシュール, F. de 138
ソローキン, P. A. 54

タ 行

ダンカン, J. 134
ティリッヒ, P. 104
ディルタイ, W. 133, 161
デュルケム, E. 2, 35, 81, 123, 158
トクヴィル, A. de 223
トムリンソン, J. 185, 189
トレルチ, E. 23

ハ 行

バーガー, P. L. 172, 187, 237
パーソンズ, T. 1, 28, 35, 81, 128, 170, 230, 236
ハーバマス, J. 149, 150, 240
バルト, R. 136
パレート, V. 43
ハント, J. 130
フーコー, M. 140
プラット, G. M. 156
ブルーマー, H. G. 127, 152
ブルデュー, P. 191, 230
フレーゲ, G. 140
ヘーゲル, G. W. F 18
ペールズ, R. F. 84
ヘブディジ, D. 178, 206
ベラー, R. N. 112
ホール, S. 177
ホガード, R. 178

ボネル, V. E.　130
ホマンズ, G.　152
ホワイト, H.　132

マ 行

マーシャル, A.　43
マルクス, K.　14, 177
マンハイム, K.　3, 23, 40, 99, 196
ミュンヒ, R.　150
ミルズ, C. W.　128

ラ 行

ライル, G.　142
ラッセル, B.　142
ランガー, S. K.　135
リオタール, J. F.　187, 202
ルーマン, N.　127, 149, 150, 230
ルカーチ, G.　23
レイ, L.　130
レヴィ＝ストロース, C　159
ロサルド, R.　175
ロバートソン, R.　130, 182, 224

事項索引

ア 行

厚い記述　132, 160, 174
アノミー　51
一般化された尊敬　62
一般行為システム　108, 117, 121
イデオロギー　23, 41, 59
　——的意識　196
意味　118
意味学派　131
意味作用　75
意味志向　101, 103
意味体系　29, 133
意味秩序　187
意味の網　135, 160
意味のあるシンボルのパターン　157
意味の供給源　118
意味の乗り物　60, 74, 138, 158
意味の問題　59, 74, 105
意味付与活動　143
意味付与過程　175
意味付与実践　179
意味をもつ象徴体系　29
Weak Programの文化理論　159
AGIL図式　83, 89, 117
エンコーディング　180
大文字の文化　181, 225

カ 行

解釈　161
解釈学的アプローチ　29
解釈学的転回　133, 134, 171
解釈人類学　29, 132, 161
解釈的公準の不在　171
解釈的パラダイム　129

解釈についての解釈　132, 174
外的でかつ制的な自律性　148
カウンターカルチャー　181
カセクシス　102
仮想的近接　202
語る主体の複数化　187, 188
価値　68, 107, 147, 206, 210, 214, 228
価値合理性　36
価値志向の三つの標準　58
価値の多元化　187, 188, 219
価値の多神教　235
価値の変異性　210
価値理念　8
神々の闘争　235, 239
カルチュラル・スタディーズ　29, 122, 136,
　177, 181, 197, 224, 228
観念的要因　3, 8, 199
機械的連帯　49
記号　63, 131, 136, 185, 194
記号化　75, 147
記号のシステム　159
記号論　138
期待の相補性　67, 88, 105
機能主義　8, 36, 38, 69, 127
　——的社会学　1, 30, 35, 57, 81
機能的意義　57, 97, 120, 209
機能的連関　120
機能連関　221
規範主義的自律性　4, 93, 97
規範主義的相関性　4, 106, 199, 203
規範的パラダイム　128
規範的文化　203
客観主義　129
究極的リアリティ　117
境界維持　205, 206

261

境界相互交換　90
共通価値　46, 65, 69, 74, 219
　　──による行為者の統合　47, 51, 52
共働制約原理　22
共働的な原理様式　199, 200
均衡維持　205, 206
グローバル化　5, 123, 127, 185, 223
経験的認知システム　101
型相維持体系　112, 115
言語学　138
言語ゲーム　140, 171, 187
言語哲学　142
言語論的転回　138
現実世界の意味構制　142
言説　130, 140
権力性　175
権力をめぐる抗争　177
行為システム　54, 108, 202
行為の志向　57
行為の主意主義性　36
行為の制御要因　67, 146, 214
行為理論　40
後期資本主義　145
後期資本主義の文化的構制　198
広義のコトバ　29, 162
抗議表現としての文化　224
構成的自律性　4, 116, 118
構成的シンボリズム　116
構造　122
構造機能分析　84, 122
構造主義　138
行動有機体　108
高度近代　240
合理化過程　93
国民国家　123, 131, 191, 201
個別主義的な共通価値　123
小文字の諸文化　181, 225
コンテクスト　175

サ　行

再埋め込み化　171, 201
再構成　211, 215, 230
サイバネティック・ハイアラーキー　83, 100, 117
再変成　230
サブカルチャー　181
実在因子　18, 107
実在的要因　3, 8, 199
実証主義　43, 151
実存的システム　103, 118
実存的文化　203
史的唯物論　98, 130
シニフィアン　139
シニフィエ　139
社会　1, 2
社会過程　15, 107
社会化のメカニズム　115
社会規範　36, 49, 73, 148
社会構造の意味的編成　131
社会システム　54, 66, 108, 146
　　──の規範的秩序　119
　　──の条件的要因　97, 124, 215
　　──の秩序化　68, 213
社会秩序の維持　74
社会的行為　36, 53, 214
社会的生活世界の複数化　187
社会的統合　76
社会的なもの　7, 169, 184
社会的連帯　38
社会統制のメカニズム　106
社会の下位システム　227
主意主義　43, 46, 151
　　──的行為理論　43, 52
宗教　38
宗教的観念　59
集合意識　47, 65, 73
集合主義　69
集合体の連帯　71, 81

事項索引

──のシンボル　62, 75, 146
集合的沸騰　64
主観主義　129
象徴的意味　160
象徴的行為　188
象徴に表現される意味のパターン　162
贖罪の儀礼　64
新機能主義　127, 149, 170, 211
身体性　225
信託システム　89, 112, 207
シンボリズム　149, 162, 174
シンボル　61, 74, 101, 135, 158, 160, 185, 194
　──に有意味的なシステム　2
　抵抗の──　178
シンボル化　100, 113, 138
シンボルシステム　35, 60, 81, 121, 146, 161, 202
Strong Programの文化理論　158
静態的な相互浸透　221
制度化　57, 94, 153
　──された価値　68, 70, 93, 106, 119, 120, 222
絶対的なユートピア　25
全体的イデオロギー　24
相関主義　24
相互構制のダイナミクス　202, 228
相互構制のダイナミズム　184, 221
相互浸透　5, 28, 82, 104, 169, 203, 211, 219, 228
　──関係の動態　221, 224
　──的なシステム　29, 99
　動態的な──　225
相対的自律性　182, 184
　価値媒介的な──　203, 216
相対的なユートピア　25
創発的属性　47
疎外　159, 177
存在論的安心　190

タ　行

第二のパーソンズ・ルネッサンス　150
多元的な統合　219, 224
多元的な闘争　219, 221, 224, 235, 239
脱呪術化　236
脱領土化　189, 190, 221
脱領土性　185, 186, 188, 191, 200, 202
知識社会学　13, 99
知識の存在被拘束性　24
秩序維持　4, 42
秩序化の原理　148
秩序変革　4, 42
ディアスポラ　182
テクスト　131, 135, 136, 170, 194
デコーディング　180
哲学的解釈学　161
ドイツ観念論哲学　18, 68
ドイツ文化社会学　1, 8, 12, 30, 40, 81, 194
動機志向の三様式　58
統合モデル　229
闘争モデル　229, 230
道徳　51
道徳原理　103, 114
道徳的標準　66, 82, 147
トーテミズム　50
トーテム的観念　62
トーテム的徽章　60
トーテム的原理　50

ナ　行

内的でかつ動的な自律性　144
内破　144
内面化　57, 67, 94, 153
　──された価値　68, 208
ナラティヴ　131, 160
二重の条件依存性　58
認識的記号体系　58, 68, 102
認識的文化　203

263

ハ　行

パーソナリティシステム　54, 70, 108, 146
パーソンズ・ルネッサンス　149
ハイカルチャー　197
パターン維持　93
パターン変数　84
ハビトゥス　159, 188
評価的記号体系　66, 68, 101
評価的システム　103
表出的記号体系　61, 68, 101
表出的システム　102
表出的シンボル　62
表出的文化　203
複合社会　188, 214
複合的結合性　185
物質論的転回　192, 228
部分的イデオロギー　24
普遍主義的な共通価値　122
文化　1, 2
文化意義　9
文化運動　15, 107
文化概念の統合的性格　3
文化概念の特性　1, 19, 227
文化価値　11
文化システム　54, 57, 108, 146
　──の規範的要因　93, 97, 122, 124, 153, 215, 218
　──の評価的要素　70, 72, 210
文化資本　191
文化的屈折化　156, 220
文化的コラム化　156, 220
文化的社会学　4, 128, 154, 158, 170, 183
文化的自律性　3, 158, 160, 182-184
文化的特定化　156, 220
文化的なもの　7, 169, 184
文化についての社会学　159
文化の下位システム　68, 209, 226
文化の解釈　133
文化の解釈学　155
文化の解釈学的アプローチ　133
文化の記号論的概念　136
文化の根源的な自律性　30
文化の社会学　4, 8, 82, 99, 104, 169, 202, 209
文化の社会理論　170, 191, 202, 221, 228
文化の自律性　227
文化の政治学　181
文化の哲学　10
文化理論　40
文化論的転回　1, 8, 29, 123, 127, 130, 142, 169, 183
分業　38
分析的リアリズム　216
文明　14
文明過程　15, 107
ヘゲモニー　177, 178
　──装置　183
ヘゲモニックな抗争　178, 225
法則定立的アプローチ　143
ポスト近代　146, 240
ポスト構造主義　138
ポストコロニアリズム　182
ポストモダニズム　145, 183
ポストモダニティ　127
ホッブズ的秩序問題　46, 75, 115
ポピュラーカルチャー　197

マ　行

マクロ社会学理論　231
マルクス主義　17, 98, 127, 130, 228
ミクロ─マクロ・リンク　152, 211
ミクロ社会学　129
メインカルチャー　181

ヤ　行

役割　66
　──期待　66, 68
　──行動　67
　──の体系　66

有意味的象徴体系　161
有機的連帯　75
ユートピア　23, 40
　──的意識　196
欲求性向　66, 68

ラ　行

ランガージュ　138

理想主義　43
理念因子　18, 107
理念主義　151
理論前提的議論　151
理論的ディスクール　137, 138
累積的発展　93
歴史主義　28, 107
　──的相関性　28, 107, 199

◎著者紹介◎

白石　哲郎（しらいし・てつろう）

現在　佛教大学社会学部非常勤講師。
愛媛県出身。松山大学人文学部卒業。
佛教大学社会学研究科博士後期課程修了。博士（社会学）。
主　著
「アルフレッド・シュッツの記号概念──シュッツ社会学における他者理解論の射程」『佛大社会学』43号，2019年3月
「Cultural Sociology：Cultural Turn に対する新機能主義からの返答──社会学における意味論的転換の一側面」『佛大社会学』42号，2018年3月
「デュルケムからパーソンズへの継承関係に関する一考察──行為理論と文化理論の地平から」『佛教大学大学院紀要』44号，2017年3月
「記号とメディア」『現代の社会学──グローバル化のなかで』丸山哲央編，ミネルヴァ書房，2012年3月

佛教大学研究叢書 37

社会学理論における文化概念の変遷
──文化と社会の相互浸透をめぐるパーソンズ文化理論の今日的意義──

2019（平成31）年2月25日発行　　　　　定価：本体7,500円（税別）

著　者	白石　哲郎	
発行者	佛教大学長　田中典彦	
発行所	佛教大学	
	〒603-8301　京都市北区紫野北花ノ坊町96	
	電話075-491-2141（代表）	
制　作 発　売	株式会社　ミネルヴァ書房	
	〒607-8494　京都市山科区日ノ岡堤谷町1	
	電話075-581-5191（代表）	
印　刷	亜細亜印刷株式会社	
製　本	新生製本株式会社	

Ⓒ Bukkyo University, 2019　ISBN978-4-623-08518-7　C3036

『佛教大学研究叢書』の刊行にあたって

二十一世紀をむかえ、高等教育をめぐる課題は様々な様相を呈してきています。科学技術の急速な発展は、社会のグローバル化、情報化を著しく促進し、日本全体が知的基盤の確立に大きく動き出しています。そのような中、高等教育機関である大学に対し、「大学の使命」を明確に社会に発信していくことが求められています。

本学では、こうした状況や課題に対処すべく、本学の建学の理念を高揚し、学術研究の振興に資するため、顕著な業績をあげた本学有縁の研究者に対する助成事業として、平成十五年四月に「佛教大学学術振興資金」の制度を設けました。本『佛教大学研究叢書』の刊行は、「学術賞の贈呈」と並び、学術振興資金による事業の大きな柱となっています。

多年にわたる研究の成果は、研究者個人の功績であることは勿論ですが、同時に本学の貴重な知的財産としてこれを蓄積し活用していく必要があります。また、叢書として刊行することにより、研究成果を社会に発信し、二十一世紀の知的基盤社会を豊かに発展させることに貢献するとともに、大学の知を創出していく取り組みとなるよう、今後も継続してまいります。

佛教大学